JN100120

保育士過去問

らくらく突破

ここだけ丸暗記

改訂第4版

保育士資格取得支援研究会［著］

技術評論社

本書の使い方

本書は保育士筆記試験の試験科目を試験が行われる順に並べています。頭から順に学習しても構いませんし、苦手科目から学習しても構いません。自分のスタイルで、できるところから、やりたいところから始めてください。なかなか時間が取れない人も、ちょっとした空き時間を活用して、問題を解き、要点を覚え、学習を進めていきましょう。

> 1テーマは、基本的に2ページです。
> 的を絞った学習が可能です。

> 類似の過去問の出題状況を
> 表示しています。

> 半分塗りつぶす、日付を入れるなどして、学習の進捗チェックに利用できます。

5-1 社会福祉の基本的な考え方

☑ 社会福祉の理念

R3前問1 R3後問1 R4後問4 R5前問2 R5後問2・12

> **STEP 1**
>
> **問**
>
> 過去問が課題です。試験制度が改正された2021年以降の問題を多数採用しています。

問 次のうち、日本の社会福祉の基本的な考え方に関する記述として、適切なものを○、不適切なものを×とした場合の正しい組み合わせを一つ選びなさい。

A 社会福祉における自立支援は、障害者福祉の分野ばかりでなく、高齢者福祉、子ども家庭福祉の分野にも共通の理念と考えられている。

B 私たち人間の幸福追求について、国が福祉政策によって関与することはない。

C 「日本国憲法」では、生存権を保障するため、最低限度の生活に関する基準を示している。

D 社会福祉における相談援助は、福祉サービスを必要とする人と社会資源を結びつける役割を果たす。

（組み合わせ）

	A	B	C	D
1	○	○	×	○
2	○	×	○	×
3	○	×	×	○
4	×	○	○	×
5	×	×	○	○

（R5後問1）

> 過去問の解説が、3段階になっています。
> **問題のポイント**…この出題のねらい、類似問題の出題状況などを解説。
> **解法のヒント**…この問題の効率的な解き方を解説。
> **解説**…出題に沿って、選択肢ごとに解説。

解説

[A] 適切。自立支援とは、障害者、高齢者、子どもなど、援助を必要とする人が身体的・社会的・経済的に自立し、**自己決定**に基づいて生活が送れるよう支援することをいう。[B] 不適切。**日本国憲法**第13条は、「…幸福追求に対する国民の権利については、公共の福祉に反しない限り、**立法その他の国政の上で、最大の尊重を必要とする。**」と定め、第25条第2項において「国は、すべての生活部面について、社会福祉、**社会保障および公衆衛生**の向上および増進に努めなければならない。」としている。[C] 不適切。**日本国憲法**第25条第1項で、「すべて国民は、**健康で文化的な最低限度の生活を営む権利を有する。**」と定めているが、最低限度の生活に関する基準までは示していない。[D] 適切。社会資源とは、福祉サービス利用者等の問題解決やニーズを満たすために用いる**人的・物的資源**、**制度**等の総称であり、フォーマルな社会資源（行政または公的サービスを提供する民間組織によるもの）のほかに、家族、親戚、知人、近隣住民、ボランティア等によるインフォーマルなものもある。　**【正解】3**

※この本は、2019年4月に施行された保育所保育指針と、2020年の保育士試験から変更になった試験科目に沿った内容になっています。

STEP 2

ここだけ丸暗記!（まずここを覚えましょう）
ここもCHECK!（できればここも）
今回のテーマに関して覚えるべき項目です。

ここだけ丸暗記!

ノーマライゼーション	障害をかかえる人も高齢者も子どもも、同じ**地域社会**の中でともに生きるノーマル（普通）な社会を目指そうとする理念。1950年代、デンマークのバンク・ミケルセンが障害者施設の改良運動にかかわる過程で提唱した。現在では社会福祉全般に共通する基本理念となっている
ソーシャル・インクルージョン	孤独死、ホームレス、単親世帯といった**社会的孤立**の問題に対して、すべての人々を孤独や孤立、排斥などから援護し、**社会の一員**として認め、支え合おうという理念
ユニバーサルデザイン	障害をかかえる人だけでなく、**すべての人**が利用可能なように配慮されたデザイン。アメリカのロナルド・メイスが提唱
エンパワメント	社会的に抑圧され、パワーが欠如した状態にある人についてその自己決定を尊重し、**本来もっている力を引き出す**ことによって問題の解決につなげていこうという理念
アドボカシー	「代弁」という意味であり、利用者が障害や認知症あるいは子どもであるために自ら**意思表示することが困難**な場合に、**援助者が代わって権利擁護**を求めたり主張したりすること

罫囲みや表を多く使って覚えやすくしています。

5
社会福祉

ここもCHECK!

- W.H.ベバリッジが1942年に発表した「社会保険及び関連サービス」と題する報告書を「ベバリッジ・レポート」という。この中で、ナショナルミニマム（**最低限の生活保障**）を国の責任とし、「**5つの巨人悪**（窮乏・無知・疾病・不潔・怠惰）」を克服するための社会保障制度の整備を勧告している。
- 社会福祉の実践的活動あるいは**社会福祉援助技術**（→P.127）のことを一般的にソーシャルワークというが、国際ソーシャルワーカー連盟（IFSW）による「**ソーシャルワーク専門職のグローバル定義**」（2014年）では、「ソーシャルワークは、**社会変革**と**社会開発**、**社会的結束**、および人々のエンパワメントと解放を促進する、実践に基づいた専門職であり学問である」としている。

チャレンジ○×問題

解答・解説はP.132

Q1 ソーシャル・インクルージョンとは、国民に対して最低限度の生活を保障すること（最低生活保障）である。

Q2 社会福祉法人が提供するサービスは、インフォーマルな社会資源である。

STEP 3

チャレンジ○×問題

テーマの最後は、知識確認の○×テストです。詳しい「解答・解説」が後ろのページにあります。

❀ 最近の出題傾向の分析 ❀

第1章　保育原理

　保育原理では「保育所保育指針（以下「保育指針」と呼ぶ）」の記述内容を問う問題が全20問中12〜13問程度を占めます。よく出題されているのは第1章「総則」の「1 保育所保育に関する基本原則」「3 保育の計画及び評価」、第2章「保育の内容」の「2　1歳以上3歳未満児の保育に関わるねらい及び内容」「3　3歳以上児の保育に関するねらい及び内容」です。保育指針の空所補充や正誤問題のほか、事例について、保育指針に照らし保育士として適切な対応を選ぶ問題などが出題されます。これらを正解するには保育指針を丸暗記する必要がありますが、本書では、よく出題される箇所をなるべく全文掲載し、重要語句を赤字で強調しています。保育指針以外では、保育の歴史（日本・外国）、保育に関する法令（「児童福祉法」「児童福祉施設の設備及び運営に関する基準」の保育所に関する規定）がよく出題されます。

第2章　教育原理

　教育史に名を残す国内外の重要人物とその業績、さまざまな教育の実践方法や制度のほか、教育に関する規定（「教育基本法」「学校教育法」「幼稚園教育要領」など）について出題されています。

第3章　社会的養護

　社会的養護では、児童の養護にかかわる乳児院、児童養護施設、母子生活支援施設などの児童福祉施設の概要、配置される職員の種類、里親制度などが出題されます。「児童福祉施設の設備及び運営に関する基準」「児童養護施設運営指針」に定められた内容のほか、「児童養護施設入所児童等調査結果の概要」「社会的養育の推進に向けて（厚生労働省）」などについてもよく出題されるので注意しましょう。

第4章　子ども家庭福祉

　ほぼ毎回出題されているのは、子ども家庭福祉に関する法律等の制定年（古い順に並べる）、子どもの権利条約の内容、児童福祉施設の概要、児童福祉司や児童相談所をはじめとする児童福祉の実施体制、地域の子育て支援事業の内容、児童虐待の実態と児童虐待防止法の内容などです。また、子どもの貧困問題を含む児童の健全育成施策や、第3章社会的養護で学習する「児童養護施設入所児童等調査」の内容もよく出題されています。さらには、令和4年制定の「こども基本法」とこれに基づき策定される「こども大綱」の内容にも今後は注意が必要です。

第5章　社会福祉

　社会福祉の出題内容は、社会福祉制度の内容と相談援助技術に関する問題に大きく分けられます。制度では、社会福祉事業（第1種と第2種の区別）、保育士を含む各種の社会福祉従事者、地域福祉、サービス利用者の保護（福祉サービス利用援助事業、第三者評価、情報提供）、社会保障制度（生活保護、社会保険）についてよく出題されます。相談援助技術では、相談援助（ソーシャルワーク）の展開過程が最も重要で、専門用語や主な理論の提唱者についてほぼ毎回出題されます。

第6章　保育の心理学

　ピアジェの理論をはじめとする発達の基礎理論や、発達に関する用語の意味をまず確実に理解しましょう。最近ではブロンフェンブレンナーの理論がよく出題されています。乳幼児期（他者との関わり、言語の発達、遊びの分類）だけでなく、学童期、青年期、成人期の発達についても要注意です。なお、以前は保育指針の内容についても問われていましたが、令和3年後期以降は出題がみられません。

第7章　子どもの保健

　従来から、小児にみられる症状（乳幼児突然死症候群など）、アレルギー、感染症、小児期の精神障害、発達障害についてよく出題されています。最近ではこれらに加えて、乳幼児の身体計測の方法、生理機能の発達のほか、保育所における事故防止対策や衛生管理に関する問題が出題されています。特に「感染症対策ガイドライン」には必ず目を通しておきましょう。

第8章　子どもの食と栄養

　5大栄養素についての出題のほか、「乳幼児栄養調査結果の概要」「妊産婦のための食生活指針」「授乳・離乳の支援ガイド」「食からはじまる健やかガイド」、「保育所における食育に関する指針」など、さまざまな資料から出題されています。本書では、これらの資料のエッセンスをまとめて掲載しています。また最近では、食育の一環として、日本の食文化・食習慣についての問題が毎回必ず出題されています。

第9章　保育実習理論

　音楽の分野から、音階と移調、和音（コード）、音楽用語などが毎年必ず出題されています。造形活動の分野では、色彩の基本、いろいろな表現技法、子どもの描画表現などが重要です。また、保育指針第2章から「言葉」「表現」に関する内容がほぼ毎回出題されています。

受験案内

1．保育士とは

　保育士は、児童福祉法に基づく国家資格です。

　同法第18条の4では、「この法律で、保育士とは、登録を受け、保育士の名称を用いて、専門的知識及び技術をもつて、児童の保育及び児童の保護者に対する保育に関する指導を行うことを業とする者をいう」と定められています。

2．保育士になるには

　次の2つのうちいずれかの条件を満たした人が、保育士になれます。

　①厚生労働大臣の指定する保育士を養成する学校その他の施設を卒業した者

　②保育士試験に合格した者

　この本は、②の保育士試験合格に向けたものです。

3．受験資格

　主な受験資格は以下の通りです（このほか、知事の認定によって受験できる場合もあります。詳しくは、**全国保育士養成協議会のホームページ**でご確認ください）。

　①大学、短期大学、専修学校専門課程、各種学校、高等専門学校、高等学校専攻科を卒業あるいは卒業見込みの者

　②大学に2年以上在学し、62単位以上修得あるいは修得見込みの者

　③平成3年3月31日以前に高校を卒業した者

　④平成8年3月31日以前に高校保育科を卒業した者

　⑤高校の卒業者（①〜④を除く）であって、児童福祉施設において2年以上かつ総勤務時間数2,880時間以上、児童の保護に従事した者

　⑥児童福祉施設において5年以上かつ総勤務時間数7,200時間以上、児童の保護に従事した者

4．受験の流れ

　令和6年前期保育士試験受験の場合（平成28年度より前期・後期制）

（1）受験申請書（「受験申請の手引き」）入手

　入手方法は、次のいずれかです。

　①全国保育士養成協議会のホームページから入手する

　②全国保育士養成協議会へ返信用封筒を用意して、郵便で申請する

（2）受験申請書郵送（オンライン申請もできます）

令和6年1月10日（水）から1月30日（火）まで（当日消印有効）

（3）筆記試験受験票受取り

（4）筆記試験

令和6年4月20日（土）、4月21日（日）の2日間

（5）筆記試験結果通知書／実技試験受験票受取り

（6）実技試験

令和6年6月30日（日）

（7）合格通知書／一部科目合格通知書受取り

令和6年8月中旬以降

5. 試験科目・出題数・合格基準

（1）筆記試験

	試験科目	時　間	出題数	配　点
1日目	①保育の心理学	11：00〜12：00（60分）	20問	100点
	②保育原理	13：00〜14：00（60分）	20問	100点
	③子ども家庭福祉	14：30〜15：30（60分）	20問	100点
	④社会福祉	16：00〜17：00（60分）	20問	100点
2日目	⑤教育原理	10：00〜10：30（30分）	10問	50点
	⑥社会的養護	11：00〜11：30（30分）	10問	50点
	⑦子どもの保健	12：00〜13：00（60分）	20問	100点
	⑧子どもの食と栄養	14：00〜15：00（60分）	20問	100点
	⑨保育実習理論	15：30〜16：30（60分）	20問	100点

※③児童家庭福祉は、2020年度から③子ども家庭福祉になりました。

・五肢択一のマークシート方式です。

・各科目とも6割以上の得点が合格基準とされています。

・1回の筆記試験で全科目を合格する必要はありません。

・合格した筆記試験科目は、翌年および翌々年の試験まで免除されます。

・「教育原理」「社会的養護」の2科目のみ、同時に合格する必要があります。

（2）実技試験

・実技試験は、**筆記試験全科目合格者のみ受験**できます。

・受験申請時に次ページの表の①〜③から2分野を選択します。

・幼稚園教諭免許所有者は実技試験の受験が免除されます。

分　野	内　　容	配　点
①音楽に関する技術	幼児に歌って聴かせることを想定して、課題曲2曲（あらかじめ公表される）を弾きながら歌う。楽譜の持込み可。歌詞は1番のみ。楽器はピアノ、ギターまたはアコーディオン	50点
②造形に関する技術	保育所（園）での子どもたちと保育士との活動の一場面を表現する。色鉛筆を使用。A4判。時間は45分間。テーマは当日提示される	50点
③言語に関する技術	3歳児に適した童話などを3分以内にまとめて話す。話の内容は自由。目の前に20人程度の3歳児がいることを想定して話す。絵本、道具の使用は禁止	50点

・各分野とも6割以上の得点が合格基準とされています。

6. 試験科目の一部免除

次の人は、受験申請時に必要書類を添付することで、科目免除が受けられます。

①前年、前々年の一部科目合格者

　　前年または前々年で合格した科目が免除されます。

②**幼稚園教諭免許**所有者、**社会福祉士・介護福祉士・精神保健福祉士**の資格所有者は一部の科目が免除されます。詳しくは、下記の**全国保育士養成協議会のホームページ**でご確認ください）。

③保育士試験免除指定科目専修者（厚生労働大臣が保育士試験の科目免除に指定した学校等において指定する科目をすべて専修し、卒業した者）

　　専修した科目が免除されます。

保育士試験に関する問合せ先

一般社団法人　全国保育士養成協議会　保育士試験事務センター

〒171-8536　東京都豊島区高田3丁目19-10

電話　0120-4194-82（代表電話 03-3590-5561）

　　オペレータによる電話受付は、祝日を除く月曜日〜金曜日9：30〜17：30

　　それ以外の時間帯は自動音声のみ

E-mail　shiken@hoyokyo.or.jp

URL　https://www.hoyokyo.or.jp/exam/　保育士試験 検索

第4章 子ども家庭福祉

第5章 社会福祉

第9章 保育実習理論

1

保育原理

保育の発展に寄与した人物

R3前問8・19　R3後問19　R4前問16　R4後問18

次のうち、保育の発展に寄与した人物とその主な功績についての記述として、適切なものを○、不適切なものを×とした場合の正しい組み合わせを一つ選びなさい。

A コダーイ（Kodály,Z.）は、ハンガリーの作曲家である。民俗音楽による音楽教育法はのちに「コダーイ・システム」などにまとめられ、幼児教育にも活用された。

B エレン・ケイ（Key,E.）は、フランスにおいて、放任されていた子どもたちのための教育を始めた。このうちの幼児学校（幼児保護所）では、子どもの保護のみならず、楽しく遊ぶことや教育も実施された。

C フレーベル（Fröbel,F.W.）は、ドイツの教育者で、世界で最初の幼稚園を創設した。彼の哲学的な人間教育に根ざした幼稚園教育は他の多くの国の幼児教育に大きな影響を与えた。

D モンテッソーリ（Montessori,M.）は、スウェーデンの社会運動家であり教職に就く傍ら多くの著作を世に出した。代表作に『児童の世紀』がある。

（組み合わせ）

	A	B	C	D
1	○	○	○	×
2	○	○	×	×
3	○	×	○	×
4	×	○	×	○
5	×	×	○	○

（R5前問18）

問題のポイント

諸外国における保育の先駆者について、ほぼ毎年出題されている。本問は、**エレン・ケイ＝『児童の世紀』**を覚えていれば容易に正解できる。

解　説

［A］正しい。［B］エレン・ケイではなく、**オーベルラン**についての記述である。［C］正しい。**フレーベル**は1840年に**世界最初の幼稚園**をドイツに創設した。［D］モンテッソーリではなく、**エレン・ケイ**についての記述である。

【正解】3

🌼 ここだけ丸暗記!

ルソー (1712〜1778)	フランスの思想家。著書『エミール』では子どもの成長力を信頼し、無用な早期教育を排する**消極的教育**を主張した
オーベルラン (1740〜1826)	牧師として赴任した**フランス**の貧しい山間部で救済事業を行い、世界最古の保育施設とされる**幼児保護所**を設立した
オーエン (1771〜1858)	**スコットランド**で自ら経営する工場内に性格形成学院を開設し、労働者とその子どものために教育と保育を行った
フレーベル (1782〜1852)	1826年『人間の教育』を著し、**世界最初の**幼稚園を**ドイツ**に創設。彼が教育遊具として考案したガーベ（Gabe）は日本では「恩物」として紹介され、幼稚園で広く活用された
デューイ (1859〜1952)	1899年『学校と社会』を著し、**アメリカ**の進歩主義教育を推進。子ども自ら問題を見つけ出す問題解決学習を提唱
マクミラン (1860〜1931)	1908年ロンドンに5歳以下を対象とする診療所を開設。また保育学校を開き、共働き家庭の子どもの保育を行った
モンテッソーリ (1870〜1952)	**イタリア**で最初の女性医学博士。障害児教育に携わった後、1907年ローマのスラム街に「子どもの家」を設立した

🌸 ここも CHECK!

- **オーベルラン**の設けた施設は編み物等の手仕事も教えたので編み物学校とも呼ばれ、**保母の養成**にも貢献した。また、公的補助を受けて運営される幼児保護施設の先駆けとなった。
- **モンテッソーリ**は**感覚教育**を重視し、モンテッソーリ教具と呼ばれる体系的な教具を開発した。またこれによる子どもの自由な自己活動を尊重し、教師は仲介者に徹する教育法（モンテッソーリ・メソッド）を実践した。
- **スウェーデン**の女性解放運動家**エレン・ケイ**は、1900年『児童の世紀』を著した。

チャレンジ○×問題

解答・解説はP.44

Q1 オーエン（Owen, R.）は、人間の性格は環境に根差しており、環境を改善すれば人間はより良く形成されると説いた。

Q2 フレーベル（Fröbel,F.W.）は、教育の目的実現の基盤は乳幼児の健康であると考え、幼児を対象とする診療所を開設した。

Q3 デューイ（Dewey、J.）は、フレーベルの象徴主義を批判し、現実的な生活における子どもの自発的活動の必要性を主張した。

日本の保育の歴史（1）

次の【Ⅰ群】の記述と、【Ⅱ群】の人物を結びつけた場合の正しい組み合わせを一つ選びなさい。

【Ⅰ群】

A 華族女学校附属幼稚園に勤めていたが、貧しい子どもたちを対象とする幼児教育の必要性を感じ、森島峰とともに二葉幼稚園を設立した。

B リズミカルな歌曲に動作を振り付けた「律動遊戯」と童謡などに動作を振り付けた「律動的表情遊戯」を創作した。

C 東京女子師範学校附属幼稚園の創設時の主任保姆として保姆たちの指導にあたり、日本の幼稚園教育の基礎を築いた。

D 恩物中心主義の保育を批判し、著書『幼稚園保育法』（明治37年）において、幼児の自己活動を重視するとともに遊戯の価値を論じた。

【Ⅱ群】

ア　松野クララ
イ　土川五郎
ウ　東基吉
エ　野口幽香
オ　倉橋惣三

（R4前問15）

（組み合わせ）

	A	B	C	D
1	ア	イ	エ	ウ
2	ア	ウ	エ	オ
3	エ	イ	ア	ウ
4	エ	イ	ア	オ
5	エ	ウ	ア	イ

問題のポイント

日本の保育の歴史では、東京女子師範学校附属幼稚園の開設をはじめとして明治時代に創設された主な幼稚園・保育所の名称とその設立者、また、保育の発展に影響を与えた著書とその著者名を押さえておくことが重要である。本問は、東基吉と倉橋惣三の著書名や年代を正確に覚えていなければ解答することが難しい。

解　説

［A］**二葉幼稚園**を設立したのは野口幽香と**森島峰**である。［B］**土川五郎**は、1910（明治43）年に麹町小学校校長兼幼稚園長に就任するなど、当時の小学校教育界の指導的地位にあった人物。［C］**松野クララ**は、東京女子師範学校附属幼稚園の主任保母（保姆）であった。［D］『**幼稚園保育法**』の著者は東基吉。一方、**倉橋惣三**は1934（昭和9）年に『幼稚園保育法真諦』を著しており、東基吉から影響を受けている。　　　　　　　　　　　【正解】3

ここだけ丸暗記!

松野クララ	本名クララ・チーテルマン（ドイツ人）。フレーベルの養成学校で保育を学ぶ。**東京女子師範学校附属幼稚園**の創設時に主任保母となり、フレーベルの理論を保母たちに教授した
豊田芙雄 （とよだふゆ）	東京女子師範学校附属幼稚園の創設時に保母に任命され、日本最初の保母の1人となる。1879（明治12）年、鹿児島で保母の養成に尽力。西欧から帰国後、女子教育に努めた
愛珠幼稚園 （あいしゅ）	1880（明治13）年、大阪の船場北部の連合町会組織によって設立された町立の幼稚園（のち大阪市立）
頌栄幼稚園 （しょうえい）	1889（明治22）年、アメリカ人宣教師アニー・ハウによって神戸市に設立。彼女はフレーベル精神に基づく保育の実践を強調し、保育者養成機関として**頌栄保姆伝習所**を開設した
赤沢鍾美 （あつとみ）	妻の仲子とともに、貧しい家庭の子どもたちのための私塾として、1890（明治23）年に新潟静修学校を開設した
二葉幼稚園	華族女学校附属幼稚園に勤務していた野口幽香と森島峰が、出勤途中に見かける貧しい家庭の幼児たちにも有産階級の子どもと同じ幼児教育を与える必要性を感じ、教会関係者等の協力を得て1900（明治33）年、東京麹町に開設した
東基吉 （ひがしもときち）	1900（明治33）年東京女子高等師範学校附属幼稚園批評係に就任。1904（明治37）年に『幼稚園保育法』を著し、幼児の自発的な活動の重要性を主張した
倉橋惣三	1917（大正6）年に東京女子高等師範学校附属幼稚園主事となる。形式化したフレーベル主義を排し、「**幼児のさながらの生活**」を重視した
徳永恕 （ゆき）	高等女学校在学中から**二葉幼稚園**の手伝いをし、卒業後保母となり「二葉の大黒柱」と呼ばれた。募金により新宿に分園を開設。また日本初の母子寮である「母の家」を創設した
橋詰良一	1922（大正11）年、大阪郊外に園舎のない「家なき幼稚園」を開設し、子どもたちを自由に遊ばせる露天保育を行った

ここもCHECK!

- 倉橋惣三は「**生活を、生活で、生活へ**」と導くことが大切であるとして、児童中心の進歩的な**誘導保育論**を提唱した。
- 保育問題研究会（1936（昭和11）年発足）会長の城戸幡太郎は、倉橋惣三を代表とする児童中心主義を批判し、**社会中心主義**を主張した。

日本の保育の歴史（２）

次のうち、日本における保育の歴史についての記述として、適切なものを○、不適切なものを×とした場合の正しい組み合わせを一つ選びなさい。

A 貧しい家庭の子どもたちのための幼稚園が明治期につくられ始めた。その一つ、二葉幼稚園は赤沢鍾美が慈善により開設したものである。

B 日本において最も早く設立された公立の幼稚園は、東京女子師範学校附属幼稚園であった。そこでは設立当初から、子どもの自由で自主的な活動が保育の中心であった。

C 幼児教育への期待が高まり全国に幼稚園が普及し始めた1926（大正15）年、「幼稚園基本法」が制定された。これによって、幼稚園ははじめて制度的な地位を確立した。

D 1948（昭和23）年に文部省から刊行された「保育要領」は、幼稚園のみならず保育所及び家庭における幼児期の教育や世話の仕方などを詳細に解説したものである。

（組み合わせ）

	A	B	C	D
1	○	○	○	×
2	○	×	×	○
3	○	×	×	×
4	×	○	○	×
5	×	×	×	○

（R5前問19）

問題のポイント

日本の保育の歴史については、**幼児教育制度の変遷**も時系列に沿って覚えておく必要がある。

解　説

［A］**赤沢鍾美**が慈善により開設したのは新潟静修学校である。［B］東京女子師範学校附属幼稚園では設立当初、「**恩物**」を用いた**フレーベル理論**の忠実な実践が目指されていた。のちにその形式化が批判されるようになり、幼児の主体的な自己活動が重視されるようになった。なお、子どもの自由で自主的な活動を保育の中心とするのは**モンテッソーリ**の教育法（→P.15）である。［C］幼稚園基本法などという法律は存在しない。1926（大正15）年に制定されたのは幼稚園令である。［D］正しい。　　　　　　　　　　　　　　　　【正解】5

1876年 （明治9）	東京女子師範学校附属幼稚園開設 文部省が開設した**日本で最初の官立の**幼稚園。開園当初の園児は貴族や高級官僚など上流階級の子女が大部分を占めていた。満3歳〜6歳の幼児に**フレーベル**主義に基づく教育を実践し、その後の幼稚園のモデルとなった
1890年 （明治23）	新潟静修学校**附設託児所開設** 赤沢鍾美・仲子夫妻が開いた静修学校の生徒の幼い兄弟を預かる保育室が乳幼児保育事業（**守孤扶独幼稚児保護会**）へと発展した。同年、筧雄平が鳥取に開設した**農繁期託児所**とともに、わが国における託児所（保育所）のはじまりとされる
1899年 （明治32）	**幼稚園保育及設備規程**制定 幼稚園の目的・内容・設備等の法的基準をはじめて明確にしたもの。保育項目を「唱歌・遊嬉・談話・手技」とし、保育時間を1日5時間以内とした
1900年 （明治33）	二葉幼稚園**開設** 野口幽香と森島峰が開設。乳幼児の保育も行っていたので、1926年（大正15）に「**二葉保育園**」と改称
1926年 （大正15）	幼稚園令制定（幼稚園に関する最初の勅令） 保育項目を「遊戯・唱歌・観察・談話・手技等」とした。また保育時間の制限をなくし、**3歳未満児**の入園を可能とするなど保育所的な機能ももたせようとした
1947年 （昭和22）	児童福祉法制定 これにより、従来の**託児所**は「保育所」として制度化された
1948年 （昭和23）	保育要領−幼児教育の手引き発行 **幼稚園・保育所・家庭**に共通する**保育の手引き**として**文部省**が発行。1956（昭和31）年に「幼稚園教育要領」へと改訂された
1963年 （昭和38）	**幼稚園と保育所との関係について**発出 **文部省**と**厚生省**の連名通知。保育所の機能のうち、**教育**に関するものは**幼稚園教育要領**に準ずることが望ましいとした。

ここも**CHECK！** ··

- 第二次世界大戦以前は、**託児所**などの保育施設は、基本的に**貧困対策事業**として行われていた。
- **幼稚園**については「幼稚園保育及設備規程」や「幼稚園令」が制定されていたものの、**保育所**（託児所などの保育施設）は、「児童福祉法」が制定されるまでは国の制度として規定されていなかった。

ここだけ丸暗記！

■保育指針の制定と改定の経緯

1965（昭和40）年制定	**保育所保育指針**（以下「保育指針」と略す）が保育所における保育のガイドラインとしてはじめて制定された。幼稚園教育要領に準じ、4〜6歳児について、「健康・社会・言語・自然・音楽・造形」の**6領域**を掲げた
1990（平成2）年改定	幼稚園教育要領の改定に合わせ、「健康・人間関係・環境・言葉・表現」の**5領域**とした
1999（平成11）年改定（翌年4月施行）	「乳幼児の最善の利益」、「保育士の専門性・倫理性」などの新しい概念を導入。保育の内容は従来の**5領域**のまま
2008（平成20）年全面改定（翌年4月施行）	従来の**局長通知**から**大臣告示**へと全面改定。内容の大綱化が図られ、**全7章**にまとめられた（改定前は全13章）。保育の内容を「**養護**」と「**教育**」の両面から示し、**5領域**を「**教育**」の内容とした
2017（平成29）年改定（翌年4月施行）	これが現行の保育指針（大臣告示）である。旧版からさらに**全5章**にまとめられた

ここもCHECK！

- 保育指針は2008（平成20）年の全面改定により、従来の局長通知から厚生労働大臣による**告示**となり、**規範性**（**法的な拘束力**）**を有する基準**としての性格が明確となった（なお、「幼稚園教育要領」は1964（昭和39）年の改定から大臣告示となっていた）。
- 2012（平成24）年に制定された子ども・子育て支援法では、**認定こども園**、**幼稚園および保育所**の3つを「**教育・保育施設**」として位置付けている。
- 2017（平成29）年保育指針改定では、**保育所を幼児教育の一翼を担う施設**として、教育に関わる側面のねらい及び内容について、「幼稚園教育要領」「幼保連携型認定こども園教育・保育要領」との整合性を図っている。

チャレンジ○×問題

解答・解説はP.44

Q1 野口幽香は、「二葉の大黒柱」と呼ばれ、二葉保育園と改称された同園の分園を新宿に設立した。

Q2 「保育要領」は、保育所における保育の手引書であり、家庭での幼児教育のあり方については書かれていなかった。

1-2 保育に関する法令・制度

保育に関する法令および制度

R3前問4　R3後問11　R4後問14・15・17CD　R5前問15・16

次の文のうち、「児童福祉施設の設備及び運営に関する基準」（昭和23年厚生省令第63号）に照らして、保育所に関連する基準として適切な記述を○、不適切な記述を×とした場合の正しい組み合わせを一つ選びなさい。

A 保育所には保育士、嘱託医及び調理員を置かなければならない。ただし、調理業務の全部を委託する施設にあっては、調理員を置かないことができる。

B 看護師は、保育士をもってこれに代えることができる。

C 寝室、観察室、診察室、病室、ほふく室、相談室、調理室、浴室、便所を置くこととする。

D 保育士の数は、乳児おおむね３人につき１人以上とする。

E 保育士の数は、満３歳以上満４歳に満たない幼児おおむね20人につき１人以上とする。

（組み合わせ）

	A	B	C	D	E
1	○	○	○	×	○
2	○	○	×	○	×
3	○	×	×	○	○
4	×	○	○	○	×
5	×	×	○	×	○

（R3後問12）

問題のポイント

保育に関する法令としては「**児童福祉法**」と「**児童福祉施設の設備及び運営に関する基準**」（以下「児童福祉施設設備運営基準」という）に定められた保育所や保育士に関する規定のうち、本書に掲げた条文を必ず覚えること。「**子ども・子育て支援法**」とこれに基づく新制度についても出題される。

解　説

［A］適切。［B］［C］これらは保育所ではなく、**乳児院**に関する規定なので不適切である。［D］適切。［E］適切。　　　　　　　　　　　　　【正解】3

ここだけ丸暗記！

■保育所に関する「児童福祉法」の重要な条項（概略）

保育所 （第39条 第1項・第2項）	①保育所は、**保育を必要とする**乳児・幼児を日々保護者の下から通わせて保育を行うことを目的とする施設（利用定員が**20人**以上であるものに限り、幼保連携型認定こども園を除く）とする ②保育所は、前項の規定にかかわらず、特に必要があるときは、**保育を必要とするその他の**児童を日々保護者の下から通わせて保育することができる
保育の実施 （第24条 第1項・第2項）	①市町村は、この法律及び**子ども・子育て支援法**の定めるところにより、保護者の労働又は疾病その他の事由により、その監護すべき乳児、幼児その他の児童について**保育を必要とする場合**において、次項に定めるところによるほか、当該児童を保育所において保育しなければならない ②市町村は、前項に規定する児童に対し、**認定こども園**又は**家庭的保育事業等**により必要な保育を確保するための措置を講じなければならない

■保育所に関する「児童福祉施設設備運営基準」の重要な条項（概略）

設備の基準 （第32条）	・**乳児**または**満2歳未満**の幼児を入所させる保育所 ⇒乳児室またはほふく室、医務室、調理室、便所 ・**満2歳以上**の幼児を入所させる保育所 ⇒保育室または遊戯室、屋外遊戯場、調理室、便所
職員 （第33条）	保育所には、保育士*、嘱託医及び調理員を置かなければならない（調理業務の全部を委託する施設では、調理員は不要） ＊**保育所に配置する保育士の数**

乳児	おおむね**3人**につき1人以上
1歳以上3歳未満の幼児	おおむね**6人**につき1人以上
3歳以上4歳未満の幼児	おおむね**20人**につき1人以上
4歳以上の幼児	おおむね**30人**につき1人以上

保育時間 （第34条）	1日**8時間**を原則とし、その地方における乳幼児の保護者の労働時間その他家庭の状況等を考慮して**保育所長**が定める
保育の内容 （第35条）	養護及び教育を一体的に行うことをその特性とし、その内容については、**内閣総理大臣**が定める**指針**に従う
保護者との連絡 （第36条）	保育所の長は、常に入所している乳幼児の**保護者と密接な連絡**をとり、**保育の内容**等につき、その保護者の理解及び協力を得るよう努めなければならない

■保育士に関する「児童福祉法」の重要な条項（概略）

保育士 （第18条の４）	**保育士**とは、第18条の18第１項の**登録**を受け、保育士の名称を用いて、専門的知識及び技術をもって、**児童の保育及び児童の保護者に対する保育に関する指導**を行うことを業とする者をいう
保育士の登録 （第18条の18）	①保育士となる資格を有する者が保育士となるには、**保育士登録簿**に、氏名、生年月日その他内閣府令で定める事項の**登録**を受けなければならない ②保育士登録簿は、**都道府県**に備える ③**都道府県知事**は、保育士の登録をしたときは、申請者に第１項に規定する事項を記載した保育士登録証を交付
信用失墜行為 （第18条の21）	保育士は、保育士の**信用を傷つけるような行為**をしてはならない
守秘義務 （第18条の22）	保育士は、正当な理由がなく、その業務に関して知り得た人の秘密を漏らしてはならない。**保育士でなくなった後においても、同様**とする
名称独占 （第18条の23）	保育士でない者は、保育士又はこれに紛らわしい名称を使用してはならない

■子ども・子育て支援新制度について

子ども・子育て支援新制度	幼児期の学校教育や保育、地域の子育て支援の量の拡充や質の向上を進めるためにつくられた制度。2015（平成27）年４月から本格施行。「**施設型給付**」と「**地域型保育給付**」を創設し、これらの給付制度に基づいて、従来バラバラに行われていた**認定こども園、幼稚園、保育所**並びに**地域型保育**に対する財政支援の仕組みを共通化している	
施設型給付	**認定こども園**（４類型すべて）、**幼稚園、保育所**を対象とした財政支援	
地域型保育給付	市町村の認可事業となる**地域型保育**（小規模保育、**家庭的保育**、**居宅訪問型保育**、事業所内保育）を対象とした財政支援	
認定こども園	幼稚園と保育所の機能をあわせもった施設で、幼保連携型、**幼稚園型、保育所型、地方裁量型**の４類型*に分けられる ＊**認定こども園の４類型**	
	幼保連携型	**学校**と児童福祉施設としての法的位置付けをもつ施設（→P.87）
	幼稚園型	幼稚園が保育所的な機能を備えたもの
	保育所型	認可保育所が幼稚園的な機能を備えたもの
	地方裁量型	認可保育所以外の保育施設等が幼稚園的な機能を備えたもの

認定区分	施設型給付、地域型保育給付を希望する場合は、市町村から利用のための**認定**を受ける必要がある。認定は次のように3つに区分されている

	年齢	「保育を必要とする事由」	認定区分	利用可能施設
	3〜5歳	該当しない	1号認定	幼稚園、認定こども園
		該当する	2号認定	**保育所**、認定こども園
	0〜2歳	該当する	3号認定	**保育所**、認定こども園、小規模保育等
		該当しない	認定不要	(一時預かり事業等)

「保育を必要とする事由」	次のいずれかに該当することが必要 ○**就労**（フルタイム、パートタイム、夜間、居宅内労働等） ○**妊娠・出産**　○**保護者の疾病・障害**　○**災害復旧**　○**就学** ○同居又は長期入院等している親族の**介護・看護** ○**求職活動**（起業の準備も含む）　○**虐待やDV**のおそれ ○育児休業中に保育を利用している子どもがいて**継続利用**が必要　○上記に類する状態として市町村が認める場合
保育の必要量	2号又は3号認定では、「保育を必要とする事由」や保護者の状況に応じ、次のどちらかに保育の必要量が認定される

保育標準時間認定	最長**11時間**	フルタイム就労を想定
保育短時間認定	最長**8時間**	パートタイム就労を想定

🌸ここも CHECK! ・・・

- 子ども・子育て支援新制度では、就労の継続や女性の活動等を推進している企業を支援する**仕事・子育て両立支援事業**（企業主導型保育事業、企業主導型ベビーシッター利用者支援事業）も創設された。
- 幼稚園、保育所、認定こども園、地域型保育、企業主導型保育等を利用する3〜5歳の子どもについて利用料が**無償化**されている（**0〜2歳**の場合は、**住民税非課税世帯**を対象として無償化される）。

チャレンジ〇✕問題

解答・解説はP.44

Q1 保育所の保育時間は、1日8時間が原則であるが、フルタイムで働く保護者を想定した利用可能な保育標準時間は、最長11時間である。

Q2 幼保連携型認定こども園は、「学校教育法」及び「少年法」の施設として法的位置付けがなされている。

1-3 保育指針第1章「総則」

✏ 保育指針第1章「1 保育所保育に関する基本原則」

R3後問1 R4前問2 R4後問1 R5前問1・2

🐰問 次の（a）〜（d）の下線部分のうち、「保育所保育指針」第1章「総則」の1「保育所保育に関する基本原則」（2）「保育の目標」の一部として、正しいものを○、誤ったものを×とした場合の正しい組み合わせを一つ選びなさい。

保育所は、入所する子どもの保護者に対し、その（a）意向を受け止め、子どもと（b）保育士等の安定した関係に配慮し、保育所の特性や保育士等の（c）専門性を生かして、その（d）指導に当たらなければならない。

（組み合わせ）

	A	B	C	D
1	○	○	○	×
2	○	○	×	○
3	○	×	○	×
4	×	○	○	○
5	×	×	×	○

（R3後問14）

問題のポイント

「保育原理」では、全20問中の**7割前後**が保育指針の内容に関する問題となっている。特に出題が多いのは、第1章「総則」、第2章「保育の内容」、第4章「子育て支援」からであり、たまに第5章「職員の資質向上」からの出題もみられる。出題形式としては、本問のような**語句の正誤**を問うものや**記述の正誤**を問う問題、**空所補充**問題などが多いが、保育指針の内容に照らして事例を考えさせる問題もみられる。なお、保育指針で「**保育士等**」という場合は、保育士だけでなく、保育に携わるすべての職員（施設長・看護師・調理員・栄養士など）が含まれることに注意すること。

解説

本問は（2）「保育の目標」イからの出題である。［a］正しい。［b］子どもと保護者の安定した関係に配慮する。［c］正しい。［d］指導ではなく援助に当たらなければならない。　　【正解】3

ここだけ丸暗記!

■第1章「1 保育所保育に関する基本原則」の「(1) 保育所の役割」

ア	保育所は、児童福祉法第39条の規定に基づき、**保育を必要とする子ども**の保育を行い、その**健全な心身**の発達を図ることを目的とする**児童福祉施設**であり、入所する**子どもの最善の利益**を考慮し、その**福祉**を積極的に増進することに最もふさわしい**生活の場**でなければならない
イ	保育所は、その目的を達成するために、保育に関する**専門性**を有する職員が、**家庭との緊密な連携**の下に、子どもの状況や発達過程を踏まえ、保育所における**環境**を通して、**養護及び教育を一体的に行う**ことを特性としている
ウ	保育所は、入所する子どもを保育するとともに、**家庭や地域の様々な社会資源との連携**を図りながら、入所する子どもの**保護者に対する支援**及び**地域の子育て家庭に対する支援等**を行う役割を担うものである
エ	保育所における保育士は、児童福祉法第18条の4の規定を踏まえ、保育所の役割及び機能が適切に発揮されるように、**倫理観に裏付けられた専門的知識、技術及び判断**をもって、**子どもを保育**するとともに、子どもの**保護者に対する保育に関する指導**を行うものであり、その職責を遂行するための**専門性の向上**に絶えず努めなければならない

■第1章「1 保育所保育に関する基本原則」の「(2) 保育の目標」

ア	保育所は、子どもが**生涯にわたる人間形成**にとって極めて重要な時期に、その生活時間の大半を過ごす場である。このため、保育所の保育は、子どもが**現在**を最も良く生き、望ましい**未来をつくり出す力の基礎**を培うために、次の目標を目指して行わなければならない （ア）十分に**養護**の行き届いた環境の下に、**くつろいだ雰囲気**の中で子どもの様々な**欲求**を満たし、**生命の保持及び情緒の安定**を図ること （イ）**健康、安全**など生活に必要な基本的な**習慣や態度**を養い、**心身の健康の基礎**を培うこと （ウ）**人との関わり**の中で、人に対する**愛情と信頼感**、そして**人権**を大切にする心を育てるとともに、**自主、自立及び協調**の態度を養い、**道徳性の芽生え**を培うこと （エ）**生命、自然及び社会**の事象についての**興味や関心**を育て、それらに対する**豊かな心情や思考力の芽生え**を培うこと （オ）**生活**の中で、言葉への**興味や関心**を育て、話したり、聞いたり、相手の話を理解しようとするなど、**言葉の豊かさ**を養うこと （カ）様々な体験を通して、豊かな**感性や表現力**を育み、**創造性の芽生え**を培うこと

| イ | 保育所は、入所する子どもの**保護者**に対し、その**意向**を受け止め、**子どもと**保護者**の安定した関係**に配慮し、**保育所の特性や保育士等の専門性**を生かして、その**援助**に当たらなければならない |

■第1章「1 保育所保育に関する基本原則」の「(3) 保育の方法」

ア	一人一人の**子どもの状況**や家庭及び地域社会での**生活の実態**を把握するとともに、子どもが**安心感と信頼感**をもって活動できるよう、子どもの**主体**としての思いや**願いを受け止める**こと
イ	子どもの**生活のリズム**を大切にし、健康、安全で**情緒の安定した生活**ができる環境や、**自己を十分に発揮**できる環境を整えること
ウ	子どもの**発達**について理解し、一人一人の発達過程に応じて保育すること。その際、子どもの**個人差**に十分配慮すること
エ	**子ども相互の関係づくりや互いに尊重する心**を大切にし、**集団における活動**を効果あるものにするよう援助すること
オ	子どもが**自発的・意欲的**に関われるような環境を構成し、子どもの**主体的**な活動や子ども相互の関わりを大切にすること。特に、**乳幼児期にふさわしい体験**が得られるように、**生活や遊び**を通して**総合的**に保育すること
カ	一人一人の**保護者の状況やその意向**を理解、受容し、それぞれの親子関係や家庭生活等に配慮しながら、様々な機会をとらえ、適切に援助すること

■第1章「1 保育所保育に関する基本原則」の「(4) 保育の環境」

	保育の環境には、**保育士等**や**子ども**などの**人的環境**、施設や遊具などの**物的環境**、更には**自然**や**社会の事象**などがある。保育所は、こうした人、物、場などの環境が**相互に関連**し合い、**子どもの生活**が豊かなものとなるよう、次の事項に留意しつつ、**計画的に環境を構成**し、工夫して保育しなければならない
ア	子ども自らが環境に関わり、**自発的に活動**し、**様々な**経験を積んでいくことができるよう配慮すること
イ	子どもの活動が**豊かに展開**されるよう、保育所の設備や**環境を整え**、保育所の**保健的環境や安全**の確保などに努めること
ウ	**保育室**は、**温かな親しみとくつろぎの場**となるとともに、**生き生きと活動できる場**となるように配慮すること
エ	子どもが**人と関わる力**を育てていくため、子ども自らが**周囲の子どもや大人**と関わっていくことができる環境を整えること

ア	保育所は、子どもの人権に十分配慮するとともに、子ども一人一人の人格を尊重して保育を行わなければならない
イ	保育所は、地域社会との交流や連携を図り、保護者や地域社会に、当該保育所が行う保育の内容を適切に説明するよう努めなければならない
ウ	保育所は、入所する子ども等の個人情報を適切に取り扱うとともに、保護者の苦情などに対し、その解決を図るよう努めなければならない

✿ ここもCHECK! ·······································

●保育所の社会的責任のポイント

①人権に配慮し人格を尊重
②保護者や地域社会に説明責任
③個人情報を適切に取り扱い、苦情には迅速対処

●保育指針にくり返し出てくる言葉

①自発的な活動、様々な経験
②豊かに展開、人と関わる
③温かな親しみ、くつろぎ、生き生き活動

チャレンジ○×問題

解答・解説はP.44

Q1 保育所は、入所する子どもを保育するとともに、家庭や地域の様々な社会資源との連携を図りながら、入所する子どもの保護者への支援とともに、地域の子育て家庭に対する支援を行う役割も担っている。

Q2 保育指針では、「人との関わりの中で、人に対する愛情と信頼感、そして人権を大切にする心を育てるとともに、自主、自立及び協調の態度を養い、思考力の芽生えを培うこと」を、保育の目標の1つとして掲げている。

Q3 保育室は、親しみとくつろぎの場であることよりも、規律やマナーを守ることを一番に考えるべきである。

Q4 保育所は、保護者や地域社会に対して、当該保育所が行う保育の内容を適切に説明するよう努めなければならない。

保育指針第1章「2 養護に関する基本的事項」

R3前問1 R3後問2 R4前問1 R4後問2AB R5前問3

 次の文のうち、「保育所保育指針」第1章「総則」の2「養護に関する基本的事項」に関する記述として、適切な記述を○、不適切な記述を×とした場合の正しい組み合わせを一つ選びなさい。

A 保育における養護とは、子どもの生命の保持及び情緒の安定を図るために保育士等が行う指導のことである。

B 保育所における保育は、養護及び教育を一体的に行うことをその特性とするものである。

C 生命の保持のねらいには、「一人一人の子どもが、安定感を持って過ごせるようにする」という記述がある。

D 生命の保持のねらいには、「一人一人の子どもが、快適に生活できるようにする」という記述がある。

E 情緒の安定のねらいには、「一人一人の子どもが、周囲から主体として受け止められ、主体として育ち、自分を肯定する気持ちが育まれていくようにする」という記述がある。(R3後問2)

（組み合わせ）

	A	B	C	D	E
1	○	○	×	×	○
2	○	×	○	○	×
3	×	○	○	○	×
4	×	○	×	○	○
5	×	×	○	×	×

解 説

[A] 保育における養護とは、保育士等が行う「指導」ではなく、「**援助や関わり**」であるとされている。[B] 正しい。[C] これは**生命の保持**ではなく、「**情緒の安定**」のねらいの1つ。[D][E] 正しい。　　　　**【正解】4**

ここだけ丸暗記！

■第1章「2 養護に関する基本的事項」の「(1) 養護の理念」

保育における養護とは、子どもの**生命の保持**及び**情緒の安定**を図るために保育士等が行う援助や関わりであり、保育所における保育は、**養護及び教育を一体的に行う**ことをその特性とするものである。保育所における**保育全体を通じて**、養護に関するねらい及び内容を踏まえた保育が展開されなければならない。

■第1章「2 養護に関する基本的事項」の「(2) 養護に関わるねらい及び内容」

ア　生命の保持
(ア) ねらい
①一人一人の子どもが、**快適に生活**できるようにする
②一人一人の子どもが、**健康で安全**に過ごせるようにする

③一人一人の子どもの**生理的欲求**が、十分に満たされるようにする

④一人一人の子どもの**健康増進**が、積極的に図られるようにする

（イ）内容

①一人一人の子どもの**平常の健康状態**や**発育及び発達状態**を的確に把握し、**異常を感じる**場合は、**速やかに適切に**対応する

②**家庭との連携**を密にし、嘱託医**等との連携**を図りながら、子どもの**疾病**や**事故防止**に関する認識を深め、**保健的で安全な保育環境**の維持及び向上に努める

③清潔で安全な環境を整え、適切な援助や応答的な関わりを通して子どもの**生理的欲求**を満たしていく。また、**家庭と協力**しながら、子どもの発達過程等に応じた**適切な生活のリズム**がつくられていくようにする

④子どもの発達過程等に応じて、**適度な運動**と**休息**を取ることができるようにする。また、**食事、排泄、衣類の着脱、身の回りを清潔にすること**などについて、子どもが意欲的に生活できるよう**適切に援助**する

イ　情緒の安定

（ア）ねらい

①一人一人の子どもが、**安定感をもって過ごせる**ようにする

②一人一人の子どもが、**自分の気持ち**を**安心して表す**ことができるようにする

③一人一人の子どもが、周囲から**主体**として受け止められ、**主体**として育ち、**自分を肯定する気持ち**が育まれていくようにする

④一人一人の子どもが**くつろいで共に過ごし、心身の疲れが癒される**ようにする

（イ）内容

①一人一人の子どもの置かれている状態や発達過程などを的確に把握し、子どもの欲求を適切に満たしながら、**応答的な触れ合い**や言葉がけを行う

②一人一人の子どもの気持ちを受容し、共感しながら、子どもとの**継続的な信頼関係**を築いていく

③保育士等との信頼関係を基盤に、一人一人の子どもが**主体的**に活動し、**自発性や探索意欲**などを高めるとともに、**自分への自信**をもつことができるよう成長の過程を見守り、適切に働きかける

④一人一人の子どもの生活のリズム、発達過程、保育時間などに応じて、活動内容のバランスや調和を図りながら、**適切な食事や休息**が取れるようにする

チャレンジ○×問題

解答・解説はP.44

Q1 「一人一人の子どもの生理的欲求が、十分に満たされるようにする」は、「情緒の安定」のねらいである。

Q2 「一人一人の子どもが、自分の気持ちを安心して表すことができるようにする」は、「情緒の安定」のねらいである。

保育指針第1章「3 保育の計画及び評価」

R3前問3・7・13 R3後問4・5・18 R4前問4・5・19 R4後問3・4 R5前問5・13

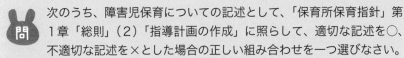

問 次のうち、障害児保育についての記述として、「保育所保育指針」第1章「総則」(2)「指導計画の作成」に照らして、適切な記述を○、不適切な記述を×とした場合の正しい組み合わせを一つ選びなさい。

A 保育所は、全ての子どもが、日々の生活や遊びを通して共に育ち合う場であるため、一人一人の子どもが安心して生活できる保育環境となるよう、障害や様々な発達上の課題など、状況に応じて適切に配慮する必要がある。

B 保育所では、障害のある子どもに対して一人一人ていねいな保育を行うために、クラス等の指導計画とは切り離して、個別の指導計画を作成する方がよい。

C 障害や発達上の課題のある子どもの理解と援助は、子どもの保護者や家庭との連携が大切であり、連携を通して保護者が保育所を信頼し、子どもについての共通理解の下に協力し合う関係を形成する。

D 障害のある子どもの就学にあたっては、就学に向けた支援の資料を作成するなど、保育所や児童発達支援センター等の関係機関で行われてきた支援が就学以降も継続していくよう留意する。

(組み合わせ)

	A	B	C	D
1	○	○	○	×
2	○	○	×	○
3	○	×	○	○
4	×	○	×	×
5	×	×	○	×

(R4前問5)

問題のポイント

保育の計画は、まず「**全体的な計画**」があって、それに基づいて「**指導計画**」、「**保健計画**」、「**食育計画**」等が立てられるという順になっている。そのことをまず覚えておこう。試験では、保育の計画についての問題が毎回2〜3問ずつ出題されており、特に「(2) **指導計画の作成**」からの出題が最も多く、このうち「**障害のある子どもの保育**」の計画についてよく出題されている。

解説

[A] 適切である。[B] **障害のある子どもの保育**については、「**他の子どもとの生活を通して共に成長**できるよう、**指導計画の中に位置付けること**」とされていることから、「クラス等の指導計画とは切り離して、個別の指導計画を作成する方がよい」という記述は不適切といえる。[C][D] 適切である。なお、本問などは厚生労働省「**保育所保育指針解説**」(平成30年2月)の内容をもとに出題されているので、一読しておくとよい。　　　　【正解】3

ここだけ丸暗記！

■第1章「3 保育の計画及び評価」の「(1) 全体的な計画の作成」

ア	保育所は、1の（2）に示した保育の目標を達成するために、各保育所の保育の方針や目標に基づき、子どもの発達過程を踏まえて、保育の内容が組織的・計画的に構成され、保育所の生活の全体を通して、総合的に展開されるよう、全体的な計画を作成しなければならない
イ	全体的な計画は、子どもや家庭の状況、地域の実態、保育時間などを考慮し、子どもの育ちに関する長期的見通しをもって適切に作成されなければならない
ウ	全体的な計画は、保育所保育の全体像を包括的に示すものとし、これに基づく指導計画、保健計画、食育計画等を通じて、各保育所が創意工夫して保育できるよう、作成されなければならない

■第1章「3 保育の計画及び評価」の「(2) 指導計画の作成」

ア	保育所は、全体的な計画に基づき、具体的な保育が適切に展開されるよう、子どもの生活や発達を見通した長期的な指導計画と、それに関連しながら、より具体的な子どもの日々の生活に即した短期的な指導計画を作成しなければならない
イ	指導計画の作成に当たっては、第2章及びその他の関連する章に示された事項のほか、子ども一人一人の発達過程や状況を十分に踏まえるとともに、次の事項に留意しなければならない （ア）3歳未満児については、一人一人の子どもの生育歴、心身の発達、活動の実態等に即して、個別的な計画を作成すること （イ）3歳以上児については、個の成長と、子ども相互の関係や協同的な活動が促されるよう配慮すること （ウ）異年齢で構成される組やグループでの保育においては、一人一人の子どもの生活や経験、発達過程などを把握し、適切な援助や環境構成ができるよう配慮すること
ウ	指導計画においては、保育所の生活における子どもの発達過程を見通し、生活の連続性、季節の変化などを考慮し、子どもの実態に即した具体的なねらい及び内容を設定すること。また、具体的なねらいが達成されるよう、子どもの生活する姿や発想を大切にして適切な環境を構成し、子どもが主体的に活動できるようにすること
エ	一日の生活のリズムや在園時間が異なる子どもが共に過ごすことを踏まえ、活動と休息、緊張感と解放感等の調和を図るよう配慮すること
オ	午睡は生活のリズムを構成する重要な要素であり、安心して眠ることのできる安全な睡眠環境を確保するとともに、在園時間が異なることや、

> 睡眠時間は子どもの発達の状況や**個人によって差がある**ことから、**一律とならない**よう配慮すること。

カ	長時間にわたる保育については、**子どもの発達過程、生活のリズム及び心身の状態**に十分配慮して、**保育の内容**や**方法、職員の協力体制、家庭との連携**などを**指導計画に位置付ける**こと
キ	障害のある子どもの保育については、一人一人の子どもの**発達過程**や障害の状態を把握し、適切な環境の下で、障害のある子どもが**他の子どもとの生活を通して共に成長**できるよう、**指導計画の中に位置付ける**こと。また、**子どもの状況に応じた保育**を実施する観点から、**家庭や関係機関と連携した支援のための計画**を個別**に作成**するなど適切な対応を図ること

■第1章「3 保育の計画及び評価」の「(3) 指導計画の展開」

指導計画に基づく保育の実施に当たっては、次の事項に留意すること。

ア	施設長、保育士など、全職員による適切な**役割分担**と**協力体制**を整えること
イ	子どもが行う具体的な活動は、生活の中で様々に変化することに留意して、子どもが**望ましい方向**に向かって**自ら活動を展開**できるよう**必要な援助**を行うこと
ウ	子どもの主体的な活動を促すためには、**保育士等が多様な**関わりをもつことが重要であることを踏まえ、子どもの**情緒の安定**や発達に必要な**豊かな体験**が得られるよう援助すること
エ	**保育士等**は、**子どもの実態**や子どもを取り巻く**状況の変化**などに即して**保育の過程**を記録するとともに、これらを踏まえ、指導計画に基づく**保育の内容の見直し**を行い、**改善を図る**こと

✿ここも**CHECK!** ·····································

- 保育士等は、保育の計画や記録を通して保育実践を振り返り、自己評価を行い、その**専門性の向上**や**保育実践の改善**に努めなければならない。
- **自己評価**に当たっては、子どもの活動内容やその結果だけでなく、子どもの心の育ちや**意欲**、**取り組む過程**などにも十分配慮する。

チャレンジ〇✕問題

解答・解説はP.44

Q1 全体的な計画は、子どもや家庭の状況、地域の実態、保育時間などを考慮し、子どもの育ちに関する長期的見通しをもって適切に作成する。

Q2 指導計画の作成に当たっては、3歳未満児については、個の成長と、子ども相互の関係や協同的な活動が促されるよう配慮する。

問 次の文のうち、「保育所保育指針」第1章「総則」の4「幼児教育を行う施設として共有すべき事項」に関する記述として、適切な記述を○、不適切な記述を×とした場合の正しい組み合わせを一つ選びなさい。

A 育みたい資質・能力として、「知識及び技能の基礎」「思考力、判断力、表現力等の基礎」「学びに向かう力、人間性等」が示されている。

B 育みたい資質・能力は、保育のねらい及び内容に基づいた個別の活動によって育むものである。

C 「幼児期の終わりまでに育ってほしい姿」は、保育活動全体を通して資質・能力が育まれている子どもの小学校就学時の具体的な姿である。

D 「幼児期の終わりまでに育ってほしい姿」は、特に卒園を迎える年度の後半に見られるようになることから、5歳児クラスの保育の到達目標として掲げ、指導する内容である。

（組み合わせ）

	A	B	C	D
1	○	○	×	×
2	○	×	○	×
3	○	×	×	○
4	×	○	○	×
5	×	×	○	○

（R3後問3）

問題のポイント

幼児教育を行う施設として共有すべき事項は、「(1) **育みたい資質・能力**」と「(2) **幼児期の終わりまでに育ってほしい姿**」の2つから構成されている。本問では (1) と (2) の概要が問われているが、(2) にはア〜コの**10項目**が掲げられており、試験ではこれら項目の表題を問う問題も出題されている。このため、表題は10項目ともすべて覚えておく必要がある。

解　説

[A] 正しい。[B] 個別の活動ではなく、保育活動全体によって育むものとされている。[C] 正しい。[D] 「幼児期の終わりまでに育ってほしい姿」は、小学校就学時の具体的な姿とされているため、卒園を迎える年度の後半に見られるようになるものとはいえるが、保育指針では「保育士等が**指導を行う際に考慮する**もの」としており、5歳児クラスの保育の到達目標として掲げて指導する内容とはしていない。　　　【正解】2

✿ここだけ丸暗記！

■第1章「4 幼児教育を行う施設として共有すべき事項」

(1) 育みたい資質・能力

ア 保育所においては、生涯にわたる生きる力の基礎を培うため、1の（2）に示す保育の目標を踏まえ、次に掲げる資質・能力を一体的に育むよう努めるものとする

（ア）豊かな体験を通じて、感じたり、気付いたり、分かったり、できるようになったりする「知識及び技能の基礎」

（イ）気付いたことや、できるようになったことなどを使い、考えたり、試したり、工夫したり、表現したりする「思考力、判断力、表現力等の基礎」

（ウ）心情、意欲、態度が育つ中で、よりよい生活を営もうとする「学びに向かう力、人間性等」

イ アに示す資質・能力は、第2章に示すねらい及び内容に基づく保育活動全体によって育むものである

(2) 幼児期の終わりまでに育ってほしい姿

次に示す「幼児期の終わりまでに育ってほしい姿」は、第2章に示すねらい及び内容に基づく保育活動全体を通して資質・能力が育まれている子どもの小学校就学時の具体的な姿であり、保育士等が指導を行う際に考慮するものである

✿ここもCHECK！

●「(2) 幼児期の終わりまでに育ってほしい姿」とされる10項目の表題

ア	健康な心と体	キ	自然との関わり・生命尊重
イ	自立心	ク	数量や図形、標識や文字などへの関心・感覚
ウ	協同性		
エ	道徳性・規範意識の芽生え	ケ	言葉による伝え合い
オ	社会生活との関わり	コ	豊かな感性と表現
カ	思考力の芽生え		

チャレンジ〇×問題

解答・解説はP.44

Q1 「(1) 育みたい資質・能力」の1つとされている「学びに向かう力、人間性等」とは、してよいことや悪いことがわかり、自分の行動を振り返ったり、よりよい生活を営もうとすることをいう。

1-4 保育指針第2章「保育の内容」

保育指針第2章の1、2、3

R3前問6・11・12・14 R3後問7・13・15・16 R4前問7・8 R4後問6・8 R5前問4・7

問 次のうち、乳児保育における保育の実施に関わる配慮事項に関する記述として、「保育所保育指針」第2章「保育の内容」1「乳児保育に関わるねらい及び内容」に照らして、適切なものの組み合わせを一つ選びなさい。

A 保護者との信頼関係を築きながら保育を進めるとともに、保護者からの相談に応じ、保護者への支援に努めていくこと。

B 自我が形成され、子どもが自分の感情や気持ちに気付くようになる重要な時期であることに鑑み、情緒の安定を図りながら、子どもの自発的な活動を尊重するとともに促していくこと。

C 子どもの発達や成長の援助をねらいとした活動の時間については、意識的に保育の計画等において位置付けて、実施することが重要であること。

D 一人一人の子どもの生育歴の違いに留意しつつ、欲求を適切に満たし、特定の保育士が応答的に関わるように努めること。 (R5前問6)

（組み合わせ）
1 A B
2 A C
3 A D
4 B C
5 B D

問題のポイント

第2章**「保育の内容」**では、**乳児、1歳以上3歳未満児、3歳以上児**の3つの区分ごとに、それぞれの**「保育に関するねらい及び内容」**を示している。試験では、この3区分にまたがる問題も多く出題されている。本書は、出題が特に多い箇所を選んで保育指針の記述を掲載しているが、それ以外の箇所でも出題される可能性が十分あるため、保育指針の記述は全体的にくり返し精読しておく必要がある。

解　説

[A] 適切である。[B] これは乳児保育ではなく、1歳以上3歳未満児の「保育の実施に関わる配慮事項」で述べられている記述である。[C] これは3歳以上児の「保育の実施に関わる配慮事項」で述べられている記述である。[D] 適切である。 【正解】3

✿ここだけ丸暗記！

■第2章「保育の内容」の柱書

　この章に示す「ねらい」は、第1章の1の（2）に示された**保育の目標**をより具体化したものであり、子どもが保育所において、安定した生活を送り、充実した活動ができるように、保育を通じて**育みたい資質・能力**を、子どもの**生活する姿**から捉えたものである。また、「内容」は、「ねらい」を達成するために、子どもの生活やその状況に応じて**保育士等が適切に行う事項**と、保育士等が援助して**子どもが環境に関わって経験する事項**を示したものである。

　保育における「養護」とは、子どもの**生命の保持及び情緒の安定**を図るために**保育士等が行う援助や関わり**であり、「教育」とは、子どもが健やかに成長し、その活動がより豊かに展開されるための**発達の援助**である。本章では、保育士等が、「ねらい」及び「内容」を具体的に把握するため、主に**教育に関わる側面からの視点**を示しているが、実際の保育においては、**養護と教育が一体となって展開される**ことに留意する必要がある。

■第2章「1 乳児保育に関わるねらい及び内容」
（3）保育の実施に関わる配慮事項

ア	乳児は疾病への抵抗力が弱く、**心身の機能の未熟さ**に伴う疾病の発生が多いことから、一人一人の発育及び発達状態や健康状態についての適切な判断に基づく保健的な対応を行うこと
イ	一人一人の子どもの生育歴の違いに留意しつつ、欲求を適切に満たし、特定の保育士が応答的に関わるように努めること
ウ	乳児保育に関わる職員間の連携や嘱託医との連携を図り、第3章に示す事項を踏まえ、適切に対応すること。**栄養士及び看護師等**が配置されている場合は、その専門性を生かした対応を図ること
エ	保護者との信頼関係を築きながら保育を進めるとともに、保護者からの相談に応じ、保護者への支援に努めていくこと
オ	担当の保育士が替わる場合には、子どものそれまでの生育歴や発達過程に留意し、**職員間で協力**して対応すること

✿ここもCHECK！

乳児**保育の「ねらい」「内容」の視点**	1歳以上3歳未満児、3歳以上児
ア 健やかに伸び伸びと育つ	**保育の「ねらい」「内容」の領域**
イ 身近な人と気持ちが通じ合う	ア 健康　イ 人間関係　ウ 環境
ウ 身近なものと関わり感性が育つ	エ 言葉　オ 表現

(2) ねらい及び内容

ア　健康
(ウ) 内容の取扱い

①心と体の健康は、相互に密接な関連があるものであることを踏まえ、**子ども**の**気持ち**に配慮した**温かい触れ合い**の中で、心と体の発達を促すこと。特に、**一人一人の発育**に応じて、**体を動かす機会**を十分に確保し、自ら体を動かそうとする**意欲**が育つようにすること

②健康な心と体を育てるためには望ましい**食習慣の形成**が重要であることを踏まえ、ゆったりとした雰囲気の中で**食べる喜びや楽しさ**を味わい、**進んで食べようとする気持ち**が育つようにすること。なお、**食物アレルギー**のある子どもへの対応については、**嘱託医等**の指示や協力の下に適切に対応すること

③**排泄の習慣**については、一人一人の**排尿間隔**等を踏まえ、**おむつ**が汚れていないときに**便器**に座らせるなどにより、少しずつ慣れさせるようにすること

④**食事、排泄、睡眠、衣類の着脱、身の回りを清潔にすること**など、生活に必要な基本的な習慣については、一人一人の状態に応じ、落ち着いた**雰囲気の中で行うよう**にし、子どもが**自分でしようとする気持ち**を尊重すること。また、基本的な**生活習慣の形成**に当たっては、**家庭**での**生活経験**に配慮し、**家庭との適切な連携**の下で行うようにすること

イ　人間関係
(ウ) 内容の取扱い

①**保育士等との信頼関係**に支えられて生活を確立するとともに、**自分で何かをしようとする気持ち**が旺盛になる時期であることに鑑み、そのような子どもの気持ちを尊重し、**温かく見守る**とともに、**愛情豊か**に、**応答的に関わり**、適切な援助を行うようにすること

②思い通りにいかない場合等の子どもの不安定な感情の表出については、**保育士等が受容的に受け止める**とともに、そうした気持ちから**立ち直る経験**や**感情をコントロールすることへの気付き**等につなげていけるように**援助**すること

③この時期は自己と他者との違いの認識がまだ十分ではないことから、子どもの**自我の育ちを見守る**とともに、保育士等が**仲立ち**となって、**自分の気持ちを相手に伝える**ことや**相手の気持ちに気付く**ことの大切さなど、友達の気持ちや友達との関わり方を**丁寧に伝えていく**こと

ウ　環境

(ア) ねらい

①**身近な環境**に親しみ、触れ合う中で、様々なものに**興味**や**関心をもつ**

②様々なものに関わる中で、**発見を楽しんだり**、**考えたり**しようとする

③**見る**、**聞く**、**触る**などの経験を通して、**感覚の働き**を豊かにする

(イ) 内容

①安全で活動しやすい環境での**探索活動**等を通して、見る、聞く、触れる、嗅ぐ、味わうなどの感覚の働きを豊かにする

②**玩具**、**絵本**、**遊具**などに興味をもち、それらを使った遊びを楽しむ

③身の回りの物に触れる中で、**形**、**色**、**大きさ**、**量**などの物の性質や仕組みに気付く

④**自分の物**と**人の物**の区別や、**場所的感覚**など、**環境を捉える感覚**が育つ

⑤身近な**生き物**に気付き、**親しみ**をもつ

⑥**近隣の生活**や**季節の行事**などに興味や関心をもつ

(3) 保育の実施に関わる配慮事項

ア	特に**感染症**にかかりやすい時期であるので、体の状態、機嫌、食欲などの**日常の状態の観察**を十分に行うとともに、適切な判断に基づく**保健的な対応**を心がけること
イ	探索活動が十分できるように、**事故防止**に努めながら活動しやすい環境を整え、**全身を使う遊び**など様々な遊びを取り入れること
ウ	**自我が形成**され、子どもが自分の**感情**や**気持ち**に気付くようになる重要な時期であることに鑑み、**情緒の安定**を図りながら、子どもの**自発的な活動**を**尊重する**とともに**促していくこと**
エ	担当の**保育士が替わる場合**には、子どものそれまでの経験や発達過程に留意し、**職員間で協力**して対応すること

■第2章「3　3歳以上児の保育に関わるねらい及び内容」

(2) ねらい及び内容

ウ　環境

(ア) ねらい

①**身近な環境**に親しみ、自然と触れ合う中で様々な事象に**興味**や**関心をもつ**

②**身近な環境**に自分から関わり、**発見を楽しんだり**、**考えたり**し、**それを生活に取り入れようとする**

③身近な事象を**見たり**、**考えたり**、**扱ったり**する中で、**物の性質や数量**、**文字**などに対する感覚を豊かにする

(イ) 内容

①自然に触れて生活し、その**大きさ**、**美しさ**、**不思議さ**などに気付く

②生活の中で、様々な物に触れ、その**性質**や**仕組み**に興味や関心をもつ

③**季節**により自然や人間の生活に**変化**のあることに気付く

④自然などの身近な事象に関心をもち、取り入れて遊ぶ

⑤身近な**動植物**に親しみをもって接し、生命の尊さに気付き、いたわったり、大切にしたりする

⑥日常生活の中で、我が国や地域社会における様々な**文化**や**伝統**に親しむ

⑦**身近な物を大切**にする

⑧身近な**物**や**遊具**に興味をもって関わり、自分なりに比べたり、関連付けたりしながら考えたり、試したりして工夫して遊ぶ

⑨日常生活の中で**数量**や**図形**などに関心をもつ

⑩日常生活の中で簡単な**標識**や**文字**などに関心をもつ

⑪生活に関係の深い**情報**や**施設**などに興味や関心をもつ

⑫保育所内外の行事において**国旗**に親しむ

(3) 保育の実施に関わる配慮事項

ア	第1章の4の（2）に示す**「幼児期の終わりまでに育ってほしい姿」**が、ねらい及び内容に基づく活動全体を通して資質・能力が育まれている子どもの小学校就学時の具体的な姿であることを踏まえ、指導を行う際には適宜考慮すること
イ	子どもの発達や成長の援助をねらいとした**活動の時間**については、意識的に**保育の計画**等において位置付けて、実施することが重要であること。なお、そのような活動の時間については、**保護者の就労状況**等に応じて子どもが**保育所で過ごす時間がそれぞれ異なる**ことに留意して設定すること
ウ	特に必要な場合には、各領域に示すねらいの趣旨に基づいて、具体的な内容を工夫し、それを加えても差し支えないが、その場合には、それが第1章の1に示す**保育所保育に関する基本原則**を逸脱しないよう慎重に配慮する必要があること

チャレンジ〇✕問題

解答・解説はP.44

Q1 乳児保育の「ねらい及び内容」は、「健やかに伸び伸びと育つ」、「身近な人と気持ちが通じ合う」、「身近なものと関わり感性が育つ」という3つの視点ごとに示されている。

Q2 1歳以上3歳未満児の基本的な生活習慣の形成にあたっては、家庭での生活経験に配慮し、家庭からの要望を第一に優先して進める。

Q3 「様々なものに関わる中で、発見を楽しんだり、考えたりしようとする」は、3歳以上児の「環境」における保育の「ねらい」の1つである。

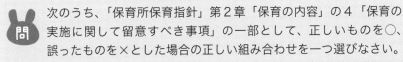

✏ 保育指針第2章の4、第4章

🐰 次のうち、「保育所保育指針」第2章「保育の内容」の4「保育の実施に関して留意すべき事項」の一部として、正しいものを○、誤ったものを×とした場合の正しい組み合わせを一つ選びなさい。

A 子どもの心身の発達及び活動の実態などの個人差を踏まえるとともに、一人一人の子どもの気持ちを受け止め、援助すること。

B 子どもが自ら周囲に働きかけ、試行錯誤しつつ自分の力で行う活動を見守るだけでなく、子どもに対して、保育士等が積極的に援助を行うこと。

C 子どもの入所時の保育に当たっては、できるだけ子ども全体に公平・平等になるように同じ対応をし、子どもが安定感を得て、次第に保育所の生活になじんでいくようにすること。

D 子どもの国籍や文化の違いを認め、互いに尊重する心を育てるようにすること。

E 子どもの性差や個人差にも留意しつつ、性別などによる固定的な意識を植え付けることがないようにすること。

（組み合わせ）

	A	B	C	D	E
1	○	○	○	×	○
2	○	○	×	○	×
3	○	×	×	○	○
4	×	×	○	○	×
5	×	×	○	×	×

（R4前問10）

解　説

[A] 正しい。[B] 保育指針は「子どもが（中略）試行錯誤しつつ自分の力で行う活動を見守りながら、適切に援助すること」としている。したがって、「見守るだけでなく（中略）保育士等が積極的に援助を行う」というのは誤りといえる。[C] 保育指針は「できるだけ個別的に対応」することとしている。したがって、「子ども全体に公平・平等になるように同じ対応」をするというのは誤りである。[D] [E] 正しい。　　　　　　　　　　【正解】3

■第2章「4 保育の実施に関して留意すべき事項」

(1)　保育全般に関わる配慮事項

ア　子どもの**心身の発達及び活動の実態**などの個人差を踏まえるとともに、一人一人の子どもの**気持ち**を受け止め、援助すること

イ　子どもの健康は、**生理的・身体的**な育ちとともに、**自主性や社会性、豊かな感性**の育ちとがあいまってもたらされることに留意すること

ウ　子どもが自ら周囲に働きかけ、試行錯誤しつつ自分の力で行う活動を**見守りながら、適切に援助する**こと

エ　子どもの**入所時の保育**に当たっては、**できるだけ個別的に対応**し、子どもが**安定感**を得て、次第に保育所の生活になじんでいくようにするとともに、既に入所している子どもに不安や動揺を与えないようにすること

オ　子どもの国籍や文化の違いを認め、**互いに尊重する心**を育てるようにすること

カ　子どもの**性差**や個人差にも留意しつつ、**性別などによる固定的な意識**を植え付けることがないようにすること

(2)　小学校との連携

ア　保育所においては、保育所保育が、**小学校以降の生活や学習の基盤の育成につながる**ことに配慮し、**幼児期にふさわしい生活**を通じて、**創造的な思考**や**主体的な生活態度**などの基礎を培うようにすること

イ　保育所保育において育まれた資質・能力を踏まえ、小学校教育が円滑に行われるよう、**小学校教師**との**意見交換**や**合同の研究**の機会などを設け、第1章の4の（2）に示す「**幼児期の終わりまでに育って欲しい姿**」を共有するなど連携を図り、**保育所保育**と**小学校教育**との**円滑な接続**を図るよう努めること

ウ　子どもに関する情報共有に関して、保育所に入所している子どもの就学に際し、市町村の支援の下に、**子どもの育ちを支えるための資料**が保育所から**小学校**へ**送付**されるようにすること

(3)　家庭及び地域社会との連携

　子どもの**生活の連続性**を踏まえ、**家庭及び地域社会**と**連携して保育が展開されるよう配慮**すること。その際、家庭や**地域の機関及び団体**の協力を得て、地域の**自然**、高齢者や異年齢の子ども等を含む**人材**、**行事**、**施設**等の地域の**資源**を積極的に活用し、豊かな生活体験をはじめ保育内容の充実が図られるよう配慮すること

1　保育所における子育て支援に関する基本的事項

(1)　保育所の特性を生かした子育て支援

ア　保護者に対する子育て支援を行う際には、各地域や家庭の実態等を踏まえるとともに、**保護者の**気持ちを受け止め、**相互の**信頼関係を基本に、**保護者の**自己決定を尊重すること

イ　保育及び子育てに関する知識や技術など、保育士等の専門性や、子どもが常に存在する環境など、保育所の特性を生かし、保護者が子どもの成長に気付き**子育ての喜び**を感じられるように努めること

(2)　子育て支援に関して留意すべき事項

ア　保護者に対する子育て支援における地域の関係機関等との**連携**及び**協働**を図り、保育所全体の**体制構築**に努めること

イ　子どもの利益に反しない限りにおいて、保護者や子どもの**プライバシー**を保護し、知り得た事柄の秘密**を保持する**こと

2　保育所を利用している保護者に対する子育て支援

(1)　保護者との相互理解

ア　**日常の保育に関連した様々な機会**を活用し子どもの日々の様子の伝達や収集、保育所保育の意図の説明などを通じて、**保護者との相互理解**を図るよう努めること

イ　保育の活動に対する**保護者の積極的な**参加は、保護者の子育てを自ら実践する力の向上に寄与することから、これを促すこと

(2)　保護者の状況に配慮した個別の支援

ア　保護者の**就労**と**子育て**の両立等を支援するため、保護者の多様化した保育の需要に応じ、**病児保育事業**など多様な事業を実施する場合には、保護者の状況に配慮するとともに、子どもの福祉が尊重されるよう努め、子どもの**生活の**連続性を考慮すること

イ　子どもに**障害や発達上の課題**が見られる場合には、市町村や関係機関と連携及び協力を図りつつ、保護者に対する個別**の支援**を行うよう努めること

ウ　**外国籍家庭**など、特別な配慮を必要とする家庭の場合には、状況等に応じて個別**の支援**を行うよう努めること

チャレンジ〇✕問題

解答・解説はP.44

Q1　地域の関係機関等をよく理解して連携及び協働を図り、保育所全体で子育て支援に努めることが求められる。

Q2　子どもが自立するためには、保育の活動に対して保護者はなるべく参加しないことが求められる。

チャレンジ○×問題 解答・解説

🐻 保育の発展に寄与した人物（P.15）

Q1 ○『新社会観』（1813年）の中で説いている／**Q2** ×これはフレーベルではなく、マクミランに関する記述である（姉とともに活動していたため、「マクミラン姉妹」としても知られている）／**Q3** ○『学校と社会』（1899年）の中で主張している

🐻 日本の保育の歴史（P.20）

Q1 ×これは野口幽香ではなく、徳永恕に関する記述である／**Q2** ×「保育要領」は、幼稚園・保育所・家庭に共通の保育の手引書として発行された

🐻 保育に関する法令および制度（P.24）

Q1 ○／**Q2** ×幼保連携型認定こども園は、学校教育法上の「学校（幼稚園）」であるとともに、児童福祉法上の「児童福祉施設」として法的に位置付けられている

🐻 保育指針第1章「1　保育所保育に関する基本原則」（P.28）

Q1 ○第1章の1「(1) 保育所の役割」のウの内容である／**Q2** ×これは「(2) 保育の目標」（ウ）の記述であるが、「思考力の芽生え」ではなく「道徳性の芽生え」を培うとしている。なお、(2) の（エ）では「思考力の芽生え」、（カ）では「創造性の芽生え」とされていることに注意する／**Q3** ×「(4) 保育の環境」のウでは、「保育室は、温かな親しみとくつろぎの場となるとともに、生き生きと活動できる場となるように配慮すること」とされている／**Q4** ○「(5) 保育所の社会的責任」のイの内容である

🐻 保育指針第1章「2　養護に関する基本的事項」（P.30）

Q1 ×「情緒の安定」ではなく、「生命の保持」のねらいである／**Q2** ○

🐻 保育指針第1章「3　保育の計画及び評価」（P.33）

Q1 ○／**Q2** ×これは3歳未満児ではなく、3歳以上児についての留意事項である

🐻 保育指針第1章「4　幼児教育を行う施設として共有すべき事項」（P.35）

Q1 ×「学びに向かう力、人間性等」とは、心情、意欲、態度が育つ中で、よりよい生活を営もうとすることとされている。なお、「してよいことや悪いことがわかり、自分の行動を振り返ったり…」というフレーズは、「(2) 幼児期の終わりまでに育ってほしい姿」の「エ 道徳性・規範意識の芽生え」を説明する記述中でみられる

🐻 保育指針第2章の1、2、3（P.40）

Q1 ○／**Q2** ×家庭からの要望を第一に優先して進めるのではなく、家庭との適切な連携の下で行うようにする／**Q3** ×3歳以上児ではなく、1歳以上3歳未満児である

🐻 保育指針第2章の4、第4章（P.43）

Q1 ○保育指針は「保護者に対する子育て支援における地域の関係機関等との連携及び協働を図り、保育所全体の体制構築に努めること」と述べている／**Q2** ×保育指針は「保育の活動に対する保護者の積極的な参加は、保護者の子育てを自ら実践する力の向上に寄与することから、これを促すこと」と述べている

2

教育原理

教育に関する理論

諸外国の教育思想

 次の【Ⅰ群】の記述と、【Ⅱ群】の人物を結びつけた場合の正しい
組み合わせを一つ選びなさい。

【Ⅰ群】

A ドイツの教育者。神と自然と人間を貫く神的統一の理念に基づき、「自
己活動」と「労作」の原理を中心とした教育の理論を述べた。また、
家庭教育の向上を図るため、『母の愛と撫愛の歌』を著した。

B スイスに生まれ、近代教育に重要な影響を与えた教育思想家・教育者。
著書『隠者の夕暮』で、教育の場として家庭を重視した。「生活が陶冶
する」という名言でも知られている。

C スイスで生まれフランスで活躍した思想家。子どもと大人の本質的な
差異を認め、「子どもの発見者」と言われる。『エミ
ール』の著者で、人間の本来の性は善であるが、伝
統、歴史、社会、政治などにより悪くなっていくと
主張した。

【Ⅱ群】

ア コメニウス（Comenius, J.A.）

イ ルソー（Rousseau, J.-J.）

ウ ペスタロッチ（Pestalozzi, J.H.）

エ フレーベル（Fröbel, F.W.）

（組み合わせ）

	A	B	C
1	ア	ウ	イ
2	ウ	ア	エ
3	ウ	エ	イ
4	エ	ア	ウ
5	エ	ウ	イ

（R3前問5）

問題のポイント

諸外国の教育の思想については、ほぼ毎回出題される。**コメニウス**、**ロック**、
ルソー、**ペスタロッチ**、**フレーベル**、**モンテッソーリ**などについて、その思想
の大まかな内容と主要な著書名を頭に入れておこう。

解 説

[A]「神と自然と人間を貫く**神的統一**の理念」という記述から**フレーベル**であ
ることがわかる。[B]「**生活が陶冶する**」は**ペスタロッチ**の基本的な教育思想
である。[C] ルソーの著書『**エミール**』はあまりにも有名。　　　　【正解】5

コメニウス (1592〜1670)	汎知（すべての人にすべてのことを教える）という教育を提唱し、母親学校（母親を教師とする家庭教育）（0〜6歳）、母国語学校（7〜12歳）といった単線型の統一学校を構想。子どもの感覚に直接訴えかける教育（直観教授）を行い、世界最古の絵入り教科書『世界図絵』を用いた
ロック (1632〜1704)	「体・徳・知」を備えた紳士（ジェントルマン）を教育目標とし、子どもは白紙のようにどのようなものにも変化し得るのだから（白紙説）、幼児期の正しい習慣形成が重要であると唱えた（鍛錬主義）。著書『教育に関する考察』の中で「健全な身体に宿る健全な精神、…」と記している
ルソー (1712〜1778)	著書『エミール』の中で、「万物をつくる者の手をはなれるときすべてはよいものであるが、人間の手にうつるとすべてが悪くなる」として性善説の立場を示した。「人は子どもというものを知らない。…かれらは子どものうちに大人をもとめ、大人になる前に子どもがどういうものであるかを考えない」と述べた。大人と異なった価値を子どもに見出したことから「子どもの発見者」と呼ばれる。大人になるため必要なことを早期に教える積極的教育を批判し、人間の本性に依拠する消極的教育を唱えた
ペスタロッチ (1746〜1827)	人間の根本的な能力を「心・頭・手」に分け、これらの調和を理想として「生活が陶冶する」という教育原理を生み出した（「陶冶」＝鍛え育てること）。また、教育の基礎を子どもの直観に置き（直観教授）、直観の構成要素として「数・形・語」を挙げた。著書『隠者の夕暮』では、「玉座に坐っている人も、あばら家に住んでいる人も、本質は同じ人間」と述べた。貧しき者を救うのは教育であると述べた著書『リーンハルトとゲルトルート』も有名
オーエン (1771〜1858)	人間の性格は環境の産物であって、環境を整えることで性格形成が可能であるとの考えに基づき、『新社会観』を著した。スコットランドのニュー・ラナーク村で経営していた紡績工場に性格形成学院を創設。また幼児期における環境の影響を重視し、性格形成学院内に幼児学校を設立した。労働者の子どもを1歳から預かり、幼児教育・集団保育の先駆とされる
ヘルバルト (1776〜1841)	教育の課題は道徳的品性の陶冶であるとし、多方面へ興味を喚起することが必要であるとして教育（訓育）的教授という概念を提示。4段階教授説を唱えたが、弟子により「予備・提示・比較・総合・応用」の5段階に改変された

フレーベル (1782〜1852)	著書『人間の教育』で「すべてのもののなかに永遠の法則が宿り、…**統一者（＝神**）が必然的に存在している」と述べ、子どもの**神性**を開発することが教育の本質であると考えた。**遊び**を通して子どもの神性を発現させるために「恩物（Gabe）」（＝神からの贈り物）と呼ばれる遊具を考案し、遊びの重要性を説いた。また、家庭教育の向上を図るため、『**母の愛と愛撫の歌**』を著した
エレン・ケイ (1849〜1926)	スウェーデンの女性思想家・教育学者。1900年に著した『**児童の世紀**』では「20世紀こそは児童の世紀である」と宣言し、子どもの成長と発達を優先した教育の必要性を強調した
デューイ (1859〜1952)	子どもが生活の中から自分で**問題**や疑問を見つけ出し、それを自らの思考に基づいて**解決**することを通して**学習**を成立させる「問題解決学習」を提唱。説明された思考は見せかけの思考に過ぎず、自ら内面的に取り組んでつくり上げた思考こそ本物の思考であるとした。主な著書として『**学校と社会**』『**民主主義と教育**』がある
モンテッソーリ (1870〜1952)	ローマのスラム街に「**子どもの家**」を設立。整えられた環境、3種類の円柱さしを代表とする教具類、控えめな教師を特徴とした**モンテッソーリ・メソッド**とよばれる教育方法を実践した。著書『**子どもの発見**』には「3歳から7歳までの40名の子どもがいて、そのおのおのが自分の仕事についています。一部の者は感覚練習をし、他の者は算数に、さらに他の者は文字をさわり、図画をし、…女教師はゆっくりそうっと歩き回り、…」などと教育の様子が描かれている
ハッチンス (1899〜1977)	著書『**学習社会論**』の中で、「成人に定時制教育を提供するだけでなく、学ぶこと、何かを成し遂げること、**人間的**になること目的としたあらゆる制度がその目的を実践できるような社会（学習社会）をつくらなければならない」と述べた

チャレンジ○×問題

解答・解説はP.60

Q1 ロック（Locke, J.）は、人間の精神は、本来、白紙のようなものであるとして、幼児期の正しい習慣形成が重要であると唱えた。

Q2 コメニウス（Comenius,J.A.）は、教育の基礎を子どもの直観に置く教授法（直観教授）を考案し、直観の構成要素として「数・形・語」の3つを挙げた。

日本の教育思想

問 次の【Ⅰ群】の記述と、【Ⅱ群】の人物を結びつけた場合の正しい組み合わせを一つ選びなさい。

【Ⅰ群】

A 子どもの年齢に応じた教え方として「随年教法」を示した。「和俗童子訓」において「其おしえは、予（あらかじ）めするを先とす。予とは、かねてよりといふ意。小児の、いまだ悪にうつらざる先に、かねて、はやくをしゆるを云」と述べた。

B 農民生活の指導者として、子どもの発達過程に即した教育の在り方を説いた。子どもの心と身体の成長を「実植えしたる松」「二葉極りたる頃」「萌したる才智の芽のふき出」など松の生長にたとえた。

【Ⅱ群】

ア 大原幽学

イ 伊藤仁斎

ウ 荻生徂徠

エ 貝原益軒

（組み合わせ）
  A　B
1 ア　イ
2 イ　ウ
3 ウ　イ
4 エ　ア
5 エ　イ

（R5前問4）

問題のポイント

日本の教育思想についてもほぼ毎回出題されている。本問のように、**江戸時代**までの人物が出題されることもあれば、**1872（明治5）**年「学制」公布以降の人物や出来事が問われることもある。よく出題される人物は、キーポイントとなる「著書」「学校名」「提唱した教育法」などを覚えておこう。また、外国の人物も含め、第1章「保育原理」で学習した内容を復習しておこう。

解説

[A]「随年教法」「和俗童子訓」から貝原益軒であることがわかる。小児からの教育が大切であると述べている。[B]「**農民生活の指導者**」ということから大原幽学であることがわかる。大原幽学は江戸時代後期、農民（子どもや女性を含む）の教化と農村改革運動を指導したことで知られる。なお、**伊藤仁斎**は江戸時代前期の儒学者であり、個人の道徳（仁愛）の重要性を説いた。また、**荻生徂徠**は江戸時代中期の儒学者であり、道徳よりも政治の方法に重点を置く思想を主張した。　　　　　　　　　　　　　　　　　　　　【正解】4

空海 （弘法大師） （774〜835）	庶民教化のための教育機関である綜芸種智院（しゅげいしゅちいん）を創設し、広範な知識を獲得する「綜芸」を通して、自己を取り巻く世界を把握する「種智」へと至る道筋を示した
中江藤樹 （1608〜1648）	知行合一（ちこうごういつ）（知識と行為は一体であり、真の知は行為を伴わなければならない）を唱え、日本の陽明学の祖とされる
貝原益軒 （1630〜1714）	著書『和俗童子訓（わぞくどうじくん）』の中で「小児の教は早くすべし」と述べ、幼児期のしつけを重視し、早い時期からの習慣形成の必要性を主張した。また、発達に応じて教授法と教材（教科書）を配列する随年教法を説いた。イギリスのロックと同時代の人であり、鍛錬主義やしつけを強調するなど共通点が多いため、「日本のロック」とも呼ばれる
石田梅岩 （1685〜1744）	町人向けの石門心学と呼ばれる実践哲学を創始し、愛し敬う心を幼い時期から身に付けることの大切さを説いた
関信三 （1843〜1880）	イギリスから帰国後、東京女子師範学校の英語教師となり、1876（明治9）年附属幼稚園の開設に伴い初代監事（園長）となり、主任保母松野クララらとともに幼稚園経営にあたった
森有礼 （1847〜1889）	38歳で初代文部大臣に就任し、初等教育の普及、教員養成の充実など学校教育の発展に尽くしたが、42歳で暗殺された
澤柳政太郎 （1865〜1927）	文部官僚、大学総長を経て、1917（大正6）年に成城小学校を創設。主事の小原國芳とともに自由主義教育運動を展開した
倉橋惣三 （1882〜1955）	東京女子高等師範学校教授となり、1917（大正6）年からは附属幼稚園主事として活躍。1934（昭和9）年『幼稚園保育法真諦（しんたい）』を著し、「生活を、生活で、生活へ」と導くことが重要であるとして、児童中心の進歩的な「誘導保育論」を提唱した。著書に『幼稚園雑草』『育ての心』『子供讃歌』
城戸幡太郎 （1893〜1985）	保育問題研究会を結成し、保育者との共同による実証的研究を行う。倉橋惣三の児童中心主義に基づく理論や実践を批判し、現実の社会で生活する子どもの生活を積極的に指導する立場にたつ保育（社会中心主義保育）を主張した

チャレンジ〇✕問題

解答・解説はP.60

Q1 石田梅岩は、一般の庶民に開かれた教育機関である綜芸種智院を設立し、総合的な人間教育をめざした。

Q2 倉橋惣三は、1875（明治8）年の東京女子師範学校創設の際に英語教師として招かれ、翌年、東京女子師範学校附属幼稚園の開設に伴い初代監事に任じられた。

教育の実践

R3前問8　R3後問7・9　R4後問4　R5前問8　保　　原　R4後問19

 次の【Ⅰ群】の記述と、【Ⅱ群】の語句の組み合わせとして、正しいものを一つ選びなさい。

【Ⅰ群】

A　1950年代半ばに親たちが始めた活動が発祥で、子どもたちは朝集合場所の幼稚園に集まり、そこでその日の計画を話し合い、必要なものをかばんに入れて支度をし、1日野外で過ごす。

B　子どもの「今、ここにある生活」を重視し、実践者、研究者、マオリ（先住民）の人々の意見を集めてつくられたカリキュラムである。「学びの物語（Learning Stories）」と呼ばれる個々の子どもの記録が大切にされている。

（組み合わせ）

	A	B
1	ア	イ
2	ア	エ
3	ウ	イ
4	ウ	エ
5	エ	イ

【Ⅱ群】

ア　レッジョ・エミリア・アプローチ
イ　テ・ファリキ
ウ　森の幼稚園
エ　モンテッソーリ・メソッド

（R4後問7）

問題のポイント

教育の実践方法や各国の教育制度についても、ほぼ毎回出題されている。主な実践方法の内容とその考案者の名前を覚えておこう。

解　説

[A]　ウの**森の幼稚園**である。1950年代に**デンマーク**で始まった**野外保育活動**であり、現在では日本でも採用する保育所、幼稚園、民間団体が増えている。
[B]　イの**テ・ファリキ**である。1996年にニュージーランドで導入された新しい幼児教育方法であり、もともとは**先住民マオリ**の言葉で「編んだ敷物」という意味。多様な子どもたちがだれでも乗ることのできるものを象徴している。アの**レッジョ・エミリア・アプローチ**は、**イタリア**の都市レッジョ・エミリアを発祥とする保育方法であり、教師・親・行政関係者・教育学の専門家等が支え合いながら子ども主体の活動を援助していく。エの**モンテッソーリ・メソッド**は、**イタリア**の教育者モンテッソーリが、子どもの観察から確立した教育法である（第1章「保育原理」P.15を参照）。　　　　　【正解】3

2

教育原理

ベル・ランカスター法（助教法）	ベルとランカスターが考案。学級を班に分け、優秀な生徒を「**助教**」として選び、教師の監督のもと、担当した班の指導を行わせる。多数の生徒を効率的に教育できる
プロジェクト・メソッド	デューイの後継者の一人である**キルパトリック**が提唱した。**問題解決学習**（→P.48）の一種。プロジェクトとは「社会的な環境の中で全精神を打ち込んで行われる、目的の明確な活動」と定義され、次の4段階の学習活動が生徒自身によって行われる。①**目標**の設定→②目標を実現するための**計画**の立案→③計画に従って（ときには修正しつつ）**実行**→④結果の**評価**。重要なのは、子ども自身による計画と、活動による実践を通して成果を得ようとすることであり、学習が自発的な活動として展開されることに力点が置かれる
プログラム学習	**ティーチング・マシーン**（学習内容が綿密にプログラムされた機器）または印刷された図書型教材を用いて行う個別学習。**スキナー**が動物実験に基づく学習理論を体系化し、開発した。プログラム学習は①教材が論理に従って細分化され順序よく配列されている（スモールステップ）、②ステップごとに学習者が起こす反応（解答）に対して、それが正しかったかどうかについて即座に**フィードバック**がなされ、学習の確認ができる、③学習者が個別のペースで学習を進められる、といった特徴がある
発見学習	アメリカの心理学者**ブルーナー**が提唱。すでにでき上がった知識体系の結果だけを学ぶのではなく、その知識が生成されるまでのプロセスに子ども自らが参加し、規則性や法則性などを**発見**していくという学習方法
生涯教育	1965年のユネスコ成人教育推進国際委員会で**ラングラン**が提唱。その著『**生涯教育入門**』でも、学習の機会が、人生の各段階において継続的に確保されること、学校だけでなく、家庭・職場・地域社会など生活のあらゆる場で確保されることが大切であるとしている
リカレント教育	**経済協力開発機構（OECD）**が提言した教育構想。**生涯教育**の一形態であり、**学校教育を修了した成人**が、労働・余暇などの諸活動と教育とを交互に生涯にわたって行えることを指す
キャリア教育	一人一人の社会的・職業的自立に向けて、必要な基盤となる能力や態度を育てることを通して、**キャリア発達**（社会の中で自分の役割を果たしながら自分らしい生き方を実現していく過程）を促す教育（**中央教育審議会**「今後の学校におけるキャリア教育・職業教育の在り方について〔答申〕」より）

ヘッドスタート	アメリカ合衆国の保健福祉省が1960年代半ばから実施しているプログラム。貧困家庭で育つ子どもたちを対象として、就学前に「**アルファベットが読める**」「**数字を10まで数えられる**」ことなどを支援することによって、文化的格差を抑えることを目的としている
アクティブ・ラーニング	伝統的な教員による一方向的な講義形式の教育とは異なり、学習者の能動的な学習への参加を取り入れた教授・学習法の総称。学んだ情報を思い出しやすい、あるいは異なる文脈でもその情報を使いこなしやすい、といったメリットがある。**発見学習**、**問題解決学習**などもこれに含まれる
カリキュラム・マネジメント	各学校において、実態を適切に把握し、①教育の目的や目標の実現に必要な教育内容等を教科等横断的な視点で組み立てていくこと、②教育課程の実施状況を評価してその改善を図っていくこと、③教育課程の実施に必要な人的・物的な体制を確保するとともにその改善を図っていくことなどを通して、教育課程に基づき組織的かつ計画的に教育活動の質の向上を図っていくことをいう。**学習指導要領**、**幼稚園教育要領**の中で用いられている用語である
潜在的カリキュラム	学校生活の中で、教育目標達成のために意図的に編成されたカリキュラムとは別に、社会規範や集団内でのふるまい方、ジェンダー（社会的性差観）など、子どもが**知らず知らずのうちに身に付けていくこと**をいう。「隠れたカリキュラム」とも呼ばれる
GIGAスクール構想	子ども1人に1台の端末と**高速大容量**の通信ネットワークを一体的に整備し、多様な子どもたちを誰一人取り残すことのない公正に個別最適化された学びを全国の学校現場で持続的に実現させるという構想。2019(令和元)年に**文部科学省**が打ち出した
ICT活用教育アドバイザー	**GIGAスクール構想**の実現のために教育情報化を進める際の疑問や相談に応じるアドバイザー。ICT(情報通信技術)活用を促進するため、文部科学省では**ICT活用教育アドバイザー**の活用事業を実施している

チャレンジ〇✕問題

解答・解説はP.60

Q1 デューイは、知識体系ができ上がるまでの過程に子どもが参加し、規則性や法則性を自ら発見していく学習法を考案した。

Q2 キルパトリックは、学習内容がプログラムされたティーチング・マシーンによる「プログラム学習」を考案した。

2-2 教育に関する規定

📝 教育基本法

R3前問1 R3後問1 R4前問2 R4後問9 R5前問1

 問 次の文は、「教育基本法」の一部である。（　A　）・（　B　）に
あてはまる語句の正しい組み合わせを一つ選びなさい。

第三条　国民一人一人が、自己の人格を磨き、豊かな人生を送ることがで
きるよう、（　A　）にわたって、あらゆる機会に、（　B　）において学
習することができ、その成果を適切に生かすことのできる社会の実現が図
られなければならない。

（組み合わせ）

	A	B
1	その生涯	あらゆる場所
2	その生涯	学校
3	その生涯	家庭やすべての社会教育施設
4	就学期全期	あらゆる場所
5	就学期全期	学校

（R4後問9）

問題のポイント

教育に関する規定は、**日本国憲法第26条**を頂点に**教育基本法**、**学校教育法**が
あり、さらに教育課程の基準となる**学習指導要領**、**幼稚園教育要領**、**幼保連携
型認定こども園教育・保育要領**が定められている。教育基本法（**1947〔昭和
22）年制定**）は**2006（平成18）年**にはじめて改正され、生涯学習の理念
（第3条）、家庭教育（第10条）、幼児期の教育（第11条）等の規定が加わった。
試験では教育基本法の条文がほぼ毎回出題されている。本問は第3条からの出
題であり、［A］その生涯、［B］あらゆる場所、と入る。　　　　　　【正解】1

🌸 ここだけ丸暗記！

教育の目的 （第1条）	教育は、人格の完成を目指し、平和で民主的な国家及び社会の形成者として必要な資質を備えた心身ともに健康な国民の育成を期して行われなければならない

教育の目標 （第2条）	教育は、その目的を実現するため、<u>学問の自由</u>を尊重しつつ、次に掲げる目標を達成するよう行われるものとする 一 幅広い知識と教養を身に付け、**真理**を求める態度を養い、豊かな**情操**と**道徳心**を培うとともに、健やかな**身体**を養うこと 二 **個人の価値**を尊重して、その能力を伸ばし、**創造性**を培い、自主及び<u>自律の精神</u>を養うとともに、**職業及び生活**との関連を重視し、勤労を重んずる態度を養うこと 三 **正義**と**責任**、男女の平等、自他の敬愛と協力を重んずるとともに、**公共の精神**に基づき、主体的に社会の形成に参画し、その発展に寄与する態度を養うこと 四 **生命**を尊び、**自然**を大切にし、**環境の保全**に寄与する態度を養うこと 五 **伝統と文化を尊重**し、それらをはぐくんできた**我が国と郷土**を愛するとともに、**他国**を尊重し、国際社会の平和と発展に寄与する態度を養うこと
教育の 機会均等 （第4条）	1 すべて国民は、ひとしく、その能力に応じた教育を受ける機会を与えられなければならず、**人種**、**信条**、**性別**、**社会的身分**、経済的**地位**又は**門地**によって、教育上差別されない 2 国及び地方公共団体は、**障害のある者**が、その**障害の状態**に応じ、十分な**教育**を受けられるよう、教育上必要な支援を講じなければならない 3 国及び地方公共団体は、能力があるにもかかわらず、**経済的理由**によって修学が困難な者に対して、**奨学の措置**を講じなければならない
家庭教育 （第10条）	1 **父母**その他の保護者は、**子の教育**について**第一義的責任**を有するものであって、生活のために必要な習慣を身に付けさせるとともに、<u>自立心</u>を育成し、**心身**の調和のとれた発達を図るよう努めるものとする 2 **国**及び**地方公共団体**は、家庭教育の<u>自主性</u>を尊重しつつ、保護者に対する学習の機会及び情報の提供その他の家庭教育を支援するために必要な施策を講ずるよう努めなければならない

チャレンジ○✕問題

解答・解説はP.60

Q1 1945（昭和20）年に、日本国憲法と教育基本法が施行された。

Q2 教育基本法は、2006（平成18）年に改正されるまでの約60年間、一度も改正されることがなかった。

Q2 教育基本法は、学校教育に関する法律であり、家庭教育や社会教育に関しては記述がない。

学校教育法

> 次の文は、「学校教育法」の一部である。（　A　）〜（　C　）にあてはまる語句の正しい組み合わせを一つ選びなさい。

第22条　幼稚園は、義務教育及びその後の教育の基礎を培うものとして、幼児を保育し、幼児の健やかな成長のために適当な（ A ）を与えて、その心身の発達を（ B ）することを目的とする。

第29条　小学校は、心身の発達に応じて、義務教育として行われる普通教育のうち基礎的なものを（ C ）ことを目的とする。

（組み合わせ）

	A	B	C
1	環境	援助	施す
2	教材	援助	教授する
3	教材	助長	施す
4	環境	助長	施す
5	環境	援助	教授する

（R2後問2）

問題のポイント

学校教育法は、日本国憲法に基づき戦後の学校教育制度の基本を定める法律として**1947（昭和22）年**に制定された。第１条で「**学校**」の定義を「学校とは、幼稚園、**小学校**、**中学校**、**義務教育学校**、**高等学校**、**中等教育学校**、**特別支援学校**、**大学**及び**高等専門学校**とする。」と定めており、幼稚園は「学校」に含まれる（保育所や幼保連携型認定こども園は、児童福祉法上の「児童福祉施設」である）。試験では、学校教育法の条文がほぼ毎回出題されている。

解　説

本問は、第22条、第29条からの出題であり、それぞれ幼稚園、小学校の目的を定めている。[A] 環境、[B] 助長、[C] 施す、と入る。　　　【正解】4

ここだけ丸暗記！

第1条	この法律で、**学校**とは、幼稚園、**小学校**、**中学校**、**義務教育学校**、**高等学校**、**中等教育学校**、特別支援学校、**大学**及び**高等専門学校**とする

第11条	校長及び教員は、**教育上必要がある**と認めるときは、文部科学大臣の定めるところにより、児童、生徒及び学生に懲戒を加えることができる。ただし、体罰を加えることはできない
第12条	学校においては、別に法律で定めるところにより、幼児、児童、生徒及び学生並びに職員の**健康の保持増進**を図るため、健康診断を行い、その他その保健に必要な措置を講じなければならない
第22条	幼稚園は、**義務教育及びその後の教育の基礎を培う**ものとして、幼児を保育し、幼児の健やかな成長のために適当な環境を与えて、その心身の発達を助長することを目的とする
第23条	**幼稚園における教育**は、前条に規定する目的を実現するため、次に掲げる目標を達成するよう行われるものとする 一 健康、安全で幸福な生活のために必要な**基本的な**習慣を養い、身体諸機能の調和的発達を図ること 二 **集団生活**を通じて、喜んでこれに参加する態度を養うとともに家族や身近な人への信頼感を深め、自主、自律及び協同の精神並びに規範意識の芽生えを養うこと 三 身近な**社会生活**、生命及び**自然**に対する興味を養い、それらに対する正しい理解と態度及び思考力の芽生えを養うこと 四 **日常の会話**や、**絵本**、**童話**等に親しむことを通じて、言葉の使い方を正しく導くとともに、相手の話を理解しようとする態度を養うこと 五 **音楽**、**身体による表現**、**造形**等に親しむことを通じて、豊かな感性と表現力の芽生えを養うこと
第31条	**小学校**においては（中略）教育指導を行うに当たり、児童の体験的な学習活動、特にボランティア活動など社会奉仕体験活動、自然体験活動その他の体験活動の充実に努めるものとする。この場合において、社会教育**関係団体**その他の関係団体及び関係機関との**連携**に十分配慮しなければならない
第81条 第1項	幼稚園、小学校、中学校、義務教育学校、高等学校及び中等教育学校においては、次項各号のいずれか*に該当する幼児、児童及び生徒その他**教育上特別の支援**を必要とする幼児、児童及び生徒に対し、文部科学大臣の定めるところにより、**障害による学習上又は生活上の困難**を克服するための教育を行うものとする

＊知的障害者、肢体不自由者、身体虚弱者、弱視者、難聴者その他の者

チャレンジ〇×問題

解答・解説はP.60

Q1 学校教育法では、教育上必要であれば、児童への体罰を認めている。

Q2 学校教育法は、幼稚園は、義務教育およびその後の教育の基礎を培うものとして、幼児を教育することを目的とすると定めている。

幼稚園教育要領

> 問　次の文は、「幼稚園教育要領」前文の一部である。（　Ａ　）・（　Ｂ　）にあてはまる語句の正しい組み合わせを一つ選びなさい。

これからの幼稚園には、学校教育の始まりとして、こうした教育の目的及び目標の達成を目指しつつ、一人一人の幼児が、将来、自分のよさや可能性を認識するとともに、あらゆる他者を価値のある存在として尊重し、多様な人々と協働しながら様々な社会的変化を乗り越え、豊かな人生を切り拓き、（　Ａ　）の創り手となることができるようにするための基礎を培うことが求められる。このために必要な教育の在り方を具体化するのが、各幼稚園において教育の内容等を組織的かつ計画的に組み立てた（　Ｂ　）である。

（組み合わせ）

	Ａ	Ｂ
1	持続可能な社会	教育課程
2	多様性を包含した社会	教育課程
3	持続可能な社会	保育課程
4	多様性を包含した社会	保育課程
5	国際化社会	教育課程

(R5前問2)

問題のポイント

幼稚園教育要領は、教育課程の基準を大綱的に定めたもので、幼稚園における教育水準を全国的に確保する役割がある。試験対策としては、第1章「総則」の**第4「指導計画の作成と幼児理解に基づいた評価」**の3が重要。本問は**前文**からの出題で、[Ａ] 持続可能な社会、[Ｂ] 教育課程、と入る。　【正解】1

ここだけ丸暗記！

第1章「総則」第1幼稚園教育の基本	幼児期の教育は、生涯にわたる**人格形成の基礎**を培う重要なものであり、幼稚園教育は、**学校教育法**に規定する**目的及び目標**を達成するため、**幼児期の特性**を踏まえ、環境を通して行うものであることを基本とする
	このため**教師**は、幼児との信頼関係を十分に築き、幼児が身近な**環境**に**主体的**に関わり、**環境**との関わり方や意味に気付き、これらを取り込もうとして、**試行錯誤**したり、考えたりするようになる幼児期の教育における見方・考え方を生かし、**幼児と共に**よりよい**教育環境**を創造するように努めるものとする

第1章 「総則」 第4 指導計画の作成と幼児理解に基づいた評価	**3 指導計画の作成上の留意事項** 指導計画の作成に当たっては、次の事項に留意するものとする (1) 長期的に発達を見通した**年**、**学期**、**月**などにわたる**長期**の指導計画やこれとの関連を保ちながらより具体的な幼児の生活に即した**週**、**日**などの**短期**の指導計画を作成し、適切な指導が行われるようにすること。特に、**週**、**日**などの**短期**の指導計画については、幼児の**生活のリズム**に配慮し、幼児の意識や興味の連続性のある活動が相互に関連して幼稚園生活の**自然な流れ**の中に組み込まれるようにすること (2) 幼児が様々な人やものとの関わりを通して、多様な体験をし、**心身の調和**のとれた発達を促すようにしていくこと。その際、幼児の発達に即して**主体的・対話的**で**深い学び**が実現するようにするとともに、**心を動かされる体験が次の活動を生み出す**ことを考慮し、一つ一つの体験が相互に結び付き、幼稚園生活が充実するようにすること (3) **言語**に関する能力の発達と**思考力**等の発達が関連していることを踏まえ、幼稚園生活全体を通して、**幼児の発達を踏まえた言語環境**を整え、**言語活動**の**充実**を図ること (4) 幼児が次の活動への期待や意欲をもつことができるよう、幼児の実態を踏まえながら、教師や他の幼児と共に遊びや生活の中で**見通し**をもったり、**振り返ったり**するよう工夫すること (5) 行事の指導に当たっては、幼稚園生活の**自然の流れ**の中で生活に変化や潤いを与え、幼児が**主体的に楽しく活動できる**ようにすること。なお、それぞれの行事についてはその教育的価値を十分検討し、適切なものを精選し、幼児の負担にならないようにすること (6) 幼児期は直接的な体験が重要であることを踏まえ、**視聴覚教材**や**コンピュータ**など**情報機器を活用する**際には、幼稚園生活では得難い体験を補完するなど、**幼児の体験との関連**を考慮すること

チャレンジ○×問題

解答・解説はP.60

Q1 幼稚園教育要領では、言語に関する能力の発達と思考力等の発達が関連していることを踏まえ、より高度な言語環境を整え、小学校教育との円滑な接続を見据えた言語活動の促進を図ることとしている。

Q2 幼稚園教育要領では、幼児期は直接的な体験が重要であることを踏まえ、視聴覚教材やコンピュータなど情報機器を使用しないようにすることとしている。

チャレンジ○×問題 解答・解説

🐻 諸外国の教育思想（P.48）

Q1 ○ロックは、「子どもは白紙（tabula rasa）のようなものであり、どのような形にも変化し得るものである」とする白紙説を唱えた／**Q2** ×**コメニウス**も子どもの感覚に直接訴えかける教育（**直観教授**）を行ったが、「数・形・語」の３つを直観の構成要素としたのは**ペスタロッチ**である

🐻 日本の教育思想（P.50）

Q1 ×**綜芸種智院**は、平安時代に**空海**によって設立された庶民強化のための教育機関である。**石田梅岩**は江戸時代の人物である／**Q2** ×これは**関信三**についての記述である。**倉橋惣三**は、1917（大正６）年に東京女子高等師範学校附属幼稚園の主事に就任した

🐻 教育の実践（P.53）

Q1 ×設問の学習法は**ブルーナー**が提唱した「**発見学習**」である（規則性や法則性を自ら発見していく学習法）。**デューイ**は、子どもが生活の中から自分で問題や疑問を見つけ出す「**問題解決学習**」を考案した／**Q2** ×「**プログラム学習**」を考案したのは**スキナー**である。**キルパトリック**は、問題解決学習の一種である「**プロジェクト・メソッド**」を提唱した

🐻 教育基本法（P.55）

Q1 ×**日本国憲法**は1946（昭和21）年に公布され、翌**1947（昭和22）**年５月３日に施行された。また、**教育基本法**は**1947（昭和22）**年に公布と同時に施行された／**Q2** ○／**Q3** ×第10条に家庭教育、第12条に社会教育が規定されている

🐻 学校教育法（P.57）

Q1 ×教育上必要があると認めるとき、文部科学大臣の定めるところにより懲戒を加えることはできるが、**体罰**を加えることはできないとしている／**Q2** ×義務教育およびその後の教育の基礎を培うものとして、幼児を保育し、**心身の発達**を**助長**することを目的とするとしている

🐻 幼稚園教育要領（P.59）

Q1 ×第１章「総則」第４の３の（3）で「**幼児の発達を踏まえた言語環境**を整え、**言語活動の充実**を図ること」としている／**Q2** ×第１章「総則」第４の３の（6）で「**視聴覚教材やコンピュータ**など**情報機器を活用する**際には（中略）幼児の体験との関連を考慮すること」としている

3

社会的養護

3-1 児童養護のための制度

児童福祉施設の設備及び運営に関する基準

次のうち、社会的養護関係施設に配置される職員とその施設の組み合わせとして、不適切なものを一つ選びなさい。

1　家庭支援専門相談員（ファミリーソーシャルワーカー）
………………………………………………… 母子生活支援施設

2　里親支援専門相談員（里親支援ソーシャルワーカー）
……………………………………………… 里親支援を行う乳児院

3　個別対応職員
……………………… 児童心理治療施設（旧 情緒障害児短期治療施設）

4　職業指導員
……………… 実習設備を設けて職業指導を行う児童自立支援施設

5　医療的ケアを担当する職員
…… 医療的ケアを必要とする児童が15人以上入所している児童養護施設

（R3前問7）

問題のポイント

児童福祉施設の設備及び運営に関する基準（児童福祉施設設備運営基準）は、都道府県が条例で児童福祉施設の設備・運営の最低基準を定める際の基準とされており、各施設の**設備**や配置される**職員**などについて詳細に規定している。試験対策としては、厚生労働省「**家庭支援専門相談員、里親支援専門相談員、心理療法担当職員、個別対応職員、職業指導員及び医療的ケアを担当する職員の配置について**」にも目を通しておく必要がある。

解　説

1の家庭支援専門相談員（**ファミリーソーシャルワーカー**）を配置する施設は**児童養護施設、乳児院、児童心理治療施設、児童自立支援施設**とされており、母子生活支援施設はこれに含まれていない。2〜5はいずれも配置される施設として正しい（→P.63〜65の表）。　　　　　　　　　　【正解】1

児童指導員	児童養護施設、児童心理治療施設、障害児入所施設、児童発達支援センター、乳児院*に配置され、児童の生活指導を行う（＊乳児院では、配置する看護師の一部を保育士または児童指導員に代えることができると定められている）
個別対応職員	児童養護施設、乳児院、児童心理治療施設、児童自立支援施設、母子生活支援施設*に配置され、被虐待児等の個別対応の充実を図る（＊母子生活支援施設は、配偶者暴力を受けているなど個別に特別な支援を行う必要がある場合に配置する）
家庭支援専門相談員	児童養護施設、乳児院、児童心理治療施設、児童自立支援施設に配置され、早期退所に関わる支援や、退所後の児童に対する継続的相談援助、児童相談所との連絡調整、里親への委託促進、養子縁組の推進、地域の子育て家庭に対する相談援助等の業務を行う。ファミリーソーシャルワーカーとも呼ばれる
心理療法担当職員	児童養護施設、乳児院、児童心理治療施設*、児童自立支援施設、母子生活支援施設に配置される（＊以外は、心理療法の必要があると認められる者10人以上に心理療法を行う場合のみ配置）。虐待による心的外傷等により心理療法が必要な児童等や夫等からの暴力による心的外傷等により心理療法を必要とする母子に、遊戯療法やカウンセリング等の心理療法を行う
里親支援専門相談員	里親支援を行う児童養護施設と乳児院に配置される。これらの施設に里親およびファミリーホーム（→P.72）の支援拠点としての機能をもたせ、児童相談所の担当職員や里親会等と連携して、里親委託の推進、委託後または地域支援としての里親支援の充実を図る。里親支援ソーシャルワーカーとも呼ばれる
児童自立支援専門員	児童自立支援施設に配置され、児童生活支援員と協力して、個別の児童自立支援計画に基づいて児童の生活指導や職業指導、学科指導、家庭環境調整を行う
児童生活支援員	児童自立支援施設に配置され、児童の生活支援を行う（児童自立支援施設が「教護院」と呼ばれた時代、児童自立支援専門員は「教護」、児童生活支援員は「教母」と呼ばれていた）
母子支援員	母子生活支援施設に配置され、母子の生活支援を行う
医療的ケアを担当する職員	医療的ケアが必要な児童が15人以上入所する児童養護施設に配置する。資格は看護師とされ、被虐待児や障害児など継続的な服薬管理等の医療的ケアを必要とする児童に対し、日常生活上の観察や体調把握、緊急時の対応などを行う

3

社会的養護

■**児童養護施設**（施設数610か所、現員23,008人：令和4年3月末現在）

①役割	保護者のない児童や保護者に監護させることが適当でない児童に対し、安定した生活環境を整えるとともに、生活や学習の指導、家庭環境の調整等を含めた養育を行い、心身の健やかな成長とその自立を支援する
②対象児童	保護者のない児童、虐待されている児童その他環境上養護を要する児童（特に必要な場合は、**乳児**を含む）
③設備	**児童の居室、相談室**、調理室、浴室および便所を設ける
④職員	児童指導員、嘱託医、保育士、個別対応職員、家庭支援専門相談員、栄養士、調理員。乳児が入所している施設は看護師も配置。実習設備を設けて職業指導を行う場合には、職業指導員を配置 〈児童指導員および保育士の配置人数（総数）〉 ・満2歳未満の幼児おおむね1.6人につき1人以上 ・満2歳以上満3歳未満の幼児おおむね2人につき1人以上 ・満3歳以上の幼児おおむね4人につき1人以上

■**乳児院**（施設数145か所、現員2,351人：令和4年3月末現在）

①役割	一人では生きていけない乳幼児の生命を守り養育するとともに、被虐待児・病児・障害児等にも対応する専門的養育機能をもつ
②対象児童	乳児（特に必要な場合は、**幼児**を含む）
③設備	寝室、**観察室、診察室、病室、ほふく室**、相談室、調理室、浴室、便所（乳幼児10人未満の施設の場合は、養育の専用室と相談室）
④職員	小児科の診療に相当の経験を有する医師または嘱託医、看護師、個別対応職員、家庭支援専門相談員、栄養士、調理員（乳幼児10人未満の場合は、嘱託医、看護師、家庭支援専門相談員、調理員） 〈看護師の配置人数（一部を児童相談員・保育士に代えられる）〉 ・乳児および満2歳未満の幼児おおむね1.6人につき1人以上 ・満2歳以上満3歳未満の幼児おおむね2人につき1人以上 ・満3歳以上の幼児おおむね4人につき1人以上 このほか乳幼児20人以下の施設には保育士を1人以上配置する

■**児童心理治療施設**（施設数53か所、現員1,343人：令和4年3月末現在）

①役割	心理的・精神的問題を抱え日常生活の多岐にわたり支障をきたしている児童に、医療的な観点から生活支援を基盤とした心理治療を行うとともに、児童の家族を支援する
②対象児童	軽度の情緒障害を有する児童
③設備	児童の居室、医務室、静養室、遊戯室、観察室、心理検査室、相談室、工作室、調理室、浴室、便所

④職員	精神科または小児科の診療に相当の経験を有する**医師**、心理療法担当職員、児童指導員、保育士、看護師、個別対応職員、家庭支援専門相談員、栄養士、調理員

■**児童自立支援施設**（施設数58か所、現員1,162人：令和3年10月1日現在）

①役割	非行問題を中心に対応するほか、他の施設では対応が難しくなったケースの受け皿としての役割も果たす
②対象児童	不良行為をなし、またはなす**おそれ**のある児童および**家庭環境その他の環境上の理由により生活指導等を要する**児童
③設備	学科指導は学校教育法、それ以外は児童養護施設の規定を準用
④職員	児童自立支援専門員、児童生活支援員、嘱託医および精神科の診療に相当の経験を有する医師または嘱託医、個別対応職員、家庭支援専門相談員、栄養士、調理員 実習設備を設けて職業指導を行う場合には、職業指導員を配置

■**母子生活支援施設**（施設数215か所、現員3,135世帯：令和4年3月末現在）

①役割	母子を共に入所させ、**親子関係の**再構築等および退所後の生活の安定が図られるよう、個々の家庭生活および**稼働の状況**に応じ、就労・家庭生活・児童の養育に関する相談、助言および指導並びに関係機関との連絡調整等の支援を、私生活**を尊重**して行う
②対象児童	配偶者のない女子またはこれに準ずる事情にある女子およびその者の監護すべき児童
③設備	母子室（調理設備・浴室・便所を設ける）、集会・学習等を行う室、相談室。母子室は1世帯1室以上（面積は1室30m²以上）
④職員	母子支援員、嘱託医、少年を指導する職員（少年指導員）および調理員またはこれに代わるべき者 〈**母子支援員**の配置人数〉 ・母子10世帯以上20世帯未満を入所させる施設：**2人以上** ・母子20世帯以上を入所させる施設：**3人以上**

🌸ここも**CHECK!**・・

• 上記5つの施設のみ、児童自立支援計画**の策定**が義務付けられている。

チャレンジ○×問題

解答・解説はP.76

Q1 里親支援専門相談員の業務内容の範囲は里親委託までであり、委託後の里親支援については、児童相談所が担う。

Q2 母子生活支援施設では、配偶者から暴力を受けたことなどにより、母子に特別な支援を個別に行う必要がある場合は、個別対応職員を配置する。

施設運営指針

> 次のうち、「児童養護施設運営指針」（平成24年3月　厚生労働省）に基づく養育・支援に関する記述として、適切な記述を○、不適切な記述を×とした場合の正しい組み合わせを一つ選びなさい。

A　子ども自身が自分たちの生活について主体的に考えて、自主的に改善していくことができるような活動（施設内の子ども会、ミーティング等）を行うことができるよう支援する。

B　子どもが孤独を感じることがないよう、できるだけ中学生以上においても2人以上の相部屋とする。

C　子どもが基本的な信頼感を獲得し、良好な人間関係を築くために、職員と子どもが個別的にふれあう時間を確保する。

D　成長の記録（アルバム）が整理され、成長の過程を振り返ることができるようにする。

（組み合わせ）

	A	B	C	D
1	○	×	○	○
2	○	×	×	○
3	×	○	○	×
4	×	○	×	○
5	×	×	○	×

（R5前問6）

問題のポイント

児童養護施設、乳児院、児童心理治療施設、児童自立支援施設、母子生活支援施設および自立援助ホームのそれぞれに「**運営指針**」、里親・ファミリーホームには「**養育指針**」が示されている。いずれも第Ⅰ部 総論と第Ⅱ部 各論からなり、総論の「**2 社会的養護の基本理念と原理**」は全指針に共通した内容となっている。本問は児童養護施設運営指針の第Ⅱ部 各論「**1 養育・支援**」からの出題。

解　説

[A]「(8) 主体性、自律性を尊重した日常生活」の①より適切。[B]「(4) 住生活」の②に「子ども**一人一人の居場所**が確保され、安全、安心を感じる場所となるようにする」との記述があり、「中学生以上は**個室が望ましい**が、相部屋であっても**個人の空間を確保**する」とされている。[C]「(1) 養育・支援の基本」の②より適切。[D]「(7) 自己領域の確保」の②より適切。　【正解】1

■児童養護施設運営指針　第Ⅰ部　総論

「4 対象児童」
(1) 子どもの特徴と背景「①複雑な背景」
・児童養護施設における**入所理由**は、父母の死別又は生死不明の児童、父母から遺棄された児童など保護者のない子どもは一部に過ぎず、半数以上は**保護者**から**虐待**を受けたために保護された子どもであり、次に、親の疾患、離婚等により**親の養育**が受けられない子どもも多い
・また、子どもの**入所理由の背景**は単純ではなく、複雑・重層化している。ひとつの虐待の背景をみても、**経済的困難、両親の不仲、精神疾患、養育能力の欠如**など多くの要因が絡み合っている。そのため、入所に至った直接の要因が改善されても、別の課題が明らかになることも多い
・こうしたことを踏まえ、子どもの背景を十分に把握した上で、必要な心のケアも含めて養育を行っていくとともに、家庭環境の調整も丁寧に行う必要がある

「5 養育のあり方の基本」
(2) 養育のいとなみ（抜粋）
・社会的養護のもとで養育される子どもにとって、その子にまつわる**事実**は、その多くが重く、困難を伴うものである。しかし、子どもが未来に向かって歩んでいくためには、**自身の過去**を受け入れ、**自己の物語を形成する**ことが極めて重要な課題である
・子どもが自分の生を受けとめるためには、**あるがまま**の自分を受け入れてもらえる**大人との出会い**が必要である。「依存」と「自立」はそうした**大人との出会い**によって導き出され、成長を促される

■児童養護施設運営指針　第Ⅱ部　各論

「1 養育・支援」
(11) 心理的ケア
・**心理的な支援**を必要とする子どもは、**自立支援計画**に基づきその解決に向けた**心理支援プログラム**を策定する
・施設における他の専門職種との**多職種連携**を強化するなどにより、心理的支援に**施設全体**で有効に取り組む
・**治療的な援助**の方法について**施設内**で**研修**を実施する

チャレンジ◯✕問題

解答・解説はP.76

Q1 心理的ケアを行うことが養育のいとなみの主眼であり、保育士がこれを単独で行うことで子どもとの関係形成を深める。

3　社会的養護

3-2 社会的養護に関する調査

児童養護施設入所児童等調査

R3後問2　R4前問2

次のうち、「児童養護施設入所児童等調査の概要（平成30年2月1日現在）」（厚生労働省）における母子生活支援施設入所世帯（母親）の状況に関する記述として、適切なものを一つ選びなさい。

1　入所理由は「経済的理由による」が最も多い。

2　在所期間は「10年以上」が最も多い。

3　母子世帯になった理由は、「未婚の母」が最も多い。

4　平均所得金額（不明を除く）はおおよそ「166万円」である。

5　母の従業上の地位は、「常用勤労者」が最も多い。　　　　（R4後問3）

問題のポイント

児童養護施設入所児童等調査とは、厚生労働省が要保護児童の福祉増進のために5年ごとに実施している調査である（平成30年2月1日現在〔令和2年1月公表〕のものが最新）。**社会的養護に関する調査結果の内容に関する出題は毎年のようにみられる。**また、こども家庭庁支援局「**社会的養育の推進に向けて**」（令和5年10月）の「**2 社会的養護の現状**」にも目を通しておこう。

解　説

母子生活支援施設**入所世帯（母親）の状況**について

[1]　**入所理由**は、①配偶者からの暴力（50.7%）、②住宅事情による（16.4%）、③経済的理由による（12.8%）の順である。

[2]　**在所期間**は、**5年未満が87.1%**（そのうち**1年未満が33.1%**）を占める。

[3]　**母子世帯になった理由**は、①離婚（56.9%）、②その他（22.7%）、③**未婚の母**（16.0%）の順である。

[4]　**平均所得金額**は、「不詳」を除いて**192.6万円**とされている（「おおよそ『166万円』」）といえるかは疑問が残るが、[4]以外の肢は明らかに誤り。

[5]　**従業上の地位**は、①臨時・日雇・パート（46.0%）、②**不就業**（32.2%）、③**常用勤労者**（16.5%）の順である。　　　　　　　　　　　　【正解】4

ここだけ丸暗記！ ·····························

■「児童養護施設入所児童等調査結果の概要」（平成30年2月1日現在）より

●児童の年齢および在所（委託）期間

	平均年齢	入所（委託）時の平均年齢	平均在所（委託）期間
乳児院	1.4歳	0.3歳	1.3年
児童養護施設	11.5歳	6.4歳	5.2年
児童心理治療施設	12.6歳	10.7歳	2.2年
児童自立支援施設	14.0歳	12.9歳	1.1年
里親委託	10.2歳	5.9歳	4.5年

●児童の入所（委託）経路

　いずれも「家庭から」が最も多い（乳児院62.2%、児童養護施設62.1%、児童心理治療施設56.4%、児童自立支援施設57.4%、里親委託42.5%）

●児童の心身の状況 ＊複数回答による

	障害等「あり」	障害等の種類で最も多いもの*
乳児院	30.2%	身体虚弱（14.4%）
児童養護施設	36.7%	知的障害（13.6%）
児童心理治療施設	85.7%	広汎性発達障害（42.9%）
児童自立支援施設	61.8%	注意欠陥多動性障害（30.0%）
里親委託	24.9%	知的障害（8.6%）

●児童の被虐待経験 ＊複数回答による

	被虐待体験「あり」	虐待経験の種類で最も多いもの*
乳児院	40.9%	ネグレクト（66.1%）
児童養護施設	65.6%	ネグレクト（63.0%）
児童心理治療施設	78.1%	身体的虐待（66.9%）
児童自立支援施設	64.5%	身体的虐待（64.7%）
里親委託	38.4%	ネグレクト（65.8%）

チャレンジ〇×問題

解答・解説はP.76

Q1 児童養護施設の入所児童のうち、障害等を有する児童は約7割である。

Q2 被虐待経験のある乳児院入所児が受けた虐待は、ネグレクトが最も多い。

3-3 社会的養育の推進

社会的養育の推進に向けて

R3前問4　R3後問8　R4前問1　R5前問8

問 次のうち、「社会的養育の推進に向けて」（令和4年厚生労働省）に示された「家庭と同様の養育環境」として、正しいものを○、誤ったものを×とした場合の正しい組み合わせを一つ選びなさい。

A　里親
B　養子縁組
C　地域小規模児童養護施設（グループホーム）
D　小規模グループケア（分園型）

（組み合わせ）
	A	B	C	D
1	○	○	○	×
2	○	○	×	×
3	○	×	○	×
4	×	○	×	○
5	×	×	○	×

（R5前問5）

問題のポイント

「**社会的養育の推進に向けて**」（令和5年からこども家庭庁支援局家庭福祉課が公表）の「**1 社会的養護の基本理念と原理**」では、社会的養護を「保護者の適切な養育を受けられない子どもを**公的責任で社会的に保護養育**するとともに、養育に困難を抱える家庭への支援を行うもの」と定義し、「**より家庭に近い環境での養育**の推進を図ることが必要」としている。

●家庭と同様の環境における養育の推進

施設	良好な家庭的環境 施設（小規模型）	家庭と同様の養育環境 養子縁組（特別養子縁組を含む）	
児童養護施設 大舎（20人以上） 中舎（13〜19人） 小舎（12人以下） 1歳〜18歳未満 必要な場合は 0歳〜20歳未満	**地域小規模児童養護施設 （グループホーム）** ・本体施設の支援の下で地域の民間住宅などを活用して家庭的養護を行う ・1グループ4〜6人	**小規模住居型 児童養育事業**	**里親**
乳児院 乳児（0歳） 必要な場合は 幼児（小学校就学前）	**小規模グループケア （分園型）** ・地域において、小規模なグループで家庭的養護を行う ・1グループ4〜6人	**小規模住居型 児童養育事業 （ファミリーホーム）** ・養育者の住居で養育を行う家庭養護 ・定員5〜6人	**里親** ・家庭における養育を里親に委託する家庭養護 ・児童4人まで

 解　説

前ページの図より、「**家庭（実親による養育）と同様の養育環境**」として示されているのは、①養子縁組（**特別養子縁組**を含む）、②小規模住居型児童養育事業（**ファミリーホーム**）、③里親、の３つなので、［A］［B］のみが○となる。

【正解】2

 ここも**CHECK！**··

- 「**社会的養育の推進に向けて**」には上記以外の社会的養護関係施設として、自立援助ホームが記載されている。この施設は、児童福祉法の規定に基づき、**児童自立生活援助事業**の中に位置付けられている。この事業は、義務教育の終了後、児童養護施設や児童自立支援施設などを**退所**し、就職する児童等に対して、これらの者が**共同生活を営むべき住居**（自立援助ホーム）において相談等の日常生活上の援助や生活指導、就業の支援（援助の実施）を行うとともに、援助の実施を解除された者への相談等の援助を行うことによって、社会的自立を促進することを目的としている。
- 「**社会的養育の推進に向けて**」には社会的養護関係施設の第三者評価についての記載もある。「**社会的養護関係施設における第三者評価及び自己評価の実施について（通知）**」には、次のように示されている。

定期的な実施	社会的養護関係施設は、第三者評価を３か年度ごとに１回以上受審し、その**結果を公表**しなければならない。また、毎年度、自己評価を行わなければならない
自己評価の実施	**第三者評価**を受審するときは、あらかじめ第三者評価基準に基づき自己評価を行う。また、第三者評価を受審しない年度の**自己評価**は、その方法を当該施設で決定し、第三者評価基準に基づき行う
第三者評価基準	**第三者評価基準**は全国共通のものであるが、都道府県独自に定めることもできる（施設が独自に定めることは不可）
利用者調査の実施	施設利用者の意向を把握するため、第三者評価と併せて、利用者調査を**必ず実施**する
例外	**ファミリーホーム**および**自立援助ホーム**の第三者評価については、その受審等は**努力義務**とする

チャレンジ○×問題

解答・解説はP.76

Q1 社会的養護関係施設は、第三者評価の受審年に限り、自己評価を行う。

Q2 第三者評価基準は、施設が独自に作成する。

3
社会的養護

里親およびファミリーホーム

R3前問3・4・8　R4前問3　R4後問2　R5前問2・4

> **問**　次の文は、「里親及びファミリーホーム養育指針」（平成24年3月厚生労働省）の「里親・ファミリーホームの理念」の一部である。（　A　）～（　C　）にあてはまる語句を【語群】から選択した場合の正しい組み合わせを一つ選びなさい
>
> ・里親及びファミリーホームは、社会的養護を必要とする子どもを、養育者の家庭に迎え入れて養育する「（　A　）」である。
>
> ・また、社会的養護の担い手として、（　B　）な責任に基づいて提供される養育の場である。
>
> ・社会的養護の養育は、家庭内の養育者が単独で担えるものではなく、家庭外の協力者なくして成立し得ない。（中略）家庭内における養育上の課題や問題を解決し或いは予防するためにも、養育者は協力者を活用し、養育のありかたをできるだけ「（　C　）」必要がある。
>
> 【語群】　　　　　　　　　　　　　　　　　　　（組み合わせ）
> ア　家庭養護　　　　　　　　　　　　　　　　　　A　B　C
> イ　家庭的養護　　　　　　　　　　　　　　　1　ア　ウ　カ
> ウ　私的　　　　　　　　　　　　　　　　　　2　ア　エ　オ
> エ　社会的　　　　　　　　　　　　　　　　　3　イ　ウ　オ
> オ　ひらく　　　　　　　　　　　　　　　　　4　イ　エ　オ
> カ　とじる　　　　　　　　　（R3後問3）　　5　イ　ウ　カ

問題のポイント

里親及びファミリーホーム養育指針は、**里親**および**ファミリーホーム（小規模住居型児童養育事業）**における養育の内容と運営に関する指針を定めたものであり、施設の「運営指針」と同様、第Ⅰ部総論と第Ⅱ部各論からなる（→P.66）。試験では、本問のような空所補充の形式で出題されることが多い。里親制度については、**里親委託ガイドライン**にも目を通しておこう。

解　説

本問は第Ⅰ部総論の「**3　里親・ファミリーホームの役割と理念**」からの出題であり、[A] 家庭養護、[B] 社会的、[C] ひらく、と入る。　　【正解】2
なお、家庭的養護という語句は、地域小規模児童養護施設（**グループホーム**）、小規模グループケア（**分園型**）といった、**施設**において「**良好な家庭的環境**」を目指す**小規模化**の取組みを指す場合に用いられる（→P.70）。

■里親及びファミリーホーム養育指針第Ⅰ部総論

> **「3 里親・ファミリーホームの役割と理念」**
> **(2) 里親・ファミリーホームの理念**
> ・里親及びファミリーホームは、社会的養護を必要とする子どもを、**養育者の家庭**に迎え入れて養育する「家庭養護」である
> ・また、社会的養護の担い手として、社会的な**責任**に基づいて提供される養育の場である
> ・社会的養護の養育は、家庭内の養育者が単独で担えるものではなく、**家庭外の協力者**なくして成立し得ない。養育責任を**社会的**に共有して成り立つものである。また、家庭内における養育上の課題や問題を解決し或いは予防するためにも、養育者は協力者を活用し、養育のありかたをできるだけ「ひらく」必要がある
> ・**里親制度**は、**養育里親**、**専門里親**、**養子縁組里親**、**親族里親**の４つの類型の特色を生かしながら養育を行う。また、**ファミリーホーム**は、家庭養護の基本に立って、**複数の委託児童の相互の交流**を活かしながら養育を行う

> **「5 家庭養護のあり方の基本」**
> **(1) 基本的な考え方（家庭の要件）**（抜粋）
> ①一貫かつ継続した**特定の養育者**の確保
> ②特定の養育者との**生活基盤の共有**
> ③同居する人たちとの生活の共有
> ④生活の柔軟性
> ⑤地域社会に存在

■里親及びファミリーホーム養育指針第Ⅱ部各論

> **「3 権利擁護」**
> **(1) 子どもの尊重と最善の利益の考慮**
> ・子どもを権利の**主体**として尊重する。子どもが自分の気持ちや意見を素直に表明することを保障するなど、常に子どもの**最善の利益**に配慮した養育・支援を行う
> ・子どもが**主体的**に選択し、自己決定し、問題の**自主的**な解決をしていく経験をはじめ、多くの生活体験を積む中で、健全な自己の成長や**問題解決能力**の形成を支援する
> ・**つまずき**や**失敗**の体験を大切にし、**自主的**な解決等を通して、自己肯定感を形成し、たえず自己を向上発展させるための**態度**を身につけられるよう支援する
> ・子どもに対しては、**権利の主体**であることや**守られる権利**について、権利ノートなどを活用し、子どもに応じて、正しく理解できるよう随時わかりやすく説明する

3

社会的養護

ここだけ丸暗記！ ······················

■里親の基本的な要件

- 要保護児童（保護者のいない児童または保護者に監護させることが不適当であると認められる児童）の養育についての**理解**および**熱意**並びに児童に対する**豊かな愛情**を有している
- 経済的に**困窮していない**（要保護児童の親族である場合を除く）
- 里親本人またはその同居人が**欠格事由***に該当していない（親族里親は除く）
  *欠格事由・禁錮以上の刑に処せられるなどした
  - ・児童ポルノ禁止法などの法律により罰金の刑に処せられるなどした
  - ・児童虐待を行うなど児童の福祉に関し著しく不適当な行為をした

■4種類の里親

養育里親		要保護児童の養育を希望する者であって、**養育里親研修**を修了し、里親名簿に**登録**されたもの
	専門里親	都道府県知事が特に支援を要すると認めた次の①〜③の児童を養育する**養育里親**であって、所定の要件*を満たす者 ①児童虐待等の行為により心身に有害な影響を受けた児童 ②非行等の問題のある児童 ③**身体障害**、**知的障害**または**精神障害**がある児童 *所定の要件・**養育里親**として**3年**以上の**養育経験**がある等 ・**専門里親研修**を修了している ・委託児童の**養育**に専念できる
養子縁組里親		要保護児童を養育することおよび**養子縁組**によって**養親**となることを希望する者であって、**養子縁組里親研修**を修了し、里親名簿に**登録**されたもの
親族里親		要保護児童の**3親等内の親族**のうち、要保護児童の両親その他要保護児童を現に監護する者が死亡、行方不明または拘禁等の状態となったことにより、これらの者による養育が期待できない要保護児童の養育を希望する者であって、親族里親の**認定**を受けた者

■里親認定・登録の流れ

①登録の申請	里親希望者がその居住地を所管する児童相談所に登録を申請
②調査	児童相談所が里親希望者の**家庭訪問**を行い、**里親の適否**を調査
③意見聴取	適否について児童福祉審議会の意見を聴く
④認定・登録	都道府県知事（指定都市の市長、児童相談所設置市の市長を含む）が里親として認定し、**里親名簿**に登録される

■**フォスタリング機関**（里親養育包括支援機関）

フォスタリング機関とは、次の**フォスタリング業務**を包括的に実施する機関のことであり、その業務内容は**里親支援事業**に相当する。

●**フォスタリング業務**

・里親の**リクルート**およびアセスメント
・登録前、登録後および**委託後**における**里親に対する**研修
・子どもと里親家庭の**マッチング**
・**里親養育への支援**（未委託期間中および委託解除後のフォローを含む）

親族里親や養子縁組里親もフォスタリング業務の支援対象に含まれる。ただし**養子縁組成立後**の養親・養子への支援はフォスタリング業務に含まれない。

■**小規模住居型児童養育事業**（ファミリーホーム）

養育者の家庭に児童（5〜6人）を迎え入れて養育を行う家庭養護の一環として、**要保護児童**に対し、この事業を行う住居において**児童間の相互作用**を活かしつつ、児童の自主性を尊重し、基本的な生活習慣を確立するとともに、豊かな人間性および社会性を養い、児童の自立を支援する事業とされている。この事業は、社会福祉法が定める**第2種社会福祉事業**に含まれる（→P.112）。

■**里親およびファミリーホームの委託児童数など**　（令和4年3月末現在）

	養育里親	専門里親	養子縁組里親	親族里親	ファミリーホーム
登録里親数	12,934世帯	728世帯	6,291世帯	631世帯	ホーム数446か所
委託里親数	3,888世帯	168世帯	314世帯	569世帯	
委託児童数	4,709人	204人	348人	819人	1,718人

◎**里親**はいずれも、**4人**以下の**要保護児童**を養育することとされている

■**里親等委託率**

里親等委託率（%）

$$= \frac{\text{里親・ファミリーホーム委託児}}{\text{乳児院入所児＋児童養護施設入所児＋里親・ファミリーホーム委託児}} \times 100$$

＝**23.5%**（全国平均：令和3年度末）

チャレンジ○×問題

解答・解説はP.76

Q1 里親の認定を行う際は、要保護児童対策地域協議会に意見聴取を行う。

Q2 ファミリーホームでは、養育者が1〜4人の要保護児童を養育する。

チャレンジ○×問題 解答・解説

🐻 児童福祉施設の設備及び運営に関する基準（P.65）

Q1 ×里親支援専門相談員は、**委託後のアフターケアとしての里親支援**や、所属施設からの退所児童以外を含めた地域支援としての里親支援も業務としている／**Q2** ○児童福祉施設設備運営基準では、配偶者からの暴力を受けたこと等により**個別に特別な支援を行う必要がある**と認められる母子に支援を行う母子生活支援施設には、個別対応職員を配置することとしている

🐻 施設運営指針（P.67）

Q1 ×児童養護施設運営指針の第Ⅱ部 各論「**1 養育・支援**」の「**(11) 心理的ケア**」の中で「施設における他の専門職種との**多職種連携**を強化するなどにより、心理的支援に**施設全体**で有効に取り組む」と述べられており、保育士が心理的ケアを単独で行うのは不適切

🐻 児童養護施設入所児童等調査（P.69）

Q1 ×児童養護施設で障害等をもつ入所児童の割合は、**36.7%**である／**Q2** ○被虐待経験のある**乳児院**入所児が受けた**虐待の種類**で最も多いのは、ネグレクト（**66.1%**）である

🐻 社会的養育の推進に向けて（P.71）

Q1 ×第三者評価は**3か年度**ごとに1回以上受審することとされているが、第三者評価を受審するときもしないときも、**自己評価は毎年度行う必要がある**／**Q2** ×第三者評価基準は、**全国共通**または**都道府県**が定めるものであり、施設が独自に作成することはできない

🐻 里親およびファミリーホーム（P.75）

Q1 ×里親の認定を行う際は、その適否について都道府県の児童福祉審議会に**意見聴取**を行う。要保護児童対策地域協議会ではない／**Q2** ×1〜4人の要保護児童を養育するのは**里親**である。**ファミリーホーム**では、養育者が5〜6人の要保護児童を養育する。なお、ファミリーホームは家庭養護とはいっても、養育者が児童の親権者となるわけではない。また、ファミリーホームの養育者に保育士等の資格は不要である

子ども家庭福祉

✏ 児童家庭福祉の歴史

R3前問1・2・4　R3後問1・2・3　R4前問1・2　R4後問2・4　R5前問2・3　R5後問5

　次のうち、日本の児童福祉の歴史に関する記述として、<u>不適切な</u><u>ものを一つ選びなさい。</u>

1 糸賀一雄は、第二次世界大戦後の混乱期に「近江学園」を設立し、園長に就任した。その後「びわこ学園」を設立した。「この子らを世の光に」という言葉を残したことで有名である。
2 野口幽香らは、東京麹町に「二葉幼稚園」を設立し、日本の保育事業の草分けの一つとなった。
3 岩永マキは、1887（明治20）年に「岡山孤児院」を設立した。
4 日本で最初の知的障害児施設は、1891（明治24）年に石井亮一が設立した「滝乃川学園」である。
5 留岡幸助は、1899（明治32）年に東京巣鴨に私立の感化院である「家庭学校」を設立した。
（R5後問2）

解　説

[3] **岡山孤児院**を設立したのは**石井十次**である。**岩永マキ**は、1874（明治7）年長崎県に浦上養育院（現在の**児童養護施設**）を開設し、多数の孤児を育てた。

【正解】3

❀ ここだけ丸暗記！ ‥‥‥‥‥‥‥‥‥‥‥‥‥‥‥‥‥‥‥‥

■日本の児童福祉の歴史

1874（明治7）年	**恤救規則**の制定
1887（明治20）年	石井十次が**岡山孤児院**を開設
1891（明治24）年	石井亮一が聖三一孤女学院（のちの**滝乃川学園**）を開設
1899（明治32）年	留岡幸助が巣鴨に**家庭学校**を開設
1929（昭和4）年	**救護法**の制定
1946（昭和21）年	糸賀一雄が**近江学園**を開設
1947（昭和22）年	**児童福祉法**（名称に「福祉」がついた最初の法律）制定

ここもCHECK!

- **恤救規則**は、1874（**明治7**）年に制定された、明治維新後最初の一般的救済立法である。ただし、貧困者の**恤救**（救い恵むこと）は人民相互の**情誼**（人情や義理）によるものとし、**無告の窮民**（頼る者のいない困窮者）のみを例外的に公費で救済するという内容で、国には救済の義務はなかった。

- 1929（**昭和4**）年には恤救規則を廃止し、公的救済を義務とする**救護法**が制定された（昭和7年から実施）。ただし困窮者に扶養可能な扶養義務者がいる場合は救護対象とせず、労働能力のない困窮者のみを救護するものとしたほか、被救護者には選挙権を認めないなど、制限的な内容であった。

■日本の児童福祉の先駆者たち

石井十次 （1865 〜1914）	22歳のとき現在の**児童養護施設**にあたる岡山孤児院を開設し、濃尾地震、日露戦争、東北大飢饉の孤児たちを収容。イギリスのバーナードホームにならい、10名ほどの子どもが保母と家族のように暮らす**小舎制**を採用。その後、宮崎県茶臼原に施設を移転。3,000名以上の孤児の救済と教育に生涯を捧げ、48歳でこの世を去った
石井亮一 （1867 〜1937）	濃尾地震の被災孤児（女子）が人身売買の被害を受けていることを知り、21名を保護。明治24年「**聖三一孤女学院**」を設立。孤女のなかに知的障害の子どもがいたことから、障害児教育を学ぶためアメリカに渡る。明治30年、孤女学園を知的障害児の専門施設滝乃川学園（日本初の**知的障害児施設**）とした
留岡幸助 （1864 〜1934）	18歳で洗礼を受け、北海道空知集治監の教誨師となる。その後アメリカに留学し、**感化教育**（人に影響を与えて考え方を変えさせる教育）を学ぶ。明治32年、東京の巣鴨に非行少年のための施設として**家庭学校**（現在の**児童自立支援施設**）を創設。夫婦が数名の児童とともに生活する**夫婦小舎制**を採用した
高木憲次 （1889 〜1963）	東京帝国大学の整形外科教授。「不具」に代えて「**肢体不自由**」という名称を提案。近代的なリハビリテーション理論の導入を訴え、巡回診療相談にあたる。昭和17年、肢体不自由児施設（現在の**障害児入所施設**）の基礎となる整肢療護園を開設した
糸賀一雄 （1914 〜1968）	戦争孤児や知的障害の子どもたちと寝食をともにする教育施設を目指し、昭和21年に近江学園、昭和38年に重症心身障害児施設びわこ学園を設立。重い障害があっても、生まれながらにもっている人格発達の権利を徹底的に保障する**発達保障**の考え方を提唱。「この子らに世の光を」という哀れみではなく、「**この子らを世の光に**」と訴え続けた

■イギリスの児童福祉の歴史

1601年	**救貧法**（エリザベス救貧法）の制定
1802年	**工場法**の制定
1834年	救貧法改正（新救貧法）
1870年	ロンドンに**バーナードホーム**（孤児収容施設）開設

■現行の児童福祉法第1条・第2条*

* 「児童福祉法等の一部を改正する法律（平成28年法律第63号）」による

第1条	全て**児童**は、**児童の権利に関する条約**の精神にのっとり、**適切に養育**されること、その生活を保障されること、愛され、保護されること、その**心身の健やかな成長及び発達**並びにその**自立**が図られることその他の**福祉**を等しく保障される権利を有する
第2条	①全て国民は、児童が**良好な環境**において生まれ、かつ、社会のあらゆる分野において、児童の**年齢及び発達**の程度に応じて、その**意見**が尊重され、その**最善の利益**が優先して考慮され、心身ともに健やかに育成されるよう努めなければならない ②児童の保護者は、児童を心身ともに健やかに育成することについて**第一義的責任**を負う ③**国**及び**地方公共団体**は、児童の**保護者**とともに、児童を心身ともに健やかに**育成**する責任を負う

■「児童」その他の定義

児童の権利条約	児童	**18歳未満**のすべての者（原則）
児童福祉法	児童	**満18歳に満たない者**
	乳児	満1歳に満たない者
	幼児	満1歳から小学校就学の始期に達するまでの者
母子保健法	乳児	1歳に満たない者
	幼児	満1歳から小学校就学の始期に達するまでの者
	新生児	**出生後28日**を経過しない乳児
児童虐待防止法	児童	18歳に満たない者
児童ポルノ禁止法	児童	18歳に満たない者
児童手当法	児童	18歳に達する日以後の最初の3月31日までの間にある者であって、日本国内に住所を有するものまたは留学などで日本国内に住所を有しないもの
児童扶養手当法	児童	18歳に達する日以後の最初の3月31日までの間にある者、または**20歳未満**で政令で定める程度の**障害**の状態にある者をいう
母子及び父子並びに寡婦福祉法	児童	**満20歳に満たない者**
少年法	少年	20歳に満たない者

■戦後の福祉関係の主な法律等の制定年・内容（略称含む。「＝」は現在の名称）

1946（昭和21）	日本国憲法	基本的人権、施行は**1947年5月3日**
1947（昭和22）	児童福祉法	児童福祉施設、児童相談所、保育士
〃	**学校教育法**	「学校」の種類、学校教育の制度
1948（昭和23）	少年法	家庭裁判所の調査・審判、保護処分
1949（昭和24）	**身体障害者福祉法**	身体障害者手帳、身体障害者福祉司
1950（昭和25）	**精神衛生法**	**＝精神保健福祉法**
〃	**生活保護法**	生活保護の種類（→P.123）、保護施設
1951（昭和26）	児童憲章	児童福祉の理念を明文化
〃	**社会福祉事業法**	**＝社会福祉法**、社会福祉事業
1956（昭和31）	**売春防止法**	婦人相談所、婦人相談員
1960（昭和35）	**精神薄弱者福祉法**	**＝知的障害者福祉法**、療育手帳
1961（昭和36）	児童扶養手当法	児童扶養手当の支給
1963（昭和38）	**老人福祉法**	老人福祉計画、老人福祉施設
1964（昭和39）	母子福祉法	**＝母子及び父子並びに寡婦福祉法**
1965（昭和40）	母子保健法	保健指導、健康診査、母子健康手帳
1970（昭和45）	**心身障害者対策基本法**	**＝障害者基本法**、障害者基本計画
1971（昭和46）	児童手当法	児童手当の支給
1982（昭和57）	**高齢者医療確保法**	後期高齢者医療、特定健康診査
1997（平成 9）	**介護保険法**	要支援・要介護認定、介護保険施設
1999（平成11）	児童ポルノ禁止法	児童買春・児童ポルノの規制・処罰
2000（平成12）	児童虐待防止法	「児童虐待」の定義
〃	**社会福祉基礎構造改革**（措置から契約、地域福祉の推進）	
2001（平成13）	**DV防止法**	配偶者からの暴力の防止、被害者保護
2003（平成15）	少子化社会対策基本法	「少子化社会対策大綱」の作成
2004（平成16）	**発達障害者支援法**	発達障害者支援センター
2005（平成17）	**高齢者虐待防止法**	「高齢者虐待」の定義
〃	**障害者自立支援法**	**＝障害者総合支援法**
2009（平成21）	子ども・若者育成支援推進法	「子ども・若者育成支援推進大綱」の作成
2011（平成23）	**障害者虐待防止法**	「障害者虐待」の定義
2012（平成24）	**子ども・子育て支援法**	子ども・子育て支援給付
2013（平成25）	**障害者差別解消法**	障害を理由とする差別の解消の推進
〃	**生活困窮者自立支援法**	自立相談支援事業、子どもの学習支援
〃	**子どもの貧困対策法**	「子どもの貧困対策に関する大綱」の作成

4

子ども家庭福祉

🌸 ここだけ丸暗記！ ･･･････････････････････････････････

1924年　児童の権利に関するジュネーブ宣言
第１次大戦で被害を受けた児童の救済を目的として**国際連盟**で採択された

1948年　世界人権宣言
第２次大戦後、**国際連合**で採択。すべての人間は生れながらにして自由であり、尊厳と権利について平等であると規定した

1959年　児童権利宣言
子どもの権利を「人権」として規定したが、宣言にすぎず、法的拘束力なし

1966年　国際人権規約
A規約（社会権）と**B規約**（自由権）からなる人権に関する包括的な条約

1989年　児童の権利に関する条約
1989年第44回国連総会で採択され、翌年から発効。日本は**1994年**に158番目の批准国となる。「**児童の権利条約**」「**子どもの権利条約**」などとも呼ばれる

■児童憲章（1951（昭和26）年制定）より抜粋

> われらは、**日本国憲法の精神**にしたがい、児童に対する正しい観念を確立し、すべての**児童の幸福**をはかるために、この憲章を定める
> 児童は、**人として尊ばれる**
> 児童は、**社会の一員として重んぜられる**
> 児童は、**よい環境の中で育てられる**
> ・すべての児童は、家庭で、正しい愛情と知識と技術をもって育てられ、家庭に恵まれない児童には、これにかわる環境が与えられる
> ・すべての児童は、虐待・酷使・放任その他不当な取扱からまもられる。あやまちをおかした児童は、適切に保護指導される

チャレンジ○×問題

解答・解説はP.106

Q1　次のA～Dを年代の古い順に並べると、B→D→A→Cとなる。

　　A　「児童福祉法」の制定
　　B　「児童の権利に関するジュネーブ宣言」の採択
　　C　日本が「児童の権利に関する条約」を批准
　　D　「児童憲章」の制定

4-2 子どもの権利条約

✐ 児童の権利に関する条約

R3前問5　R3後問4　R4前問4　R4後問1・5　R5前問4

🐰 次の文は、「児童の権利に関する条約」第23条の一部である。
（　A　）～（　C　）にあてはまる語句の正しい組み合わせを一つ選びなさい。

締約国は、精神的又は身体的な障害を有する児童が、その（　A　）を確保し、（　B　）を促進し及び（　C　）を容易にする条件の下で十分かつ相応な生活を享受すべきであることを認める。

（組み合わせ）

	A	B	C
1	尊厳	社会参加	自立
2	幸福	自立	意見表明
3	幸福	意見表明	社会への積極的な参加
4	尊厳	自立	社会への積極的な参加
5	尊厳	社会参加	意見表明

（R5後問1）

問題のポイント

児童の権利に関する条約については、「子ども家庭福祉」でほぼ毎回出題されるほか、「保育原理」などでも出題されることがある。**ジュネーブ宣言**（1924年）から**児童の権利に関する条約**（1989年）に至るまでの国際的な児童の権利保障の流れ（→P.82）とともに、**日本国憲法**、**児童福祉法**の制定および**児童憲章**の内容を頭に入れておこう。「子ども家庭福祉」では、児童の権利に関する条約の条文が空所補充形式で出題されることが多く、最近は**第3条**、**第9条**、**第12条**、**第28条**、**第31条**などがよく出題されている。

解　説

本問は、医療・福祉分野における児童の権利について定めた第23条第1項からの出題である。[A] 尊厳、[B] 自立、[C] 社会への積極的な参加、と入る。

【正解】4

■「児童の権利に関する条約」の主な条文

子どもの 最善の利益 第3条	1	児童に関する**すべての措置**をとるに当たっては、公的若しくは私的な社会福祉施設、裁判所、行政当局又は立法機関のいずれによって行われるものであっても、**児童の最善の利益が主として考慮される**ものとする
家族から 分離されない 権利 第9条	1	締約国は、児童がその**父母の意思**に反してその**父母から分離されない**ことを確保する。ただし、権限のある当局が司法の審査に従うことを条件として適用のある法律及び手続に従いその分離が児童の最善の利益のために必要であると決定する場合は、この限りでない。このような決定は、父母が児童を**虐待**し若しくは**放置**する場合又は父母が別居しており児童の居住地を決定しなければならない場合のような特定の場合において必要となることがある
	2	すべての関係当事者は、1の規定に基づくいかなる手続においても、その手続に**参加**しかつ自己の意見を述べる機会を有する
意見表明権 第12条	1	締約国は、自己の意見を形成する能力のある児童がその児童に影響を及ぼす**すべての事項について自由に**自己の意見を表明する権利を確保する。この場合において、児童の意見は、その児童の**年齢**及び**成熟度**に従って相応に考慮されるものとする
	2	このため、児童は、特に、自己に影響を及ぼすあらゆる**司法上**及び**行政上**の手続において、国内法の手続規則に合致する方法により直接に又は代理人若しくは適当な団体を通じて**聴取される機会**を与えられる
親の第一次 養育責任 第18条	1	締約国は、児童の養育及び発達について**父母が共同の責任**を有するという原則についての認識を確保するために最善の努力を払う。父母又は場合により**法定保護者**は、児童の養育及び発達についての**第一義的な責任**を有する。**児童の最善の利益**は、これらの者の基本的な関心事項となるものとする

医療・福祉の分野における児童の権利 第23条	1	締約国は、**精神的**又は**身体的**な**障害**を有する児童が、その**尊厳**を確保し、**自立を促進**し及び**社会**への**積極的な参加**を容易にする条件の下で十分かつ相応な生活を享受すべきであることを認める
生活水準への権利 第27条	1	締約国は、児童の**身体的**、**精神的**、**道徳的**及び**社会的**な発達のための**相当な生活水準**についてのすべての児童の権利を認める
教育・文化の分野における児童の権利 第28条	1	締約国は、**教育**についての児童の権利を認めるものとし、この権利を漸進的にかつ**機会の平等**を基礎として達成するため（中略）の措置をとる
	2	締約国は、**学校の規律**が児童の**人間の尊厳**に適合する方法で及びこの条約に従って運用されることを確保するためのすべての適当な措置をとる
教育・文化の分野における児童の権利 第31条	1	締約国は、**休息**及び**余暇**についての児童の権利並びに児童がその年齢に適した**遊び**及び**レクリエーション**の活動を行い並びに**文化的な生活**及び芸術に自由に参加する権利を認める
	2	締約国は、児童が**文化的**及び**芸術的**な生活に十分に参加する権利を尊重しかつ促進するものとし、**文化的**及び**芸術的**な活動並びに**レクリエーション**及び**余暇**の活動のための適当かつ平等な機会の提供を奨励する

4

子ども家庭福祉

🌸ここも**CHECK!** ···

- **児童の権利に関する条約**は、国際連合がコルチャック生誕100周年の**1979年**を国際児童年としたことを受け、**ポーランド**が制定を提案した。
- **コルチャック**は、ユダヤ人などの孤児の施設を設立したポーランド人医師。生涯にわたり**子どもの権利**を主張し、ナチス弾圧下の1942年、助命の特赦を拒否して孤児200名とともに収容所で最期を遂げた。

チャレンジ○×問題

解答・解説はP.106

Q1 児童の権利に関する条約では、児童に関するすべての措置をとる場合には、公的・私的な施設、機関のいずれによって行われるものであっても、父母の意思が主として考慮されるものとしている。

4-3 児童福祉施設

児童福祉法が定める児童福祉施設

R3前問8・14　R4前問13　R4後問11　R5前問9　R5後問8

 次の【Ⅰ群】の施設名と【Ⅱ群】の説明を結びつけた場合の正しい組み合わせを一つ選びなさい。

【Ⅰ群】

A　母子生活支援施設　　　　B　助産施設

C　母子・父子福祉センター　D　婦人保護施設

【Ⅱ群】

ア 無料又は低額な料金で、母子家庭等に対して、各種の相談に応ずるとともに、生活指導及び生業の指導を行う等母子家庭等の福祉のための便宜を総合的に供与することを目的とする施設

イ 配偶者のない女子又はこれに準ずる事情にある女子及びその者の監護すべき児童を入所させて、これらの者を保護するとともに、これらの者の自立の促進のためにその生活を支援することを目的とする施設

ウ 保健上必要があるにもかかわらず、経済的理由により、入院助産を受けることが難しい妊産婦を入所させて、助産を受けさせることを目的とする施設

エ「売春防止法」に基づき都道府県や社会福祉法人が設置し、また、「配偶者からの暴力の防止及び被害者の保護等に関する法律」に基づく保護も行う施設

（組み合わせ）

	A	B	C	D
1	ア	イ	エ	ウ
2	イ	ア	ウ	エ
3	イ	ウ	ア	エ
4	ウ	イ	エ	ア
5	エ	ア	イ	ウ

（R4前問8）

解　説

[A] **母子生活支援施設**はイ、[B] **助産施設**はウが正しい。この２つはどちらも児童福祉法が定める**児童福祉施設**である。[C] **母子・父子福祉センター**は、母子及び父子並びに寡婦福祉法が定める**母子・父子福祉施設**の１つであり、アが正しい。[D] **婦人保護施設**は、売春防止法が定める要保護女子を収容保護するための施設であり、エが正しい。[C] と [D] は児童福祉施設ではない。【正解】3

ここだけ丸暗記！ ∙∙∙∙∙∙∙∙∙∙∙∙∙∙∙∙∙∙∙∙∙∙∙∙∙∙∙∙∙∙∙∙∙∙

■児童福祉法が定める児童福祉施設

乳児院	◎
児童養護施設	◎
児童心理治療施設	◎
児童自立支援施設	◎
障害児入所施設	◎
児童発達支援センター	
助産施設	
母子生活支援施設	
保育所	
幼保連携型認定こども園	
児童厚生施設	
児童家庭支援センター	
里親支援センター	

◎の施設は、児童について相談・通告等を受けた**児童相談所**が、これらの施設への入所または通所を必要と判断した場合に行政措置により利用する施設。措置権者は、**都道府県知事**（指定都市・児童相談所設置市の市長含む）

障害児施設について
かつては知的障害児施設、肢体不自由児施設、重症心身障害児施設などと障害の種別ごとに分かれていたが、児童福祉法改正（2012〔平成24〕年4月1日施行）により、次のように一元化された
・**入所**により支援を行う施設
　⇒障害児入所施設（→P.88）
・**通所**により支援を行う施設
　⇒児童発達支援センター

4

子ども家庭福祉

■主な施設の概要

乳児院	乳児（保健上、安定した生活環境の確保等の理由により特に必要のある場合は幼児を含む）を入院させて、これを**養育**し、あわせて退院した者について相談その他の援助を行う
児童養護施設	**保護者のない児童**（乳児を除く。ただし、安定した生活環境の確保その他の理由により特に必要のある場合には、乳児を含む）、**虐待されている児童**その他環境上養護を要する児童を入所させて、これを養護し、あわせて退所した者に対する相談その他の**自立のための援助**を行う。障害児施設ではないが、**障害をもつ児童**も入所可能
児童心理治療施設	家庭環境、学校における交友関係その他の環境上の理由により**社会生活への適応**が困難となった児童を、**短期間**、入所させ、または保護者の下から**通わせて**、社会生活に適応するために必要な心理に関する**治療・生活指導**を主として行い、あわせて退所した者について相談その他の援助を行う

児童自立支援施設	不良行為をなし、または**なすおそれのある児童**および家庭環境その他の環境上の理由により**生活指導等を要する児童**を入所させ、または保護者の下から通わせて、個々の児童の状況に応じて必要な指導を行い、その自立を支援し、あわせて退所した者について相談その他の援助を行う
障害児入所施設	障害児を**入所**させて、次の区分に応じて支援を行うことを目的とする施設（**満23歳に達するまで**入所継続可能） ①**福祉型**障害児入所施設 　保護、日常生活における基本的な動作および独立自活に必要な**知識技能の習得**のための支援 ②**医療型**障害児入所施設 　保護、日常生活における基本的な動作および独立自活に必要な**知識技能の習得**のための支援並びに**治療**
児童発達支援センター	地域の**障害児**の健全な発達において**中核的役割**を担う機関として、障害児を日々保護者の下から通わせて、高度の専門的な知識および技術を必要とする**児童発達支援**を提供し、あわせて障害児の家族、指定障害児通所支援事業者その他の関係者に対し、相談や専門的な助言等の援助を行う ※令和6年4月1日施行の改正児童福祉法により、従来の児童発達支援の2類型（**福祉型**と**医療型**）が一元化された
児童家庭支援センター	地域の児童福祉に関する問題について、家庭その他からの相談のうち専門的な知識や技術を要するものに応じ必要な助言を行うとともに、**市町村**の求めに応じて技術的助言等の援助を行うほか、保護を要する児童やその保護者に対する指導を行い、あわせて児童相談所、児童福祉施設などとの連絡調整等を総合的に行う

🌸ここもCHECK! ·····························

- 里親支援センター（**里親支援事業**のほか、里親、里親に養育される児童および里親になろうとする者について相談等の援助を行う）は、令和6年4月1日施行の改正児童福祉法により、**児童福祉施設**の1つとされた。

チャレンジ○×問題

解答・解説はP.106

Q1 児童自立支援施設とは、措置解除、義務教育を終了した児童等に対して、共同生活を営むべき住居において、相談その他の日常生活上の援助および生活指導並びに就業の支援を行うための施設である。

4-4 児童福祉の実施体制

児童福祉司、児童相談所、児童委員など

R3後問9　R4前問6・9　R4後問8　R5前問7　R5後問3

 次のうち、児童福祉司に関する記述として、不適切な記述を一つ選びなさい。

1 都道府県・指定都市及び児童相談所設置市は、その設置する児童相談所に、児童福祉司を置かなければならない。

2 児童福祉司の主な業務内容の一つに、子どもや保護者等の置かれている環境、問題と環境の関連、社会資源の活用の可能性等を明らかにし、どのような援助が必要であるかを判断するために行う社会診断がある。

3 児童福祉司は、業務に支障がないときは、職務の共通するものについて、他の相談所等と兼務することも差し支えない。

4 児童福祉司は、社会福祉士か公認心理師資格を有していなければならない。

5 児童福祉司については、各児童相談所の管轄区域の人口3万人に1人以上配置することを基本とし、人口1人当たりの児童虐待相談対応件数が全国平均より多い場合には、上乗せを行う。　　　(R5前問8)

解　説

[4] 児童福祉司は、**社会福祉士**や**公認心理師**の資格を有する者以外でも任用される。これ以外の肢はすべて正しい記述である。　　　【正解】4

ここだけ丸暗記！ ……………………………………………………

児童福祉司	児童相談所に配置。児童の福祉に関する事項についての**相談**、専門的技術に基づく**指導**、必要な**調査**および**社会診断**を行うほか、担当区域内の児童に関し必要な事項につき、その区域を管轄する**児童相談所長**または**市町村長**に状況を**通知**するとともに、意見を述べなければならない 〈任用要件…次のいずれかに該当する者から任用する〉 ・児童虐待を受けた児童の保護等の専門的対応を要する事項について十分な知識・技術を有する者として内閣府令で定めるもの

児童福祉司	・都道府県知事の指定する児童福祉司もしくは児童福祉施設の職員を養成する学校その他の施設を**卒業**するか、または都道府県知事の指定する**講習会の課程を修了**した者 ・大学で**心理・教育・社会学のいずれか**を専修する学科等を卒業し、指定施設で**1年以上**相談援助業務に従事した者 ・医師、社会福祉士、精神保健福祉士、公認心理士のうち、いずれかの資格を持つ者 ・社会福祉主事として**2年以上**児童福祉事業に従事した者のうち、厚生労働大臣が定める講習会の課程を修了したもの ・上記と同等以上の能力を有すると認められる者であって、内閣府令で定めるもの
児童相談所	都道府県、政令指定都市、政令で定める児童相談所設置市に設置義務がある行政機関。主に次のような業務を行う ・**児童に関する家庭等からの相談**のうち、専門的知識や技術を要するものに応じる ・必要な**調査**および医学的、心理学的、教育学的、社会学的、精神保健上の**判定**、これらに基づく児童・保護者への**指導** ・**施設入所等の措置**（知事・指定都市市長からの委任） ・虐待等を受けた児童の一時保護
児童委員	民生委員が兼任する民間ボランティア。**児童**と**妊産婦**の生活や取り巻く環境を適切に把握し、福祉サービスを利用するために必要な援助・指導を行う ・職務に関しては、都道府県知事の**指揮監督**を受ける ・都道府県知事は、児童委員の**研修**を実施する義務がある ・児童福祉士や社会福祉主事の行う職務に協力する ・**市町村長**は、児童委員に必要な状況の通報や資料の提供を求め、必要な**指示**ができる ・**児童相談所長**は、その管轄区域内の児童委員に必要な調査を委嘱できる ・**主任児童委員**は、児童委員の中から厚生労働大臣に指名され、児童委員と関係機関との連絡調整や児童委員の活動の援助を行う（自ら児童委員の職務を行うこともできる）
児童福祉審議会	子ども、妊産婦、知的障害者の福祉に関し、都道府県知事・指定都市市長・市町村長の**諮問**に答え、関係行政機関に意見を具申する権能をもつ。都道府県知事は、**施設入所措置**（措置の解除等を含む）をとる場合に保護者と意向が異なるときや無認可施設に事業停止を命じる場合などには、**都道府県児童福祉審議会から意見を聴く必要がある**

ここもCHECK!

- **児童相談所**の設置主体とされているのは、**都道府県**、**指定都市**および政令で定める**児童相談所設置市**（特別区を含む）である。

■児童相談所設置市（令和5年10月1日現在）

- ・横須賀市、金沢市、明石市、奈良市（いずれも中核市）
- ・港区、世田谷区、中野区、豊島区、荒川区、板橋区、葛飾区、江戸川区
  （いずれも東京23区〔特別区〕）

- **児童相談所**が応じる**相談の種類**とその主な内容は次の通り。

養護相談	保護者の家出、失踪、死亡、入院等による**養育困難**、**虐待**、**養子縁組**等に関する相談
保健相談	**未熟児**、**疾患**等に関する相談
障害相談	肢体不自由、視覚・聴覚・言語発達・重症心身・知的障害、自閉症等に関する相談
非行相談	**虞犯行為**＊、**触法行為**、問題行動のある子どもに関する相談 ＊将来、罪を犯したり刑罰法令に触れる行為をするおそれがあると認められる行為
育成相談	**家庭内のしつけ**、**不登校**、**進学適性**等に関する相談
その他	上記のいずれにも該当しない相談

- 「令和3年度福祉行政報告例の概況」（2023〔令和5〕年 厚生労働省）によると、令和3年度中の**児童相談所**における相談の対応件数は**571,961件**となっている。種類別にみると、**養護相談**が283,001件（49.5％）と最も多く、次いで障害相談203,619件（35.6％）、育成相談41,534件（7.3％）であった。
- 児童相談所等は、**入所措置**や**一時保護**等の際には児童の最善の利益を考慮しつつ児童の意見や意向を勘案して措置を行うため、児童の意見聴取等の措置をとらなければならない（令和6年4月1日施行の改正児童福祉法による）。

チャレンジ○×問題

解答・解説はP.106

Q1 児童福祉司は、その担当区域内における児童に関し、必要な事項につき、その担当区域を管轄する児童相談所長または市町村長にその状況を通知し、併せて意見を述べなければならない。

Q2 都道府県知事は、児童委員のうちから、主任児童委員を指名する。

Q3 児童相談所における育成相談とは、児童虐待に関する相談をいう。

4-5 少子化対策と子育て支援

✎ 少子社会の現状と少子化対策

R4前問3　R4後問3・12

> 🐰問　次のA〜Eは、日本におけるこれまでの少子化対策の取り組みである。これらを年代の古い順に並べた場合の正しい組み合わせを一つ選びなさい
>
> （組み合わせ）
>
> A「新子育て安心プラン」の公表
> B「子ども・子育てビジョン」の閣議決定
> C「子ども・子育て応援プラン」の決定
> D「少子化社会対策基本法」の施行
> E「ニッポン一億総活躍プラン」の閣議決定
>
> 1　B→A→D→C→E
> 2　B→C→D→A→E
> 3　D→A→C→B→E
> 4　D→B→C→E→A
> 5　D→C→B→E→A
>
> （R5前問11）

問題のポイント

試験では、**合計特殊出生率の低下**など、日本の**少子社会の現状**を示した資料に基づく問題や、これに対する国の**少子化対策**の取り組みについて出題されている。これまでの少子化対策の経緯を頭に入れておこう。

解　説

［D］2003（平成15）年→［C］2004（平成16）年→［B］2010（平成22）年→［E］2016（平成28）年→［A］2020（令和2）年、の順に並ぶ。

【正解】5

🌸ここだけ丸暗記！

■合計特殊出生率と日本における年次推移

合計特殊出生率…**15歳から49歳**までの女性の**年齢別出生率の合計**
（平成17年と令和4年の**1.26**が過去の**最低値**）

1995 （平成7）	2000 （平成12）	**2005** **（平成17）**	2010 （平成22）	2015 （平成27）	2020 （令和2）	2021 （令和3）	**2022** **（令和4）**
1.42	1.36	1.26	1.39	1.45	1.33	1.30	1.26

■国の少子化対策の取り組み

2003（平成15）年 **少子化社会対策** **基本法**	結婚や出産は**個人の決定**に基づくとしつつ、子どもを生み育てる者が**誇りと喜び**を感じられる社会を実現するとして、政府に**少子化社会対策大綱**の策定を義務付けた
2004（平成16）年 **子ども・子育て** **応援プラン**	「少子化社会対策大綱に基づく重点施策の具体的実施計画について」の通称。大綱が掲げた４つの重点課題に沿い、平成17〜21年度に講じる施策内容と目標を掲げた
2009（平成21）年 **子ども・若者** **育成支援推進法**	子ども・若者育成支援施策の総合的推進とともに、**ニートやひきこもり**等の困難を抱える若者への支援を行うための地域ネットワークづくりの推進を主な目的として、政府に**子ども・若者育成支援推進大綱**の策定を義務付けた
2010（平成22）年 **子ども・子育て** **ビジョン**	「**子どもが主人公（チルドレン・ファースト）**」を掲げ、すべての子どもの生きる権利、育つ権利、学ぶ権利が等しく確実に保障されることを目指す
2015（平成27）年 **子ども・子育て** **支援新制度**	**2012（平成24）年**に制定された**子ども・子育て支援法**を含めた**子ども・子育て関連３法**に基づく新しい制度。**市町村**を実施主体とし、幼児期の学校教育・保育、地域の子ども・子育て支援を総合的に推進することとしている
2016（平成28）年 **ニッポン一億** **総活躍プラン**	「**希望出生率1.8**」の実現に向け、多様な**保育サービス**の充実、**働き方改革**の推進、希望する教育を受けることを阻む制約の克服等の対応策を掲げた
2020（令和２）年 **新子育て** **安心プラン**	**待機児童**の解消を目指し、**女性**の**就業率**の上昇を踏まえた**保育の受け皿**の整備、幼稚園やベビーシッターを含めた地域の**子育て資源**の活用を進める
2020（令和２）年 **新子育て** **安心プラン** **少子化社会対策** **大綱**	**希望する時期に**結婚でき、希望するタイミングで**希望する数の子ども**を持てる社会をつくることを基本的な目標とする。多様化する子育て家庭の様々なニーズにこたえるため、**多子世帯**、**多胎児を育てる家庭**に対する支援を行うとしている（令和２年５月29日閣議決定）
2022（令和４）年 **こども基本法**	**日本国憲法**と**児童の権利に関する条約**の精神にのっとり、すべての子どもが、将来にわたって幸福な生活を送ることができる社会の実現を目指す。こども政策を総合的に推進するため、政府に**こども大綱**の策定を義務付けた。また、**「こども」を心身の発達の過程にある者**と定義している 〈**「こども大綱」について**〉 従来の**少子化社会対策大綱**、**子供・若者育成支援推進大綱**、**子供の貧困対策に関する大綱**の３つを一元化するとともに、さらに必要なこども施策を盛り込むことで、これまで以上に総合的かつ一体的にこども施策を進めていくものとしている

4

子ども家庭福祉

子ども・子育て支援の事業

R3前問7・10・12・17・20　R3後問7・11・20　R4前問11・20　R5後問9

次の【Ⅰ群】の地域子ども・子育て支援の事業名と、【Ⅱ群】の事業の概要を結びつけた場合の正しい組み合わせを一つ選びなさい。

【Ⅰ群】

A　利用者支援事業　　　　B　子育て短期支援事業

C　地域子育て支援拠点事業　　D　一時預かり事業

【Ⅱ群】

ア　乳幼児及びその保護者が相互の交流を行う場所を開設し、子育てについての相談、情報の提供、助言その他の援助を行う事業

イ　家庭において保育を受けることが一時的に困難となった乳幼児について、主として昼間において、認定こども園、幼稚園、保育所、地域子育て支援拠点その他の場所で一時的に預かり、必要な保護を行う事業

ウ　保護者の疾病等の理由により家庭において養育を受けることが一時的に困難となった児童について、児童養護施設等に入所させ、必要な保護を行う事業

エ　子ども、またはその保護者の身近な場所で、教育・保育施設や地域の子育て支援事業等の情報提供及び必要に応じて相談・助言等を行うとともに、関係機関との連絡調整等を実施する事業

（組み合わせ）

	A	B	C	D
1	ア	イ	エ	ウ
2	ア	ウ	エ	イ
3	ウ	エ	ア	イ
4	エ	イ	ア	ウ
5	エ	ウ	ア	イ

（R4後問7）

問題のポイント

試験では本問のような形式のほかに、１つの事業について詳しく問う問題や、事例の中で「この場合、利用を勧める事業はどれか」といった出題もある。

解　説

[A] **利用者支援事業**はエが正しい。これは子ども・子育て支援法に基づく事業であり、実施主体は市町村*。[B] **子育て短期支援事業**はウ、[C] **地域子育て支援拠点事業**はア、[D] **一時預かり事業**はイが正しい。[B]～[D]はいずれも児童福祉法が定める**子育て支援事業**（すべて実施主体は市町村*）である。

＊特別区および一部事務組合（複数の自治体で事務の一部を共同処理する制度）も含む

【正解】5

■児童福祉法が定める子育て支援事業* ＊放課後児童健全育成事業（→P.99）

乳児家庭 全戸訪問事業	「こんにちは赤ちゃん事業」とも呼ばれる。原則としてすべての**乳児のいる家庭**を訪問し、子育てに関する情報提供や乳児とその保護者の心身の状況、養育環境の**把握**を行うほか、養育についての相談に応じ、助言等の援助を行う
地域子育て支援 拠点事業	乳幼児とその**保護者のために相互交流を行える場所を開設**して、子育てについての相談、情報提供、助言等の援助を行う。一般型（常設の子育て拠点を設けて地域の子育て支援機能の充実を図る）と連携型（児童館等の児童福祉施設など多様な子育て支援に関する施設に親子が集う場を設けて子育て支援を行う）の２つの形態がある
一時預かり事業	日常生活上の突発的な事情や社会参加などにより**一時的に家庭での保育が困難**となった乳幼児を、保育所等で一時的に預かる事業。**一般型**、**幼稚園型**、**余裕活用型**などの種類がある。一般型は、主として保育所、幼稚園、認定こども園等に通っていない（または在籍していない）乳幼児が対象
子育て短期支援 事業	保護者の疾病等の理由により、家庭において養育を受けることが**一時的に困難**となった児童について、児童養護施設等への**施設入所**または**里親等に委託**し、必要な保護を行う
病児保育事業	乳幼児または保護者の労働や疾病等により家庭での保育が困難となった**小学校就学中の児童**であって**疾病にかかっている**ものについて、保育所、病院その他の施設において保育を行う。事業類型には**病児対応型**、**病後児対応型**、**体調不良児対応型**、**非施設型（訪問型）**、**送迎対応**があり、市区町村が認めた者に事業を委託することもできる
養育支援訪問 事業	要支援児童（要保護児童以外で保護者の養育を支援することが特に必要と認められる児童）や**保護者に監護させることが不適当であると認められる児童**とその**保護者**、または特定妊婦（出産後の養育について出産前に支援を行うことが特に必要と認められる妊婦）に対して、その養育が適切に行われるよう、これらの者の居宅において、養育に関する相談、指導、助言その他必要な支援を行う
子育て援助活動 支援事業	**ファミリー・サポート・センター事業**ともいう。乳幼児や小学生等の児童を有する子育て中の保護者からなる会員組織を設立し、**援助を受ける**ことを希望する者と**援助を行うこと**を希望する者との相互援助活動（児童の預かり、保育施設までの送迎等）に関する連絡、調整その他の支援を行う

4

子ども家庭福祉

■子ども・子育て支援法に基づく事業

利用者支援事業	子育て家庭や妊産婦が、地域子ども・子育て支援事業や、教育・保育施設、保健・医療・福祉等の関係機関を円滑に利用できるように支援する。次の３つの事業類型がある。 ・基本型……身近な場所で相談、情報提供、助言等を行う。当事者目線に立った寄り添い型の支援 ・特定型……保育コンシェルジュとも呼ばれ、主として市区町村の窓口で相談や情報提供を行う ・母子保健型…主として市町村保健センター等で保健師等の専門職が妊産婦等からの相談に応じる
延長保育事業	保育認定を受けている児童に対し、通常の利用日・時間帯以外の日・時間において、保育所、認定こども園等で保育を実施する。民間保育所等（都道府県・市町村以外の者が設置する保育所等）で実施する一般型と、利用児童の居宅で実施する訪問型がある
仕事・子育て両立支援事業	・企業主導型保育事業 　従業員のための保育施設の設置運営の費用を国が助成。従来の事業所内保育所と異なり、自治体の認可は不要 ・企業主導型ベビーシッター利用者支援事業 　残業等でベビーシッターを利用した際の費用を補助

■その他の事業

夜間保育所	保護者の夜間就労等により保育所での保育が必要な児童を対象とする認可保育所。開所時間は原則として11時間とし、おおむね午後10時まで開所することとされている

■児童手当法に基づく児童手当、児童扶養手当法に基づく児童扶養手当

児童手当	子ども・子育て支援法の適切な実施を図るため、父母等の保護者が子育てについての第一義的責任を有するという基本的認識の下に、児童を養育している者に支給される
児童扶養手当	父または母と生計を同じくしていない児童が育成される家庭の生活の安定と自立の促進に寄与するため、当該児童について支給される

チャレンジ〇✕問題

解答・解説はP.106

Q1 一時預かり事業では、保護者の疾病等の理由により、家庭において養育を受けることが一時的に困難となった児童に必要な保護を行う。

Q2 病児保育事業の実施主体は、市町村（特別区および一部事務組合を含む）とされており、委託等を行うことはできない。

4-6 児童の健全育成

児童の健全育成のための施策

R3前問3・11　R3後問16　R4前問10・15・17　R5後問4

> 🐰 **問** 次のうち、児童館に関する記述として、適切な記述を○、不適切な記述を×とした場合の正しい組み合わせを一つ選びなさい。

A 児童館は「児童福祉法」第40条に規定された児童厚生施設の1つで、児童に健全な遊びを与えて、その健康を増進し、又は情操をゆたかにすることを目的とする児童福祉施設である。

B 「児童館数（公営・民営別）の推移」（厚生労働省）をみると、児童館は昭和40年代から50年代にかけて急激に増加したものの、その後は緩やかとなり、ここ数年はほぼ横ばいで推移していることが確認できる。

C 児童館には、児童の遊びを指導する者を置かなければならない。

D 2018（平成30）年10月に改正された「児童館ガイドライン」（厚生労働省）には、児童福祉法改正及び児童の権利に関する条約の精神にのっとり、子どもの意見の尊重、子どもの最善の利益の優先等について示されている。

E 児童館の館長は、保育士、児童指導員、社会福祉士のうち、いずれかの資格を有するものでなければならない。

（組み合わせ）

	A	B	C	D	E
1	○	○	○	○	×
2	○	○	×	×	×
3	○	×	○	○	×
4	×	○	○	×	○
5	×	×	×	○	○

（R4後問13）

問題のポイント

児童の健全育成について、試験では**児童厚生施設**のうち**児童館**に関する問題のほか、**放課後児童健全育成事業**、**子どもの貧困対策**などがよく出題されている。

解説

[E] 児童館の館長の**資格**について定めた規定はない（館長の**職務**については「**児童館ガイドライン**」に定めがある）。[A]〜[D] はすべて適切。【正解】1

4 子ども家庭福祉

■児童厚生施設 （児童福祉法が定める**児童福祉施設**の１つ→P.87）

定義	児童遊園、児童館など児童に**健全な遊び**を与えてその**健康を増進**し、または**情操を豊かにする**ことを目的とする施設
設備の基準	・**児童遊園**等**屋外**の施設…広場、遊具、便所 ・**児童館**等**屋内**の施設……集会室、遊戯室、図書室、便所
職員の基準	児童の遊びを指導する者（＝児童厚生員）を配置する。 その資格は、都道府県知事の指定する養成施設の卒業者、**保育士**、**社会福祉士**または**教諭の免許状**を有する者その他のうちいずれかに該当する者とされている

■児童館の種類

	機能・特徴	主な設置運営主体
小型児童館	児童に遊びを与えて健康を増進し、情操を豊かにする。地域組織活動の促進	市区町村、 社団・財団法人 社会福祉法人
児童センター	小型児童館の機能のほか、体力増進指導または年長児童育成の機能	
大型児童館 Ａ型	児童センターの機能のほか、県内児童館の指導および連絡調整等の中枢機能	都道府県* ＊Ａ型：社会福祉法人等への委託可能 Ｂ型：市区町村等も設置運営可能
大型児童館 Ｂ型	小型児童館の機能のほか、自然の中での宿泊や野外活動が行える機能	

■「児童館ガイドライン」第１章「総則」の「１理念」

児童館は、児童の権利に関する条約に掲げられた精神及び児童福祉法の理念にのっとり、子どもの**心身の健やかな成長**、**発達**及びその**自立**が図られることを地域社会の中で具現化する児童福祉施設である。ゆえに児童館はその運営理念を踏まえて、国及び地方公共団体や**保護者**をはじめとする**地域の人々**とともに、**年齢や発達の程度**に応じて、子どもの**意見**を尊重し、その**最善の利益**が優先して考慮されるよう子どもの育成に努めなければならない。

🌸 ここも CHECK！ ‥‥‥‥‥‥‥‥‥‥‥‥‥‥‥‥‥‥‥

- **児童館**は、昭和40年代〜50年代にかけて高度経済成長がもたらした子どもの事故の多発やいわゆる「かぎっ子」の増加等により急激に増加したが、その後上昇カーブは緩やかになり、平成18年（4,718館）をピークにここ数年**ほぼ横ばい**で推移している（令和３年は4,347館）。ただし、**公営**は平成７年をピークに減少しているものの、**民営**は最近も徐々に**増加傾向**にある。

■**放課後児童健全育成事業**（児童福祉法が定める**子育て支援事業**の1つ→P.95）

定義	**小学校**に**就学している児童**であって、その保護者が労働等により昼間家庭にいないものに、**授業の終了後**に児童厚生施設等の施設を利用して**適切な遊び**及び**生活の場**を与えて、その健全な育成を図る事業（具体的には児童館や学校の空き教室等を活用した「**放課後児童クラブ**」を指す）
設備・運営に関する基準の策定	**市町村**は、放課後児童健全育成事業の**設備**及び**運営**について、条例で**基準**を定めなければならない。この場合において、その基準は、児童の**身体的**、**精神的**及び**社会的**な発達のために必要な水準を確保するものでなければならない

■「**放課後児童健全育成事業の設備及び運営に関する基準**」の概要

職員	・事業所ごとに放課後児童支援員を配置する ・放課後児童支援員の数は、**支援の単位ごとに2人以上**とする。ただし、その1人を除き、**補助員**（放課後児童支援員が行う支援について放課後児童支援員を補助する者）をもって代えることができる ・放課後児童支援員の資格は、**保育士**、**社会福祉士**または**5年以上**放課後児童健全育成事業に従事した者であって市町村長が適当と認めたものその他のうちいずれかに該当する者とされている
支援の単位	放課後児童健全育成事業における支援の提供が利用者に対して一体的に行われるものをいい、1つの**支援の単位**を構成する児童の数は、おおむね40人以下とする

🌸ここも CHECK! ・・・・・・・・・・・・・・・・・・・・・・・・・・・・・・

- 令和4年5月1日現在、全国の**放課後児童クラブ**数は26,683か所（**前年比242か所減少**）、登録児童数は1,392,158人（**前年比43,883人増加**）で過去最高値を更新。利用できなかった**待機児童数**は15,180人（**前年比1,764人増加**）であり、平成27年以降ほぼ横ばい（やや減少）の状態である。

- 「**新・放課後子ども総合プラン**」では、厚生労働省所管の**放課後児童クラブ**と文部科学省所管の**放課後子供教室**を一体的に、または連携して実施することを目指している。**放課後子供教室**では、小学生を対象に、平日の放課後や土曜日、夏休み等に、小学校の余裕教室や体育館、公民館等で多様な学習・体験プログラムを実施している（令和4年11月時点で17,129教室）。

4

子ども家庭福祉

■子どもの貧困対策の推進に関する法律

基本理念 （第2条）	①子どもの貧困対策は、社会のあらゆる分野において、子どもの**年齢**及び**発達**の程度に応じて、その**意見が尊重**され、その**最善の利益**が優先して考慮され、子どもが心身ともに健やかに育成されることを旨として、推進されなければならない ②子どもの貧困対策は、子ども等に対する**教育の支援**、**生活の安定**に**資するための支援**、職業生活の安定と向上に資するための**就労の支援**、**経済的支援**等の施策を、子どもの現在及び将来がその生まれ育った環境によって左右されることのない社会を実現することを旨として、子ども等の生活及び取り巻く環境の状況に応じて**包括的**かつ早期に講ずることにより、推進されなければならない ③子どもの貧困対策は、子どもの貧困の背景に様々な**社会的**な要因があることを踏まえ、推進されなければならない ④子どもの貧困対策は、**国**及び**地方公共団体**の関係機関相互の密接な連携の下に、関連分野における総合的な取組として行われなければならない
大綱の策定 （第8条）	**政府**は、子どもの貧困対策を総合的に推進するため、**子どもの貧困対策に関する大綱**を定めなければならない
都道府県計画等の策定 （第9条）	①**都道府県**は、大綱を勘案して、当該都道府県における子どもの貧困対策についての計画を定めるよう努めるものとする ②**市町村**は、大綱（都道府県計画が定められているときは、大綱及び都道府県計画）を勘案して、当該市町村における子どもの貧困対策についての計画を定めるよう努めるものとする

🌸 ここも **CHECK！** ‥‥‥‥‥‥‥‥‥‥‥‥‥‥‥‥‥‥‥‥‥‥‥‥‥

- **子ども・若者育成支援推進法**では、**地方公共団体**が**単独**でまたは**共同**して、子ども・若者支援地域協議会を置くよう努めるとしており、その支援の対象となる子ども・若者は、修学および就業のいずれもしておらず、社会生活を円滑に営む上での困難を有するもの（30歳代までを想定）としている。

チャレンジ〇✕問題

解答・解説はP.106

Q1 放課後児童支援員は、保育士または社会福祉士でなければならない。

Q2 「新・放課後子ども総合プラン」は、放課後児童クラブと保育所を一体的または連携して実施することを目指している。

4-7 障害のある子どもへの支援

障害児支援制度

R3後問14　R4前問14　R5前問17

次の図は、障害児通所支援等事業の種類別にみた事業所数である。（　A　）・（　B　）にあてはまる事業名の正しい組み合わせを一つ選びなさい。

図　障害児通所支援等事業所数

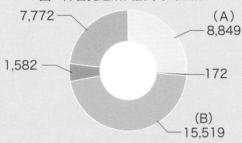

- 7,772
- 1,582
- （A）8,849
- 172
- （B）15,519

出典：「令和2年社会福祉施設等調査の概況」（2021（令和3）年 厚生労働省）

（組み合わせ）

	A	B
1	児童発達支援事業	居宅訪問型児童発達支援事業
2	児童発達支援事業	放課後等デイサービス事業
3	児童発達支援事業	障害児相談支援事業
4	保育所等訪問支援事業	放課後等デイサービス事業
5	保育所等訪問支援事業	障害児相談支援事業

(R4後問15)

解 説

障害児通所支援等*事業の種類別の事業所数（令和2年・3年）は以下の通り。

事業の種類	令和2年	令和3年
児童発達支援事業	**8,849**	10,183
居宅訪問型児童発達支援事業	172	228
放課後等デイサービス事業	**15,519**	17,372
保育所等訪問支援事業	1,582	1,930
障害児相談支援事業	7,772	8,130

＊「障害児通所支援等」は、障害児通所支援に障害児相談支援を含めた言い方

【正解】2

4

子ども家庭福祉

ここだけ丸暗記！

■児童福祉法が定める4種類の障害児通所支援

児童発達支援	障害児につき、児童発達支援センターその他の内閣府令で定める施設に通わせ、日常生活における基本的な動作および知識技能の習得並びに集団生活への適応のための支援など内閣府令で定める便宜を供与し、またはこれに併せて治療（肢体不自由〔上肢、下肢または体幹の機能の障害〕のある児童に対して行われるものに限る）を行う
居宅訪問型児童発達支援	重度の障害の状態その他これに準ずるものとして内閣府令で定める状態にある障害児であって、児童発達支援または放課後等デイサービスを受けるために外出することが著しく困難なものにつき、当該障害児の居宅を訪問して、日常生活における基本的な動作および知識技能の習得並びに生活能力の向上のために必要な支援など内閣府令で定める便宜を供与する
放課後等デイサービス	学校（幼稚園・大学を除く）または専修学校等に就学している障害児（専修学校等の場合は市区町村長が支援の必要ありと認める者のみ）につき、授業の終了後または休業日に児童発達支援センターその他の内閣府令で定める施設に通わせ、生活能力の向上のために必要な支援、社会との交流の促進その他の便宜を供与する
保育所等訪問支援	保育所など児童が集団生活を営む施設として内閣府令で定めるものに通う障害児や乳児院など児童が集団生活を営む施設として内閣府令で定めるものに入所する障害児につき、当該施設を訪問し、当該施設における障害児以外の児童との集団生活への適応のための専門的支援その他の便宜を供与する

ここもCHECK！

- 医療型児童発達支援も障害児通所支援に含まれていたが、令和6年4月1日施行の改正児童福祉法により除外された。
- 障害児入所施設については、福祉型・医療型のいずれも、措置による入所の場合の入所理由で最も多いのは「虐待（疑いあり）」である。これに対して、契約による入所の場合は「その他」を除いて「保護者の養育力不足」が最も多く、次いで「保護者の疾病」となっている（厚生労働省 障害児・発達障害者支援室調べ〔平成31年1月17日時点〕）。

児童虐待の防止

児童虐待防止対策

R3前問6 R4前問5・12 R4後問9・14 R5前問6・10 R5後問15

次の文は、「児童虐待の防止等に関する法律」第１条の一部である。
（　Ａ　）〜（　Ｃ　）にあてはまる語句の正しい組み合わせを一つ選びなさい。

児童虐待が児童の（　Ａ　）を著しく侵害し、その心身の成長及び人格の形成に重大な影響を与えるとともに、我が国における将来の世代の育成にも懸念を及ぼすことにかんがみ、児童に対する虐待の禁止、児童虐待の予防及び（　Ｂ　）その他の児童虐待の防止に関する国及び地方公共団体の責務、児童虐待を受けた児童の（　Ｃ　）及び自立の支援のための措置等を定めることにより、児童虐待の防止等に関する施策を促進し、もって児童の権利利益の擁護に資することを目的とする。

（組み合わせ）

	A	B	C
1	人権	早期発見	保護
2	人権	保護	治療
3	発達	早期発見	治療
4	発達	治療	保護
5	発達	保護	治療

（R3前問13）

問題のポイント

児童虐待防止については、児童虐待の防止等に関する法律（児童虐待防止法）が定める「**児童虐待の定義**」「**早期発見等**」「**通告**」「**出頭要求等**」などの規定、児童福祉法が定める「**一時保護**」「**被措置児童等虐待の防止**」などの規定が重要である。「**被措置児童等虐待対応ガイドライン（令和５年３月）**」にも目を通しておこう。最近では児童虐待防止の法令上の制度のほかに、虐待を予防するための取組みに関する出題もみられる。

解　説

本問は、**児童虐待防止法**の**目的**を定めた第１条からの出題である。［Ａ］人権、［Ｂ］早期発見、［Ｃ］保護、と入る。　　　　　　　　　　　　【正解】1

ここだけ丸暗記！ ⋯⋯⋯⋯⋯⋯⋯⋯⋯⋯⋯⋯⋯⋯⋯⋯

■児童虐待防止法の規定

「児童虐待」の定義（第2条）	①**身体的虐待**：身体に外傷が生じ、または生じるおそれのある暴行を加えること ②**性的虐待**：児童にわいせつな行為をしたり、児童にわいせつな行為をさせたりすること ③**心理的虐待**：児童に対する著しい暴言や拒絶的対応、児童が同居する家庭での**配偶者に対する暴力**（心身に有害な影響を及ぼす言動を含む。「配偶者」には事実上の婚姻関係の者を含む）など児童に著しい**心理的外傷**を与える言動を行うこと ④**ネグレクト**（保護の怠慢・拒否）：児童の心身の正常な発達を妨げるような**著しい減食**や**長時間の放置**、または**保護者以外の同居人**による①〜③と同様の行為の放置など、保護者としての監護を著しく怠ること
早期発見等（第5条）	学校、児童福祉施設、病院等**児童福祉に業務上関係のある団体**や、教職員、施設の職員、医師、保健師、弁護士等**児童福祉に職務上関係する者**は、児童虐待の**早期発見**に努めなければならない。また、上記の者はその職務に関して知り得た児童虐待を受けたと思われる児童に関する**秘密**を、正当な理由なく**漏らしてはならない**。学校・児童福祉施設は、児童と保護者に対して、児童虐待防止のための**教育・啓発**に努めなければならない
通　告（第6条）	児童虐待を受けたと思われる児童（受けた**確証はなくてよい**）を発見した者は自らまたは**児童委員**を介して、速やかに**市町村**、**福祉事務所**または**児童相談所**に**通告**しなければならない
出頭要求等（第8条の2〜第9条の7）	都道府県知事は、児童虐待が行われているおそれがあるときには保護者に**出頭**を**要求**し、応じない場合は**立入調査**等を講じ、これを不当に拒否した場合は**再出頭要求**をし、これも拒否する場合には**裁判官の許可状**を得て**臨検**を行い、児童を**捜索**することができる。臨検・捜索の際は、**錠を外す**等の処分もできる
児童虐待をした保護者への指導等（第11条）	都道府県は、保護者への指導を効果的に行うため、児童に対して**一時保護**等の介入を行った児童福祉司等**以外の者**にその児童の**保護者への指導**を行わせるなど、必要な措置を講じなければならない（児童相談所の介入機能と支援機能の分離）
児童の人格の尊重等（第14条）	児童の親権を行う者は、児童の**しつけ**に際して、児童の**人格を尊重する**とともに、その**年齢**および**発達**の程度に配慮しなければならず、**体罰**その他の児童の**心身の健全な発達に有害な影響を及ぼす言動**をしてはならない。また、児童虐待に係る暴行罪や傷害罪等の犯罪について、親権を行う者であることを理由として責めを免れることはできない

■児童福祉法が定める「一時保護」の規定

一時保護 （第33条 ①、②項）	児童相談所長は、必要があると認めるときは、所定の措置を採るに至るまで、児童の安全を迅速に確保し適切な保護を図るため、または児童の心身の状況、置かれている環境その他の状況を把握するため、児童の一時保護を行うことができる（または適当な者に**委託**して一時保護を行わせることもできる）。また都道府県知事は、必要があると認めるときは、児童相談所長に児童の一時保護を行わせることができる
期間 （第33条 ③〜⑤項）	**一時保護の期間**は、一時保護を開始した日から**2か月**を超えてはならない。ただし、児童相談所長または都道府県知事が必要と認めるときは、2か月を超えて**引き続き**一時保護を行える
一時保護中の親権 （第33条の2）	児童相談所長は、一時保護が行われた児童で親権を行う者または未成年後見人のないものに対し、親権を行う者または未成年後見人があるに至るまでの間、**親権**を行う

■児童福祉法が定める「被措置児童等虐待の防止」の規定

「被措置児童等虐待」の定義 （第33条の10）	施設職員等*が、委託された児童、入所児童または一時保護が行われた児童（被措置児童等）に対して行う虐待 ＊**「施設職員等」**の例 ・小規模住居型児童養育事業に従事する者 ・里親とその同居人 ・乳児院、児童養護施設、障害児入所施設、児童心理治療施設、または児童自立支援施設の**施設長**、**職員**等の従業者 ・**一時保護**の施設がある**児童相談所**の**所長**、**職員**等の従業者
通告 （第33条の12）	被措置児童等虐待を**受けたと思われる**児童を発見した者は、自らまたは**児童委員**を介して、速やかに、**都道府県の設置する福祉事務所**、**児童相談所**、都道府県の行政機関、**都道府県児童福祉審議会**または**市町村**に通告しなければならない。

🌸ここもCHECK! ∴∴∴∴∴∴∴∴∴∴∴∴∴∴∴∴∴∴

- 令和4年度に**児童相談所**が**児童虐待相談**として対応した件数は**219,170件**（速報値）と過去最多で、①**心理的虐待**、②**身体的虐待**の順に多かった。

チャレンジ〇×問題

解答・解説はP.106

Q1 児童虐待防止法では、都道府県は、一時保護等の介入的対応を行う職員と保護者支援を行う職員を分けるなどの措置を講じることとされている。

Q2 里親は委託された児童の保護者なので、里親が委託された児童に対して行う虐待は、児童福祉法上の被措置児童等虐待には該当しない。

チャレンジ〇×問題 解答・解説

🐻 児童家庭福祉の歴史（P.82）

Q1 ×B「児童の権利に関する**ジュネーブ宣言**」の採択（1924年）→A「**児童福祉法**」の制定（1947年）→D「**児童憲章**」の制定（1951年）→C日本が「**児童の権利に関する条約**」を批准（1994年）（なお、Cの条約自体は1989年第44回国連総会で採択され、翌年から発効している）

🐻 児童の権利に関する条約（P.85）

Q1 ×「父母の意思が主として考慮される」というのは誤り。児童の権利に関する条約の第3条第1項では「**児童の最善の利益が主として考慮される**」と明記している

🐻 児童福祉法が定める児童福祉施設（P.88）

Q1 ×児童自立支援施設ではなく、**自立援助ホーム**の説明である。措置解除、義務教育を終了した児童等が「共同生活を営むべき住居」のことであり、**児童自立生活援助事業**として児童福祉法に定められている（→P.71）。児童福祉施設（→P.87）には含まれていない

🐻 児童福祉司、児童相談所、児童委員など（P.91）

Q1 〇児童福祉法第14条第2項／**Q2** ×**主任児童委員**は児童委員の中から厚生労働大臣が指名する／**Q3** ×児童虐待に関する相談は、育成相談ではなく、**養護相談**に含まれる

🐻 子ども・子育て支援の事業（P.96）

Q1 ×これは**子育て短期支援事業**の説明である。**一時預かり事業**は、日常生活上の突発的な事情や社会参加などにより、**一時的に家庭での保育が困難**となった乳幼児を保育所等で預かる事業である／**Q2** ×市区町村が認めた者に事業を委託することもできる

🐻 児童の健全育成のための施策（P.100）

Q1 ×放課後児童支援員の資格は、**保育士**や**社会福祉士**のほか、放課後児童健全育成事業に**5年以上**従事した者で市町村長が適当と認めたものなどのうち、いずれかに該当する者とされている／**Q2** ×保育所ではなく、**放課後児童クラブ**と放課後子供教室を一体的に、または連携して実施することを目指している

🐻 児童虐待防止対策（P.105）

Q1 〇児童虐待防止法第11条第7項で定めている／**Q2** ×児童福祉法では、被措置児童等虐待を行う「**施設職員等**」の中に、里親（またはその同居人）も含めている

5

社会福祉

社会福祉の理念

R3前問1 R3後問1 R4後問4 R5前問2 R5後問2・12

次のうち、日本の社会福祉の基本的な考え方に関する記述として、適切なものを○、不適切なものを×とした場合の正しい組み合わせを一つ選びなさい。

A 社会福祉における自立支援は、障害者福祉の分野ばかりでなく、高齢者福祉、子ども家庭福祉の分野にも共通の理念と考えられている。

B 私たち人間の幸福追求について、国が福祉政策によって関与することはない。

C「日本国憲法」では、生存権を保障するため、最低限度の生活に関する基準を示している。

D 社会福祉における相談援助は、福祉サービスを必要とする人と社会資源を結びつける役割を果たす。

（組み合わせ）

	A	B	C	D
1	○	○	×	○
2	○	×	○	×
3	○	×	×	○
4	×	○	○	×
5	×	×	○	○

（R5後問1）

解 説

［A］適切。**自立支援**とは、障害者、高齢者、子どもなど、援助を必要とする人が身体的・社会的・経済的に自立し、**自己決定**に基づいて生活が送れるよう支援することをいう。［B］不適切。**日本国憲法第13条**は、「…**幸福追求**に対する国民の権利については、公共の福祉に反しない限り、**立法その他の国政の上で、最大の尊重を必要とする。**」と定め、**第25条**第2項において「国は、すべての生活部面について、**社会福祉、社会保障**および**公衆衛生**の向上および増進に**努めなければならない。**」としている。［C］不適切。**日本国憲法第25条**第1項で、「すべて国民は、**健康で文化的な最低限度の生活**を営む権利を有する。」と定めているが、最低限度の生活に関する基準までは示していない。［D］適切。**社会資源**とは、福祉サービス利用者等の問題解決やニーズを満たすために用いる**人的・物的資源、制度**等の総称であり、**フォーマル**な社会資源（行政または公的サービスを提供する民間組織によるもの）のほかに、家族、親戚、知人、近隣住民、ボランティア等による**インフォーマル**なものもある。　【正解】3

🌸 ここだけ丸暗記！ ···

ノーマライゼーション	障害をかかえる人も高齢者も子どもも、同じ**地域社会**の中でともに生きるノーマル（普通）な社会を目指そうとする理念。1950年代、デンマークの**バンク・ミケルセン**が障害者施設の改良運動にかかわる過程で提唱した。現在では社会福祉全般に共通する基本理念となっている
ソーシャル・インクルージョン	孤独死、ホームレス、単親世帯といった**社会的孤立**の問題に対して、すべての人々を孤独や孤立、排斥などから援護し、**社会の一員**として認め、支え合おうという理念
ユニバーサルデザイン	障害をかかえる人だけでなく、**すべての人**が利用可能なように配慮されたデザイン。アメリカの**ロナルド・メイス**が提唱
エンパワメント	社会的に抑圧され、パワーが欠如した状態にある人についてその自己決定を尊重し、**本来もっている力**を引き出すことによって問題の解決につなげていこうという理念
アドボカシー	「**代弁**」という意味であり、利用者が障害や認知症あるいは子どもであるために自ら**意思表示すること**が困難な場合に、**援助者**が代わって**権利擁護**を求めたり主張したりすること

5

社会福祉

🌸 ここもCHECK！ ···

- W.H.ベバリッジが1942年に発表した「社会保険及び関連サービス」と題する報告書を「**ベバリッジ・レポート**」という。この中で、**ナショナルミニマム**（最低限の生活保障）を国の責任とし、「**5つの巨人悪**（窮乏・無知・疾病・不潔・怠惰）」を克服するための社会保障制度の整備を勧告している。
- 社会福祉の実践的活動あるいは**社会福祉援助技術**（→P.127）のことを一般的に**ソーシャルワーク**というが、国際ソーシャルワーカー連盟（IFSW）による「**ソーシャルワーク専門職のグローバル定義**」（2014年）では、「ソーシャルワークは、**社会変革**と**社会開発**、**社会的結束**、および人々の**エンパワメント**と解放を促進する、実践に基づいた専門職であり学問である」としている。

🎯 チャレンジ◯✕問題

解答・解説はP.132

Q1 ソーシャル・インクルージョンとは、国民に対して最低限度の生活を保障すること（最低生活保障）である。

Q2 社会福祉法人が提供するサービスは、インフォーマルな社会資源である。

社会福祉の計画、行政機関・施設、社会福祉事業

R4前問7・8・19　R4後問8・9　R5後問6

 次の計画とその根拠となる法律名の組み合わせとして、適切なものを○、不適切なものを×とした場合の正しい組み合わせを一つ選びなさい。

〈計画〉　　　　　　　　　　〈法律名〉
A 都道府県障害児福祉計画 ――――「児童福祉法」
B 都道府県介護保険事業支援計画 ――「介護保険法」
C 都道府県地域福祉支援計画 ――――「社会福祉法」
D 都道府県障害福祉計画
　　　―――――「障害者の日常生活及び社会生活を総合的に支援するための法律」

（組み合わせ）

	A	B	C	D
1	○	○	○	○
2	○	○	×	×
3	○	×	○	×
4	×	○	×	○
5	×	×	○	○

（R5前問18）

解説

社会福祉関係の法律には、**市町村**および**都道府県**に対して、下の表のように、**行政計画**の策定を定めているものがある。[A] ～ [D] は、いずれも計画とその根拠となる法律名の組み合わせが適切である。　　【正解】1

ここだけ丸暗記！

■社会福祉の主な行政計画とその根拠となる法律

		市町村	都道府県
①	社会福祉法	地域福祉計画	地域福祉支援計画
②	老人福祉法	老人福祉計画	老人福祉計画
③	児童福祉法	障害児福祉計画	障害児福祉計画
④	障害者基本法	障害者計画	障害者計画
⑤	障害者総合支援法	障害福祉計画	障害福祉計画
⑥	介護保険法	介護保険事業計画	介護保険事業支援計画

※①の計画は、市町村、都道府県ともに「策定するよう努めるものとする」とされている（努力義務）。②～⑥の計画は、すべて策定が義務付けられている。

■社会福祉にかかわる主な行政機関

福祉事務所 （社会福祉法）	住民に身近な窓口機関としての役割を担う第一線の社会福祉行政機関。都道府県と市（特別区を含む）に設置義務がある（**町村**は任意設置）
児童相談所 （児童福祉法）	都道府県、指定都市および政令で定める児童相談所設置市に設置義務がある（→P.90）
精神保健福祉センター （精神保健福祉法）	**「精神保健及び精神障害者福祉に関する法律」**（略称「精神保健福祉法」）に基づき、都道府県と指定都市に設置義務がある
身体障害者更生相談所 （身体障害者福祉法）	都道府県に設置義務がある（**指定都市**は任意設置）。身体障害者の更生援護、市町村による援護への支援
知的障害者更生相談所 （知的障害者福祉法）	都道府県に設置義務がある（**指定都市**は任意設置）。知的障害者に関する専門的な相談・指導、判定
婦人相談所 （売春防止法）	都道府県に設置義務がある（**指定都市**は任意設置）。**要保護女子**（性行や環境に照らして売春を行うおそれのある女子）の保護更生のほか、**配偶者暴力相談支援センター**の機能も担う
基幹相談支援センター （障害者総合支援法）	地域における相談支援の中核的な役割を担う機関。**市町村**が設置できる

■主な社会福祉施設とその根拠法

根拠法	主な社会福祉施設
生活保護法	**保護施設**（5種類） ・救護施設：日常生活を営むことが困難な要保護者を入所させて生活扶助を行う ・更生施設：養護と生活指導を必要とする要保護者を入所させて生活扶助を行う ・医療保護施設：医療を必要とする要保護者に対して医療の給付を行う ・授産施設：就業能力の限られている要保護者に対して就労や技能修得の機会と便宜を与える ・宿所提供施設：住居のない要保護者の世帯に対して住居扶助を行う
老人福祉法	**老人福祉施設**：養護老人ホーム、特別養護老人ホーム、老人デイサービスセンターほか
母子及び父子並びに寡婦福祉法	**母子・父子福祉施設**（2種類） ・母子・父子福祉センター　・母子・父子休養ホーム
児童福祉法	**児童福祉施設**（→P.87）
障害者総合支援法	**障害者支援施設**：入所支援、施設障害福祉サービス
売春防止法	**婦人保護施設**：要保護女子の収容保護

5

社会福祉

■社会福祉事業（第１種と第２種の違い）

第１種社会福祉事業	
利用者への影響が大きいため、経営安定を通じた利用者保護の必要性が高い事業（**主として入所施設サービス**）	
経営主体	**行政**（国、地方公共団体）および**社会福祉法人**が原則。それ以外の者が経営するときは都道府県知事等の**許可**が必要
事業の例	・児童福祉法…**乳児院**、**母子生活支援施設**、児童養護施設、**障害児入所施設**、**児童心理治療施設**、児童自立支援施設 ・老人福祉法…**養護老人ホーム**、特別養護老人ホーム ・障害者総合支援法…障害者支援施設 ・生活保護法…救護施設、更生施設、授産施設 ・売春防止法…婦人保護施設 ・社会福祉法…共同募金、生計困難者に資金を融通する事業
第２種社会福祉事業	
利用者への影響が比較的小さいため、公的規制の必要性が低い事業（**主として在宅サービス**）	
経営主体	制限はない。すべての主体が**届出**をすることにより事業経営が可能
事業の例	・児童福祉法…障害児通所支援事業、障害児相談支援事業、児童自立生活援助事業、**放課後児童健全育成事業**その他の**子育て支援事業**（→P.95）、小規模住居型児童養育事業、小規模保育事業、**助産施設**、児童家庭支援センター、保育所、児童厚生施設 ・母子及び父子並びに寡婦福祉法…母子・父子福祉施設 ・老人福祉法…**老人デイサービス事業、老人短期入所事業** ・障害者総合支援法…地域活動支援センター、福祉ホーム ・身体障害者福祉法…身体障害者生活訓練等事業、手話通訳事業、介助犬訓練事業、視聴覚障害者情報提供施設 ・社会福祉法…福祉サービス利用援助事業

🌸 ここも**CHECK!** ・・・

• **社会福祉法人**は、その経営する社会福祉事業に支障がない限り、**公益事業**および**収益事業**を行うことも認められている。

チャレンジ○✕問題

解答・解説はP.132

Q1 婦人相談所は、都道府県と市町村に設置が義務付けられている。

Q2 社会福祉法は、共同募金を第１種社会福祉事業として定めている。

社会福祉従事者

R3前問9　R3後問5・9　R4後問10　R5前問3・6・10

> 次のうち、社会福祉施設の職員について、国が定めているそれぞ
> れの配置基準に照らし、適切なものを○、不適切なものを×とし
> た場合の正しい組み合わせを一つ選びなさい。
>
> A 障害者支援施設の職員配置基準に、生活支援員が
> 　 含まれている。
> B 母子生活支援施設の職員配置基準に、少年を指導
> 　 する職員が含まれている。
> C 補装具製作施設の職員配置基準に、訓練指導員が
> 　 含まれている。
> D 養護老人ホームの職員配置基準に、生活相談員が
> 　 含まれている。
>
> （組み合わせ）
>
> 　　A　B　C　D
> 1　○　○　○　○
> 2　○　○　×　×
> 3　○　×　○　×
> 4　×　○　×　○
> 5　×　×　○　○
>
> （R5後問7）

5　社会福祉

問題のポイント

社会福祉従事者については、名称独占資格（資格を有する者だけがその名称の使用を許される）である**保育士**、**社会福祉士**、**介護福祉士**、**精神保健福祉士**のほか、本問のような施設の職員についても出題されている。また、国家資格でない任用資格（特定の職に任用されるとその資格が名乗れる）の**社会福祉主事**、**児童福祉司**（→P.89）なども押さえておこう。保育士については第1章で学習しているが（→P.23）、社会福祉でもよく出題されるので注意しよう。

解説

[A] 適切。**障害者支援施設**には看護職員、理学療法士（または作業療法士）のほかに生活支援員などの職員が配置される。[B] 適切（→P.65）。[C] 適切。**補装具製作施設**には、義肢装具技術員や訓練指導員などの職員が配置される。[D] 適切。**養護老人ホーム**には生活相談員が配置される。なお、**特別養護老人ホーム**には、生活相談員のほかに機能訓練指導員も配置される。　【正解】1

ここだけ丸暗記！

保育士	2001（平成13）年児童福祉法改正（施行は2年後）により国家資格となる。保育の専門家として、また保護者に対し**保育に関する指導**を行う専門職としても位置付けられる

社会福祉士	社会福祉士及び介護福祉士法に基づく。業務は、高齢者や障害者等の相談や指導、福祉サービス関係者との連絡調整その他の援助。また、一定規模の**地域包括支援センター**に保健師、主任介護支援専門員とともに職員として配置されることが**介護保険法**で定められている
介護福祉士	社会福祉士及び介護福祉士法に基づく。厚生労働大臣指定の養成施設を卒業した者または**3年以上介護等の業務に従事して介護福祉士試験に合格した者が指定登録機関に**登録すると**免許**が与えられる。業務は、身体上・精神上の障害により日常生活に支障のある者につき、**心身の状況に応じた介護**や介護に関する指導を行うこと
精神保健福祉士	精神保健福祉士法に基づく。業務は、精神障害者の相談や指導、日常生活への適応のために必要な訓練その他の援助。業務を行う際は、精神障害者の**主治医の指導**を受ける
社会福祉主事	社会福祉法に基づく。都道府県知事や市町村長の**補助機関**である職員として、**社会福祉主事任用資格**を満たす者から任用される（年齢20歳以上、人格が高潔であることなども要件）。福祉事務所（→P.111）に配置され、社会福祉関係の法律に定められた援護、育成、更生の措置に関する事務をその職務とする
婦人相談員	売春防止法に基づく。都道府県知事または市長が委嘱する。**婦人相談所**や**福祉事務所**に配置され、**要保護女子**の発見、相談、指導等のほか、**DV**（ドメスティック・バイオレンス：配偶者など親密な関係にある（または関係にあった者）から振るわれる暴力）**の被害者支援**など一般女性に対する業務も行う
身体障害者福祉司	身体障害者福祉士法に基づく。身体障害者更生相談所等に配置され、身体障害者に関する専門的な知識・技術を必要とする業務を行う
知的障害者福祉司	知的障害者福祉士法に基づく。知的障害者更生相談所等に配置され、知的障害者に関する専門的な知識・技術を必要とする業務を行う

チャレンジ○×問題

解答・解説はP.132

Q1 社会福祉主事は、児童福祉法に基づき、児童相談所に配置しなければならないとされている職員である。

Q2 婦人相談員は、配偶者のない者で現に児童を扶養している者および寡婦に対して相談に応じ、その自立に必要な情報提供および指導を行う。

5-3 障害者福祉

✏️ 障害者に関する施策

R3前問20 R3後問19 R4前問18 R4後問17 R5前問20 R5後問14

 次のA〜Dは、障害者に関する施策である。これらを年代の古い
順に並べた場合の正しい組み合わせを一つ選びなさい。

A「障害者の日常生活及び社会生活を総合的に支
　援するための法律」の成立
　（障害者自立支援法の改正）
B「障害者プラン〜ノーマライゼーション７か年
　戦略〜」の策定
C「障害者基本法」の成立
　（心身障害者対策基本法の改正）
D「障害者虐待の防止、障害者の養護者に対する
　支援等に関する法律」の成立

（組み合わせ）

1　A→C→D→B
2　B→A→D→C
3　C→A→D→B
4　C→B→D→A
5　D→B→C→A

（R4後問18）

社会福祉 5

問題のポイント

試験では、**障害者**に関する**法律**や**施策**を**年代順に並べる**問題が出題されること
がある。次ページの表で確認しておこう。正式名称の長い法律は**略称**で示すこ
とが一般的であること、制定後に大幅な改正が行われた際には名称自体が変更
される場合があることにも注意しよう。また、認知症、知的障害、精神障害等
により判断能力が不十分な人の判断能力を補い、本人の権利擁護を図るための
制度である**成年後見制度**についても学習しておこう。

解　説

[A] 2005（平成17）年に制定された**障害者自立支援法**が2012（平成24）
年の改正により「**障害者の日常生活及び社会生活を総合的に支援するための法
律**」（略称「障害者総合支援法」）となった。[B]「障害者プラン〜ノーマライ
ゼーション７か年戦略〜」は1995（平成7）年の策定。[C] 1970（昭和45）
年制定の**心身障害者対策基本法**が1993（平成5）年の改正で「**障害者基本法**」
となった。[D]「**障害者虐待の防止、障害者の養護者に対する支援等に関する
法律**」（略称「障害者虐待防止法」）は2011（平成23）年の制定。　**【正解】4**

ここだけ丸暗記！

1949(昭和24)	身体障害者福祉法	身体障害者手帳、身体障害者福祉司
1950(昭和25)	**精神衛生法**	精神障害者（自傷他害）の措置入院
1960(昭和35)	**精神薄弱者福祉法**	「精神薄弱」は**知的障害**の旧称
1970(昭和45)	**心身障害者対策基本法**	障害者施策に関する基本的な法律
1987(昭和62)	**精神保健法**	**精神衛生法**から名称変更
1993(平成5)	障害者基本法	**心身障害者対策基本法**から名称変更 **障害者基本計画**、障害者週間
1995(平成7)	精神保健福祉法	**精神保健法**から名称変更。正式名称は「**精神保健及び精神障害者福祉に関する法律**」
〃		「障害者プラン〜ノーマライゼーション7か年戦略〜」の策定
1998(平成10)	**知的障害者福祉法**	**精神薄弱者福祉法**から名称変更
2002(平成14)	**身体障害者補助犬法**	施設等での盲導犬・介助犬等の同伴
2004(平成16)	発達障害者支援法	放課後児童健全育成事業の利用
2005(平成17)	**障害者自立支援法**	３障害（身体・知的・精神）共通の制度
2011(平成23)	障害者虐待防止法	「障害者虐待」の定義
2012(平成23)	障害者総合支援法	**障害者自立支援法**から名称変更
2013(平成25)	**障害者差別解消法**	障害を理由とする差別の解消の推進。正式名称は「**障害を理由とする差別の解消の推進に関する法律**」

ここもCHECK！

- **成年後見制度**は、「**民法**」に基づく法定後見と、「**任意後見契約に関する法律**」に基づく任意後見に分けられる。いずれも国の所管は**法務省**である。
- **法定後見**は、本人の判断能力が不十分となった場合に、本人、家族、検察官等の申立てにより、**家庭裁判所**が本人の判断能力の程度に応じて、審判によって保護者（**後見人・保佐人・補助人**のいずれか）を選任する。

チャレンジ○×問題

解答・解説はP.132

Q1 成年後見制度は、「社会福祉法」を根拠として2000（平成12）年４月から施行された制度である。

Q2 法定後見制度に関する申し立てをすることができる者は、本人、配偶者、４親等内の親族のみである。

5-4 地域福祉の推進

地域福祉の推進

R3前問10　R3後問20　R4前問4　R4後問19・20　R5前問7・19　R5後問20

 次の文は、「社会福祉法」第4条に関する記述である。（　A　）〜（　C　）にあてはまる 語句を【語群】から選択した場合の最も適切な組み合わせを一つ選びなさい。

・地域福祉の推進は、地域住民が相互に人格と個性を尊重し合いながら、参加し、（　A　）する地域社会の実現を目指して行うこと。

・地域住民等は、地域福祉の推進に当たっては、福祉サービスを必要とする地域住民及びその世帯が抱える福祉、介護、介護予防、保健医療、住まい、就労及び教育に関する課題、福祉サービスを必要とする地域住民の地域社会からの（　B　）等の課題を把握すること。

・地域住民等は、地域福祉の推進に当たっては、（　C　）課題の解決に資する支援を行う関係機関との連携等によりその解決を図るよう留意すること。

【語群】
ア　包摂　　　イ　共生
ウ　相談支援　エ　排除
オ　孤立　　　カ　地域生活

（組み合わせ）

	A	B	C
1	ア	エ	ウ
2	ア	エ	オ
3	ア	オ	ウ
4	イ	ウ	カ
5	イ	オ	カ

（R5後問18）

問題のポイント

地域福祉とは、人々がそれぞれの地域で安心して暮らせるよう、地域の住民や社会福祉関係者が協力して福祉課題の解決に取り組む福祉をいう。社会福祉法は、**地域福祉の推進**を図ることを目的の1つとしている。試験では、地域福祉の担い手となる**民生委員**、**社会福祉協議会**、**地域包括支援センター**などについて出題されている。

解説

本問は、**社会福祉法**の第4条第1項、第3項に基づく出題である。［A］共生、［B］孤立、［C］地域生活、と入る。なお、第4条第2項では、地域住民等は地域福祉の推進に努めなければならないとされている。　　　　　【正解】5

民生委員	民生委員法に基づき、地域社会の福祉を増進することを目的として市町村の区域におかれる民間奉仕者。給与は支給されず、任期は3年。都道府県知事の推薦により厚生労働大臣が委嘱する。人格識見の向上と、職務を行う上に必要な知識および技術の修得に努めなければならず、社会奉仕の精神をもって住民の立場に立った相談・援助を行う。生活保護法では、市町村長・福祉事務所長・社会福祉主事に協力する機関とされている
社会福祉協議会	社会福祉法に基づき、地域福祉の推進を目的として組織された民間の団体。通称「社協」。全国社会福祉協議会を中核としてすべての都道府県と市区町村に設置されている。構成メンバーは地域住民、福祉活動に関わる住民組織、社会福祉関係者など。その財源は、事業収益、地域住民からの会費、寄付金、補助金などで賄われる。市町村社会福祉協議会には、地域の福祉活動を推進する福祉活動専門員が配置されている
共同募金 通称「赤い羽根募金」	社会福祉法に基づき、都道府県ごとに設置される共同募金会（社会福祉法人）が都道府県を区域として毎年1回行う寄付金の募集のこと。寄付金は、配分委員会の承認を得て、社会福祉を目的とする事業の経営者に配分される
地域包括ケアシステム	高齢者が重度な要介護状態になっても住み慣れた地域で生活を続けられるよう、医療や介護、生活支援、福祉サービスなどを一体的に提供する仕組み。市町村では、介護保険法が定める3年ごとの介護保険事業計画の策定・実施を通じて、地域特性に応じた地域包括ケアシステムを構築していく
地域包括支援センター	市町村が設置主体となり、住民の健康保持および生活の安定のために必要な援助を行うことにより、地域住民を包括的に支援する役割（地域包括ケア）を担う施設。保健師・社会福祉士・主任介護支援専門員が配置される

🌸 ここもCHECK！ ・・・・・・・・・・・・・・・・・・・・・・・・・・・・・・・・・・・・・・

• 地域生活課題の1つとされる「ひきこもり」とは、社会的参加を回避して、原則6か月以上にわたっておおむね家庭にとどまり続けている状態をいう。

チャレンジ〇✕問題

解答・解説はP.132

Q1 民生委員は、任期3年の民間ボランティアであり、給与は支給されない。

Q2 社会福祉協議会の財源は、すべて補助金によって賄われている。

5-5 サービス利用者の保護

サービス利用者の権利擁護につながる制度

R3前問5・16・17　R3後問16・17　R4前問16・17　R4後問16　R5前問17　R5後問13・15・16

問 次のうち、福祉サービス利用援助事業（日常生活自立支援事業）に関する記述として、適切な記述を○、不適切な記述を×とした場合の正しい組み合わせを一つ選びなさい。

A 福祉サービス利用援助事業（日常生活自立支援事業）は、すべての高齢者を利用対象者としている。

B 福祉サービス利用援助事業（日常生活自立支援事業）の実施主体は、各都道府県及び指定都市の社会福祉協議会及び地域包括支援センターとされている。

C 福祉サービス利用援助事業（日常生活自立支援事業）は、「社会福祉法」に基づく利用者の権利擁護事業の一つである。

D 福祉サービス利用援助事業（日常生活自立支援事業）では、生活福祉資金貸付制度を実施している。

（組み合わせ）

	A	B	C	D
1	○	○	×	×
2	○	×	○	×
3	○	×	×	○
4	×	○	×	○
5	×	×	○	×

（R5前問16）

問題のポイント

介護保険制度や**障害者自立支援制度**では利用者がサービス事業者と直接契約を結ぶ制度となっている（**保育所の利用も市町村との契約方式**）。このため、利用者の権利擁護とサービスの質の向上を図る目的で、**福祉サービスの利用援助**、**サービスの評価**、**苦情の解決**、**情報提供**などの制度が整備されている。

解説

［A］本事業の対象者は限定されている（次ページの表）。すべての高齢者ではない。［B］地域包括支援センターは本事業の実施主体ではない（次ページの表）。［C］適切。本事業は社会福祉法上、**第2種社会福祉事業**として位置付けられている（→P.112）。［D］生活福祉資金の貸付は、生計困難者に対する資金の融通であり、**第1種社会福祉事業**に該当する。本事業では利用者の日常的な金銭管理などは行うが、資金の貸付は援助の内容に含まれない。【正解】5

5
社会福祉

■福祉サービス利用援助事業（日常生活自立支援事業）

概要	判断能力が不十分な人でも地域において自立した生活が送れるよう、福祉サービスの利用援助等を契約に基づき行う事業。**地域福祉権利擁護事業**の名称で国庫補助事業として開始され、2007（平成19）年度から**日常生活自立支援事業**へと名称変更された。社会福祉法では「**福祉サービス利用援助事業**」と規定
実施主体	**都道府県および指定都市社会福祉協議会** （窓口業務は**市町村社会福祉協議会**などで行っている）
対象者	次の①と②のいずれにも該当する人 ①認知症高齢者、知的障害者、精神障害者等であって日常生活を営むのに必要なサービスを利用するための情報の入手や、理解、判断、意思表示を本人のみで適切に行うことが困難 ②本事業の**契約内容について判断し得る能力**は有している
援助の内容	・**福祉サービス、苦情解決制度**の利用援助 ・住宅改造、居住家屋の貸借、日常生活上の消費契約、住民票の届出等の行政手続に関する援助など ・上記の援助に伴う**預金**の払戻し・解約・預入れの手続など、利用者の日常生活費の管理（日常的金銭管理） ・定期的な訪問による生活変化の察知
手続き	①利用希望者が実施主体に対して申請（相談）を行う ②実施主体は、利用希望者が本事業の対象者の要件に該当すると判断した場合に、利用希望者の意向を確認しつつ**支援計画**を策定し、**契約を締結**する

■福祉サービス第三者評価事業

目的	第三者による評価を受けることで個々の事業者が事業運営における問題点を把握し、**サービスの質の向上**に結びつけること
	第三者による評価は、社会福祉事業者が**任意**で受ける仕組みである。ただし、社会的養護関係施設（**児童養護施設、乳児院、児童心理治療施設、児童自立支援施設、母子生活支援施設**）については、子どもが施設を選べない措置制度等であることなどから、施設運営の質の向上の必要性が高いため、第三者評価の**実施が義務づけられている**
実施体制	●全国推進組織としての**全国社会福祉協議会**の主な業務 ・第三者評価事業の**普及・啓発** ・**第三者評価基準ガイドライン**の策定・更新 ・**第三者評価機関**＊**認証ガイドライン**の策定・更新 　＊第三者評価機関：福祉サービスの評価を実際に行う機関

●都道府県が設置する**都道府県推進組織**の主な業務
　・第三者評価機関認証委員会…**第三者評価機関の認証**
　・第三者評価基準等委員会……**第三者評価基準**の策定・更新
　　　　　　　　　　　　　　　第三者評価の**結果の公表**

■**社会福祉法が定める苦情解決に関する規定**

●**社会福祉事業の経営者による苦情の解決**（第82条）
　社会福祉事業経営者は、常に、提供する福祉サービスについて、利用者等からの**苦情の適切な解決に努めなければならない**
●**運営適正化委員会**（第83条）
　都道府県の区域内において、福祉サービス利用援助事業の適正な運営を確保するとともに、福祉サービスに関する**利用者等からの苦情を適切に解決**するため、**都道府県社会福祉協議会**に、**運営適正化委員会**（人格が高潔で社会福祉に関する識見を有し、社会福祉、法律または医療に関し学識経験を有する者で構成される）を設置する

■**児童福祉施設設備運営基準が定める苦情解決に関する規定**

●**苦情への対応**（第14条の３）
・児童福祉施設は、**入所者**または**保護者等**からの苦情に迅速かつ適切に対応するため、**苦情の受付窓口**の設置など必要な措置を講じなければならない
・乳児院、児童養護施設、障害児入所施設、児童発達支援センター、児童心理治療施設、児童自立支援施設では、苦情解決に当該施設の**職員以外の者**を関与させなければならない

5
社会福祉

ここもCHECK!

- 「社会福祉事業の経営者による福祉サービスに関する苦情解決の仕組みの指針」（通知）では、事業所内に苦情解決責任者、苦情受付担当者を配置するほか、**経営者**の責任で第三者委員を選任し、苦情解決の結果は、事業報告書や広報誌等に実績を掲載し、経営者が**公表**することとしている。
- 社会福祉法では、社会福祉事業の経営者に対し、事業に関する情報**の提供に努める**ほか、利用契約が成立した際には、定められた事項を記載した書面を利用者に**交付しなければならない**と定めている。

チャレンジ○×問題

Q1 福祉サービス第三者評価基準ガイドラインは、厚生労働大臣が策定する。

Q2 社会福祉法では、市町村の区域内において、利用者等からの苦情を解決するために、市町村社会福祉協議会に運営適正化委員会を置くとしている。

5-6 社会保障制度

✎ 公的（国家）扶助の制度である生活保護

R3前問2　R3後問8　R4後問3　R5後問5

 次の文のうち、生活保護制度に関する記述として、適切な記述を〇、不適切な記述を×とした場合の正しい組み合わせを一つ選びなさい。

A 原則として、保護は、個人ではなく世帯を単位としてその要否及び程度を定める。

B 原則として、保護は、「民法」に定める扶養義務者の扶養に優先して行われる。

C 原則として、保護は、他の法律による扶助に優先して行われる。

D 原則として、保護は、要保護者、その扶養義務者又はその他の同居の親族による申請がなくても開始することができる。

（組み合わせ）

	A	B	C	D
1	〇	〇	×	×
2	〇	×	×	×
3	×	〇	×	×
4	×	×	〇	〇
5	×	×	×	〇

（R3前問7）

問題のポイント

社会保障制度は、社会保険、公的（国家）扶助、公衆衛生**および**医療、社会福祉に分類され、**生活保護制度**はこのうち公的（国家）扶助に位置付けられる。試験では、生活保護法が定める**基本原理**、**保護の原則**、**保護の種類**のほか、先に学習した**保護施設**（→P.111）についても合わせて出題されることがある。

解説

［A］適切。これを**世帯単位の原則**という。［B］［C］どちらも**補足性の原理**に反するため不適切。［D］**申請保護の原則**に反するため不適切。　【正解】2

🌸 ここだけ丸暗記！ ･･････････････････････････････････

■生活保護法の目的と基本原理

生活保護法の目的	生活に困窮するすべての国民に対し、国家がその困窮の程度に応じて必要な保護を行い、**最低限度の生活**を保障するとともに**自立を助長**すること

無差別平等 の原理	国民は、生活困窮に陥った原因を問わず、生活保護法に定める要件を満たす限り、**無差別平等**に保護を受けられる
最低生活の 保障	生活保護法が保障する**最低限度**の生活は、健康で文化的な生活水準を維持できるものでなければならない
補足性の 原理	・生活保護法による保護は、生活に困窮する者が、その利用し得る資産、能力など、あらゆるものを最低限度の生活の維持のために活用することを要件として行われる ・民法が定める扶養義務者による扶養や**その他の法律**が定める扶助は、すべて生活保護法による保護に優先して行う

■保護の原則

申請保護の 原則	保護は、**要保護者**（保護を要する状態にある者）、**扶養義務者**または**同居の親族**の申請に基いて開始する。ただし、要保護者が急迫した状況にあるときは、申請がなくても保護を行う
基準および 程度の原則	保護は、厚生労働大臣の定める基準により測定した要保護者の困窮の状態に応じて、その**不足分を補う**程度で行う
必要即応の 原則	保護は、要保護者の年齢・性別・健康状態など、個人または世帯の実情に応じて行う
世帯単位の 原則	保護は、世帯を単位として行う（それができない場合は個人を単位とすることもできる）

■生活保護の種類（④と⑤は**現物**給付が原則。それ以外は**金銭**給付が原則）

①	**生活扶助**	日常生活に必要な費用（食費・被服費・光熱費など）
②	**教育扶助**	**義務教育**を受けるために必要な学用品代、**学校給食費**など
③	**住宅扶助**	アパート等の家賃、補修などにかかる費用
④	**医療扶助**	薬剤・医療処置・療養上の世話などにかかる費用
⑤	**介護扶助**	介護保険法に基づく介護サービスにかかる費用
⑥	**出産扶助**	出産にかかる費用
⑦	**生業扶助**	就労に必要な技能の修得にかかる費用（**高校就学費**含む）
⑧	**葬祭扶助**	葬祭にかかる費用

チャレンジ○×問題

解答・解説はP.132

Q1 小学校の給食費や要介護者に対する介護などは、生活保護法による保護の対象とならない。

Q2 生活保護法が定める8種類の扶助のうち、医療扶助と介護扶助については現物給付（物品の給与・貸与、医療の給付、役務の提供等の方法で保護を行う）が原則である。

社会保険の制度

R3後問10　R4前問9　R5前問4　R5後問8

> **問** 次のうち、介護保険制度に関する記述として、適切な記述を一つ選びなさい。
>
> 1　要介護認定・要支援認定は、都道府県が行う。
> 2　第2号被保険者とは、市町村の区域内に住所を有する65歳以上の者である。
> 3　要介護認定・要支援認定には、有効期間がある。
> 4　介護認定審査会には、民生委員の参加が規定されている。
> 5　保険者は国である。　　　　　　　　　　　　　　　　　　　（R4前問10）

問題のポイント

社会保障制度のうち**社会保険**の制度には、介護保険、公的医療保険、年金保険、労働者災害補償保険および雇用保険が含まれる。試験ではこれらが個別に出題されることもあれば、総合して出題されることもある。詳細まで学習する必要はなく、それぞれの制度の基本をしっかり押さえておけばよい。

解説

介護保険制度は、少子高齢化や核家族化の進行、介護離職問題などを背景として、介護を社会全体で支えることを目的として**2000（平成12）年**に創設された。［1］**要介護認定・要支援認定**は、次のような手続きに従って市区町村が行う。①介護サービスの利用を希望する者が市区町村の窓口に要介護または要支援の**認定を申請**する→②市区町村の**認定調査員**が自宅を訪問して**調査**を行う→③認定調査の結果および主治医の意見書をもとに市区町村の介護認定審査会が審査し、どれくらいの介護が必要か判定する→④市区町村が認定の結果を通知する。［2］市町村の区域内に住所を有する**65歳以上**の者は、**第1号被保険者**である。［3］介護の認定には、有効期間（認定された介護度で介護保険を利用できる期間）がある。月日の経過とともに心身の状況が変化するためであり、**6か月間**（月途中での申請の場合は、その月の月末までの期間＋6か月間）が原則。その後も介護サービスを継続利用する場合には、**更新**の手続きが必要。［4］介護認定審査会の委員は、保健、医療または福祉に関する学識経験を有する者のうちから市町村長が任命する。民生委員の参加は規定されていない。［5］介護保険の**保険者**は**市区町村**である。　　　　　　【正解】3

ここだけ丸暗記!

■介護保険制度の概要

保険者	市区町村（要介護認定・要支援認定も行う）
被保険者	**第1号被保険者**：65歳以上の者 **第2号被保険者**：40〜64歳の**医療保険加入者**
要介護認定 要支援認定	●**要介護1〜5**の認定を受けた者（**要介護者**）⇒**介護給付** 　在宅で介護サービスを利用する場合、居宅介護支援事業者と 　契約し、ケアマネジャー*に**ケアプラン**（介護サービス計画） 　を作成してもらう。施設入所の場合は、希望する施設に直接 　申し込む ●**要支援1・2**の認定を受けた者（**要支援者**）⇒**予防給付**等 　**地域包括支援センター**の担当職員が介護予防サービス計画を 　作成する
利用者負担	介護サービス費の**9割分**（一定以上所得者は8割または7割） は**保険給付**される。**利用者**は原則として残りの費用の**1割分** （一定以上所得者は2割または3割）のほか、施設サービスを 利用した場合の食費と居住費を負担する

*****ケアマネジャー**：要介護者等のケアプランの作成を主な業務とする専門職。正式
　には**介護支援専門員**といい、**都道府県知事**の登録を受ける（**5年**更新制）

■公的医療保険制度（社会保険としての医療保険）
●代表的な公的医療保険制度

被用者医療保険	一般被用者を対象とする**健康保険**（保険者は健康保険組合 または全国健康保険協会）や、特定の職種の被用者を対象 とする**共済組合**（保険者は各共済組合）などがある。保険 料は**被用者**と**事業主**で負担する
国民健康保険	保険者は**市区町村**（または医師・弁護士等の自営業者の職 種別の**国民健康保険組合**）。保険料は全額自己負担。保険 者が市区町村の場合、保険料額は各市区町村ごとに異なる
後期高齢者 医療制度	2008（平成20）年、**75歳以上**を対象とした固有の医療 保険制度として創設。保険者は後期高齢者医療広域連合

●医療保険の給付

現物給付	療養の給付、家族療養費、**高額療養費***、入院時食事療養費など
現金給付	傷病手当金、出産育児一時金など

*****高額療養費**：1か月の医療費の合計額が所定の上限額を超えた場合、超過分が還
　付される制度。上限額は年齢と年収で決まる

5

社会福祉

■**公的年金制度**（社会保険としての年金保険）
●**概要**

国民年金は国民共通の**基礎年金**であり、**20歳から60歳までの全期間保険料**を納付すると、**65歳**から満額の**老齢基礎年金**が支給される。**被用者年金**である**厚生年金**は、基礎年金に上乗せして支給される。なお、公務員等を対象とした従来の**共済年金**は、平成27年10月から厚生年金に統一された

●**国民年金の被保険者**

第1号	**自営業者、学生**など	自分自身で保険料を負担
第2号	会社員、公務員など	保険料は事業主と折半
第3号	**第2号被保険者**に扶養される**配偶者**	保険料を負担しない

●**年金制度の窓口**

社会保険庁の廃止により2010（平成22）年から**日本年金機構**が管理運営を行っており、**年金事務所**（旧社会保険事務所）が窓口となっている

●**年金保険料の減免（免除・猶予）**

減免された期間があると年金受給額が下がるが、**追納**によって増額できる

■**労働者災害補償保険**（「労災」と略す）

業務執行中に起きた**業務災害**や通勤途中に起きた**通勤災害**によって労働者が負傷・死亡した場合などに、必要な保険給付を行うことにより、労働者とその遺族の生活の安定を図る制度。原則として、業種の規模や正規・非正規の区別などの雇用形態を問わず、労働者のすべてに適用される。

■**雇用保険**

雇用保険は、雇用に関する総合的な機能を有する制度であり、**失業等給付**、**育児休業給付**、**雇用保険二事業**（雇用安定事業、能力開発事業）から構成されている。このうち**失業等給付**は、求職者給付、就職促進給付、教育訓練給付、雇用継続給付の4つに分類され、さらに**雇用継続給付**には高年齢雇用継続給付と**介護休業給付**が含まれる。

チャレンジ○×問題

解答・解説はP.132

Q1 公的医療保険の種類は、国民健康保険と後期高齢者医療制度の2種類である。

Q2 被用者である会社員や公務員は、厚生年金保険の被保険者であるとともに、国民年金の第2号被保険者でもある。

5-7 社会福祉における相談援助

相談援助（ソーシャルワーク）の展開過程

R3前問12・14　R3後問13・14　R4前問11・13・14　R4後問11・12・14・15　R5前問11・12　R5後問9・11

 次の図は、ソーシャルワークの展開過程を示したものである。
（　A　）～（　D　）にあてはまる語句を【語群】から選択した
場合の正しい組み合わせを一つ選びなさい。

図

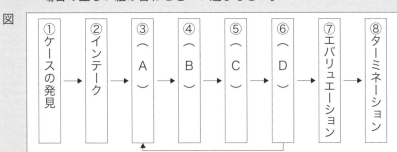

①ケースの発見 → ②インテーク → ③（　A　）→ ④（　B　）→ ⑤（　C　）→ ⑥（　D　）→ ⑦エバリュエーション → ⑧ターミネーション

（組み合わせ）

【語群】

ア　モニタリング
イ　プランニング
ウ　アセスメント
エ　インターベンション

（R3後問11）

	A	B	C	D
1	ア	イ	ウ	エ
2	イ	ア	ウ	エ
3	ウ	イ	エ	ア
4	エ	ア	イ	ウ
5	エ	ウ	イ	ア

5

社会福祉

解説

社会福祉援助技術（ソーシャルワーク）で用いる専門用語は、試験の頻出事項
であり、相談援助の展開過程に出てくる用語は特に重要。［A］**アセスメント**、
［B］**プランニング**、［C］**インターベンション**、［D］**モニタリング**、と入る。
図中①の「**ケースの発見**」とは、社会福祉援助の必要な状況を発見することを
意味し、その契機は、直接の来談、電話・メールによる相談など、さまざまで
あるが、接近困難な利用者が地域にいる場合、支援者は利用者の来訪を待つの
ではなく、支援者から援助につなげるための働きかけ（**アウトリーチ**→P.128
①）を行っていくことが必要である。　　　　　　　　　　　　　【正解】3

✿ ここだけ丸暗記！∙∙∙

■相談援助（ソーシャルワーク）の展開過程

①ケースの発見
社会福祉援助を必要とする状況の発見、ニーズの掘り起こし（**アウトリーチ**）

⬇

②インテーク（受理面接）
支援者が利用者と**信頼関係**を構築する過程。主訴の提示、支援者の所属する機関や施設の説明、契約等を行う。話しやすい雰囲気や環境を整えるとともに、相手の言語的表現だけでなく、非言語的表現にも注意しながら、訴えの内容を明らかにしていく

⬇

③アセスメント（事前評価）
利用者の社会的状況、心理・情緒的状況、利用者の抱える困難の原因や背景を明らかにし、問題解決に向けてケース全体を理解するために必要な情報を収集し、それらを整理、分析する。**ジェノグラム**（家族関係を図に描いて視覚化したもの）や**エコマップ**（家族、周囲の人々や社会資源とのつながりを図式化したもの）などの技法を用いることもある

⬇

④プランニング（援助計画の立案・作成）
アセスメントに基づき、問題解決に向けての目標を設定し、実際の支援をどのように行うのかなどの具体的な支援内容を計画する

⬇

⑤インターベンション（介入・援助の実施）
プランニングをもとに、問題解決に向けて実際に支援を行う段階

⬇

⑥モニタリング（経過観察）
インターベンションの内容が妥当であるか検討する過程

⬇

⑦エバリュエーション（事後評価）
支援計画やそれに基づく支援の最終的な評価を行う。援助全体を振り返ることによって、援助の有効性・効率性、利用者の援助に対する満足度、ニーズの充足度などを測定する

⬇

⑧ターミネーション（終結）
その後の経過を見守る段階

■社会福祉援助技術（ソーシャルワーク）で用いる専門用語

アウトリーチ	ソーシャルワーカー（援助者）が、利用者の住居や地域へ積極的に出向いて行き、信頼関係を構築したり、サービスを提供したりすること。また、支援が必要な状況を認識していない利用者に対して、支援者から援助につなげるための働きかけを行う場合もある（ケースの発見）
ケアマネジメント	利用者に対して、効果的・効率的なサービスや社会資源を組み合わせて**計画を策定**し、それを**利用者に紹介・仲介**するとともに、**サービス提供機関等と調整**を行い、さらにそのサービスが有効に機能しているか**継続的に評価**するなどの一連のプロセス
ケアカンファレンス	支援に関する情報を共有し、組織的な**支援計画**を作成するための**会議への参画**および**会議の運営**。良好な事実とともに、状況を悪化させている否定的な事実を確認し、数年後の利用者と家族の生活まで想定して支援目標を検討する
スーパービジョン	経験の浅い援助者や学生を養成・訓練するために行う専門的な指導のこと。教育的機能・支持的機能・管理的機能をもつ。指導する者をスーパーバイザーといい、指導を受ける側の者をスーパーバイジーという
コンサルテーション	**異なる専門性**をもつ複数の**専門職者**が、特定の問題について検討し、よりよい援助のあり方について話し合う過程
社会福祉調査法	社会福祉に関する実態（福祉ニーズや問題の把握）、社会福祉サービスや政策の評価、個別ケースにおける支援の効果測定などを目的とする調査の総称
ソーシャル・アクション	行政や議会などに対し、地域住民、専門家などが**サービスや制度の改善**、**整備**、**制度創造**などを促す行動
コミュニティワーク	地域社会に共通する福祉ニーズや課題の解決を図るために、地域住民の組織化や福祉活動への参加を促進したり、社会福祉機関・施設・団体間の連携を図りながら、協働的に住みやすい地域社会を創造していく技術
ネットワーキング	利用者が住む地域の関係機関や施設、関係者などが相互に連携するネットワークづくりを行うこと

チャレンジ○×問題

解答・解説はP.132

Q1 ソーシャルアクションとは、制度改善、制度創設等のために地域住民や専門家などが行う行動をいう。

Q2 指導者であるスーパーバイジーから、指導を受けるスーパーバイザーに対して行う専門職を養成する過程をスーパービジョンという。

129

ソーシャルワークの理論

R3前問11・13・15　R3後問12・15　R4前問12　R4後問13　R5前問12・13・14・15　R5後問10

問 次のうち、ソーシャルワークの理論に関する記述として、適切な記述を○、不適切な記述を×とした場合の正しい組み合わせを一つ選びなさい。

A　パールマン（Perlman,H.H.）は、「状況の中の人」という視点から、心理社会的アプローチを確立した。

B　ホリス（Hollis,F.）は、診断主義アプローチと機能主義アプローチを折衷し、問題解決アプローチを示した。

C　ジャーメイン（Germain,C.B.）とギッターマン（Gitterman,A.）は、利用者の適応能力の向上と利用者を取り巻く環境の改善を行い、生活の変容を試みるエコロジカルアプローチを体系化した。

（組み合わせ）

	A	B	C
1	○	○	○
2	○	○	×
3	○	×	○
4	×	○	○
5	×	×	○

（R4前問15）

問題のポイント

社会福祉援助技術（ソーシャルワーク）のうち、利用者と援助者との直接的な関係の中で行うものを**直接援助技術**といい、**個別援助技術（ケースワーク）**と**集団援助技術（グループワーク）**に分かれる。個別援助技術（ケースワーク）には**診断主義アプローチ**と**機能主義アプローチ**の対立があり、これらを折衷する理論を唱えているのが**パールマン**と**ホリス**である。試験では、代表的な理論とその提唱者に関する問題がよく出題されている。

解説

[A] が**ホリス**、[B] が**パールマン**についての記述であり、ともに不適切。[C] **ジャーメイン**と**ギッターマン**についての適切な記述である。　【正解】5

ここだけ丸暗記！

リッチモンド	アメリカの**慈善組織協会（COS）**で活動し、**個別援助技術**を理論化した。ソーシャル・ケースワークを「人間とその社会的環境との間を個別に、**意識的に調整**することを通してパーソナリティを発達させる諸過程からなり立っている」と定義している

パールマン	診断主義と機能主義を統合する「問題解決アプローチ」を提唱。ケースワークを、利用者と援助者の役割関係を通して展開される問題解決過程ととらえ、その構成要素として次の「**4つのP**」を挙げた。 ①Person　　　支援を必要とする人（利用者） ②Problem　　　解決を必要としている問題 ③Place　　　　支援が展開される場所 ④Process　　　問題を解決する支援の過程
ホリス	内的・精神的原因と、外的・社会的原因の両面を認識する「心理社会的アプローチ」を提唱。「**状況の中の人**」というとらえ方をケースワークの中心概念とした
コノプカ	グループワークを「**意図的なグループ経験**を通じて、個人の社会的に機能する力を高め、また個人、集団、地域社会の諸問題に、より効果的に対処し得るよう、人びとを援助するもの」と定義。その展開過程を次の4段階にまとめた ①準備期：**支援の準備**とともに**波長合わせ**を行う ②開始期：メンバーの交流を促し、**相互作用を活性化**する ③作業期：グループで問題解決に向けた取り組みを行う ④終結期：活動を評価し、今後の課題などを明確化する

■バイステックの7原則（**個別援助**の際に援助者がとるべき姿勢）

①個別化	利用者を個人としてとらえ、個別性を理解して援助を行う
②意図的な 　感情表現	利用者が自由に感情を表現することができるよう、援助者が意図的にはたらきかける
③統制された 　情緒関与	利用者の感情表出に対し、援助者は自らの個人的感情を制御しつつ、適切に対応する
④受容	利用者の言動や態度をあるがままに受け入れる
⑤非審判的 　態度	援助者の個人的な価値基準に基づいて利用者を批判したり、裁いたりしない
⑥自己決定	利用者が自己決定できるよう援助し、その決定を尊重する
⑦秘密保持	利用者に関する情報を、利用者の承諾なしに漏らさない

チャレンジ○×問題

解答・解説はP.132

Q1 パールマンは、ケースワークの4つの構成要素として、①人（Person）、②問題（Problem）、③計画（Plan）、④過程（Process）を挙げている。

Q2 バイステックの7原則のうち「統制された情緒的関与」とは、利用者の感情表現を大切にすることである。

チャレンジ○×問題 解答・解説

🐻 **社会福祉の理念（P.109）**
　Q1 ×国民に最低限度の生活を保障すること（最低生活保障）は、**ナショナルミニマム**という／**Q2** ×**社会福祉法人**（社会福祉法に基づき、社会福祉事業を行うことを目的として設立される法人）が提供するサービスは、**フォーマル**な社会資源に含まれる

🐻 **社会福祉の計画、行政機関・施設、社会福祉事業（P.112）**
　Q1 ×婦人相談所は**都道府県**に設置義務がある。指定都市は設置できるとされているが（任意設置）、それ以外の市町村の設置については定められていない／**Q2** ○

🐻 **社会福祉従事者（P.114）**
　Q1 ×これは社会福祉主事ではなく**児童福祉司**の説明。社会福祉主事は福祉事務所に配置される（なお、社会福祉法では福祉事務所のことを「福祉に関する事務所」と呼んでいる）／**Q2** ×これは母子及び父子並びに寡婦福祉法で定める**母子・父子自立支援員**の説明

🐻 **障害者に関する施策（P.116）**
　Q1 ×**法定後見**は「**民法**」の改正により、また**任意後見**は「**任意後見契約に関する法律**」の制定により、いずれも2000（平成12）年4月から施行された／**Q2** ×本人、4親等内の親族（配偶者も含む）のほか、**検察官**や**市町村長**も申立てができる

🐻 **地域福祉の推進（P.118）**
　Q1 ○／**Q2** ×社会福祉協議会の財源は、補助金だけでなく、事業収益や地域住民からの会費、寄付金などで賄われている

🐻 **サービス利用者の権利擁護につながる制度（P.121）**
　Q1 ×第三者評価基準ガイドラインの策定は、全国推進組織である**全国社会福祉協議会**の業務である／**Q2** ×都道府県の区域内での苦情を解決するため、都道府県**社会福祉協議会**に運営適正化委員会を置くとしている

🐻 **公的（国家）扶助の制度である生活保護（P.123）**
　Q1 ×学校給食費は**教育扶助**、要介護者に対する介護は**介護扶助**の対象となる／**Q2** ○

🐻 **社会保険の制度（P.126）**
　Q1 ×①国民健康保険、②被用者医療保険（**健康保険、共済組合**）、③後期高齢者医療制度の3種類に分けられる／**Q2** ○

🐻 **相談援助（ソーシャルワーク）の展開過程（P.129）**
　Q1 ○／**Q2** ×スーパービジョンは、指導者である**スーパーバイザー**から、指導を受ける**スーパーバイジー**に対して行う

🐻 **ソーシャルワークの理論（P.131）**
　Q1 ×パールマンが挙げた構成要素は①人（Person）、②問題（Problem）、③場所（Place）、④過程（Process）の4つである／**Q2** ×「統制された情緒的関与」とは、援助者が自らの個人的感情を統制することをいう。設問の記述は「意図的な感情表現」の目的である

6

保育の心理学

発達の基礎理論

R3前問4・17 R4前問10 R4後問2 R5前問1 R5後問2・12

次のうち、子どもの発達と環境に関する記述として、適切なものを○、不適切なものを×とした場合の正しい組み合わせを一つ選びなさい。

A シュテルン（Stern, W.）は、発達における社会的・文化的環境の影響を重視しており、発達は環境のもつ社会、文化、歴史的な側面が個人との相互作用によって個人の中に取り入れられる過程であるとした。

B ブロンフェンブレンナー（Bronfenbrenner, U.）は、子どもを取り巻く社会的環境のうち、父親と母親との関係（夫婦関係）や親と学校の先生との関係など、相互の影響関係をエクソシステムとした。

C ジェンセン（Jensen, A.R.）は、個々の特性が表れるのに必要な環境的要因には、特性ごとに固有な最低限度（閾値）があるとした。

D ギブソン（Gibson, J.J.）は、環境の意味や価値は、人間の心の動きによって与えられるのではなく、環境が人間に提供するものであるとした。

（組み合わせ）

	A	B	C	D
1	○	○	×	×
2	○	×	○	×
3	×	○	○	○
4	×	○	×	×
5	×	×	○	○

（R5前問2）

問題のポイント

発達を決めるのは**遺伝**か**環境**か、またはそのような二者択一ではなく、どちらも発達に関係すると考えるのか（**輻輳説**）、さらにその２つは独立の要因ではなく、相互に関係し合っていると考えるのか（**相互作用説**）、それぞれの発達理論の基本的立場の違いを理解しながら、その理論の提唱者の名前を覚えよう。

解 説

［A］社会的・文化的環境が個人との**相互作用**によって個人の中に取り入れられる過程（**内化**）を発達としてとらえたのは**ヴィゴツキー**である。**シュテルン**は**輻輳説**の提唱者。［B］父親と母親の関係、親と学校の先生との関係などは、**メゾシステム**とされている（→P.136）。［C］［D］適切。　　　　【正解】5

ゲゼル	発達を決めるのは遺伝であるとする**遺伝説**の立場に立ち、一卵性双生児の階段登りの実験結果から、発達は基本的に神経系の成熟によって規定されるとした（**成熟優位説**）。また、学習が成立するには**心身の準備性**（レディネス）が必要とした
ワトソン	発達を決めるのは環境であるとする**環境説**の立場に立ち、人間は発育・発達を統制することができ（行動主義）、学習環境が整えば子どもは理想的な発達をすると考えた（**学習優位説**）
シュテルン	遺伝と環境はどちらも発達を規定する要因であるとする輻輳説を提唱。また、遺伝と環境は相互に依存したり影響し合ったりするのではなく、独立して加算的にはたらくものと考えた
ジェンセン	遺伝と環境は相互に作用するものと考える**相互作用説**の立場に立ち、遺伝的可能性が顕在化するために必要な環境要因の質や量は、その特性によってそれぞれ違いがあり、特性ごとに固有の一定の水準（**閾値**）があるとする環境閾値説を唱えた
ギブソン	環境の価値や意味は、人の心の働きによって生まれるのではなく、**環境自体がさまざまな意味を提供している**と考え、子どもが環境に関わることは、環境に埋め込まれた意味を見出しながら行為することであると主張した
ピアジェ	人間は認知構造（**シェマ**）に依拠して外界を探索しようとするものであり、外界から情報を取り込む（同化）ために認知構造自体を変容しながら（調節）、知能を体制化していくと考えた。またこれに基づき、認知の普遍的な**発達段階**を提唱し、子どもが世界を認識する過程には**質的に異なる４つの段階**があることを示した（→P.137）
ヴィゴツキー	個人は**社会的な関わり**を通じて発達に必要な情報を受け取り、それが個人の中に取り入れられる（**内化**）ことで新しい認識の形成が促進されるという社会文化的発達理論を提唱した。この考えが「**発達の最近接領域**」の理論へとつながる（→P.138）
バンデューラ	自ら行動し学習することだけでなく、他人の行動の結末を観察することによっても学習は成立することを実験で明らかにし、**観察学習**の分野を開いた（社会的学習理論）。また、自分で自分をコントロールしているという実感を**自己効力感**と命名した
ローレンツ	孵化後間もなく巣を離れる離巣性の鳥類において、孵化後一定の限定された時期に目の前で動く対象に追従し、強い絆を形成する現象をインプリンティング（**刻印付け**）と呼んだ。刻印付けが生じる限定された時期を臨界期といい、ヒトの行動発達にも応用された

6

保育の心理学

🌸 ここだけ丸暗記！

■ブロンフェンブレンナーの生態学的システム論

ブロンフェンブレンナーは、人間を取り巻く環境を下の図のような入れ子構造になった**生態学的環境システム**として捉え、このシステムが複雑に関係しながら子どもの発達にさまざまな影響を及ぼすと考えた（**生態学的モデル**）。そして人を取り巻く環境を**マイクロシステム**、**メゾシステム**、**エクソシステム**および**マクロシステム**の4つに分類した。

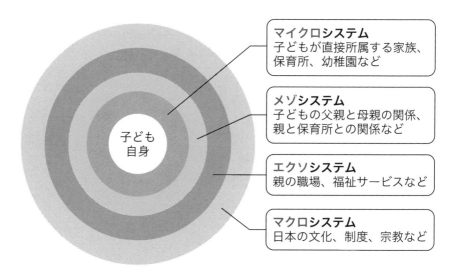

マイクロシステム
子どもが直接所属する家族、保育所、幼稚園など

メゾシステム
子どもの父親と母親の関係、親と保育所との関係など

エクソシステム
親の職場、福祉サービスなど

マクロシステム
日本の文化、制度、宗教など

子ども自身

上記のほか、時間の経過の中で個人に影響を及ぼす出来事や環境の変化を含むものとして**クロノシステム**が加えられる（進学、転居、親の離婚、感染症流行による生活様式の変化など）。こうした**生態学的モデル**により、環境の中で生きる子どもの姿をより適確に捉えようとするのが生態学的システム論である。

チャレンジ〇✕問題

解答・解説はP.156

Q1 ワトソンは、個人差は遺伝によるものであり、遺伝的に優れた人同士が子孫を残すことで、人類は高い才能をつくり出しうると考えた。

Q2 父親が会社の残業でいつも帰宅が夜遅くなると、子どもと過ごす時間が短くなる。このように、父親の会社は、子どもに間接的に影響を及ぼしていることから、生態学的システム論ではエクソシステムに該当する。

ピアジェとヴィゴツキー

R3前問5 R3後問3 R4前問3 R4後問6 R5前問9 R5後問9

次の文は、認知の発達に関する記述である。（　Ａ　）〜（　Ｅ　）にあてはまる語句を【語群】から選択した場合の正しい組み合わせを一つ選びなさい。

ピアジェ（Piaget, J.）は、子どもが世界を認識する過程には、（　Ａ　）に異なる４つの段階があると考えた。まず、誕生から２歳頃までは「感覚運動期」と呼ばれ、子どもは身近な環境に身体の感覚や動作を通して関わり、外界を知っていく。次に、２〜７歳頃は「（　Ｂ　）」と呼ばれ、イメージや言葉を用いて世界を捉えることが可能になるが、物の見かけに捉われやすく論理的な思考には至らない。学童期に相当する「（　Ｃ　）」では、量や数の（　Ｄ　）を理解して脱中心的な思考が可能になる。
その後、おおよそ12歳以降は最終段階である「（　Ｅ　）」にあたり、記号や数字といった抽象的な事柄についても論理的な思考が可能になっていく。

【語群】

ア	質的	イ	前操作期
ウ	量的	エ	形式的操作期
オ	抽象的操作期	カ	保存
キ	永続性	ク	具体的操作期

（組み合わせ）

	A	B	C	D	E
1	ア	イ	オ	カ	エ
2	ア	イ	ク	カ	エ
3	ウ	エ	オ	キ	ク
4	ウ	エ	ク	カ	オ
5	ウ	ク	エ	キ	オ

（R3後問8）

6

保育の心理学

問題のポイント

■ピアジェによる子どもの発達段階

感覚運動的知能の段階（感覚運動期）		0〜2歳	触る・吸う・なめる・たたく・見る等の手段で感覚を得て物事を認知する。生後7〜9か月で物の永続性を理解しはじめる。1歳6か月頃になると、象徴（表象）機能がはたらきはじめる
表象的知能の段階	前操作期	2〜7歳頃	時間の経過や見かけの変化にまどわされやすい。思考と行動が未分化であり、自己中心的である
	具体的操作期	7〜12歳頃（学童期）	目の前の具体的な事物を扱う限りは論理的操作が可能となり、保存の概念を獲得する。脱中心化が図られる
	形式的操作期	12〜15歳頃	仮説による論理的操作、抽象的な概念や知識の獲得が可能となる

［A］質的、［B］前操作期、［C］具体的操作期、［D］保存、［C］形式的操作期、と入る。　　　　　　　　　　　　　　　　　　　　　【正解】2

ここだけ丸暗記！

物の永続性	目の前のおもちゃに布をかけるなど、物体が隠されて視界から消えても、その物体はどこかに存在しているはずであるということ。これを理解すると、見えなくなった物を探すようになる
象徴（表象）機能	ある物を**別の物によって表現**する（別の何かに**見立てる**）こと。想像力（イメージを思い浮かべる）や言葉の発達の基礎をなす
アニミズム	水や風のような無生物にも生物と同じように生命があり、精神や意識をもつという考え。ピアジェは**前操作期**の子どもがこのような考えをもつのは、**自他が未分化**なためであるとした
保存の概念	保存とは、見かけ（形、配置状態など）が変化しても対象自体の量や重さは変わらないことをいう。**具体的操作期**に含まれる7、8歳になると**保存の概念**が成立する。見た目に左右されずに事物の本質を判断するようになると、**自分と他者との観点の違い**にも気付くようになり、**自己中心性が薄れていく**

■ヴィゴツキーの「発達の最近接領域」の理論

子どもの認知発達は、①子どもが他者の助力なしに**自力で遂行可能**な現時点での発達レベルと、②大人や仲間の**援助を受けることによって解決可能**となる**潜在的**な発達レベルの2つのレベルで行われると考え、①と②の間の領域を**発達の最近接領域**と呼ぶ。そして教育的な働きかけは、この領域に対して行わなければ子どもの発達に貢献できず、また教育は、発達の最近接領域をつくり出すように配慮しなければならない。

■幼児の「ひとりごと」について

●ピアジェの考え方
　活動に熱中している幼児が発するひとりごとは、幼児の**自己中心性**の現れに過ぎず、**脱中心化**が図られる学童期には消失する
●ヴィゴツキーの考え方
　発達の初期にみられる言葉はすべて社会的コミュニケーションの手段として用いられるもの（外言）であるが、やがてその一部が自分自身の行動を導くための言葉（内言）として使われるようになる。ひとりごとは、外言が内言として内在化する過程において出現する

アタッチメント（愛着）の理論

R3前問1　R3後問19　R4後問20

問 次のうち、アタッチメント（愛着）についての記述として、適切なものを○、不適切なものを×とした場合の正しい組み合わせを一つ選びなさい。

A　ボウルビィ（Bowlby, J.）によれば、アタッチメント（愛着）の発達には4つの段階があり、分離不安や人見知りがみられるのは最終段階である。

B　子どもが周囲のものや人に自ら関わろうとして上手くいかない時、愛着関係のある保育士の存在は、子どもにとっての安全基地となる。

C　エインズワース（Ainsworth, M.D.S.）はアタッチメント（愛着）の個人差を調べるために、ストレンジ・シチュエーション法を考案した。

D　表象能力の発達によって、愛着対象に物理的に近接しなくても、そのイメージを心の拠り所として利用できるようになり、安心感を得られるようになる。

（組み合わせ）

	A	B	C	D
1	○	○	○	○
2	○	○	×	○
3	○	×	○	○
4	×	○	○	○
5	×	×	○	×

（R5前問20）

6

保育の心理学

問題のポイント

アタッチメント（愛着）とは、ある特定の対象との間に形成される親密な愛情の絆のことをいう。この絆が子どもの社会性や対人行動の発達の基盤となっており、乳幼児期にアタッチメントが形成される過程を明らかにした**ボウルビィ**の理論は非常に重要である。子どもの探索活動にとって愛着対象が**安全基地**となることを理解しよう。**エインズワースのストレンジ・シチュエーション法**についても押さえておこう。

解説

［A］不適切。**分離不安**（愛着対象と離れることに不安を感じ、抵抗を示す状態）や**人見知り**がみられるのは、愛着の発達段階の**第3段階**とされる（→P.140）。［B］適切。**安全基地**となる愛着対象は1人とは限らない。アタッチメントは、応答的で情緒的なやりとりを積み重ねることによって形成され、母親のほか、父親その他の家族、保育者なども重層的に愛着対象となることが明らかにされている。［C］［D］適切。　　　　　　　　　【正解】4

ボウルビィ の愛着理論	子どもは養育者の養育行動を引き出す行動の型（泣く・笑う・抱きつき・後追い等）を生得的に備えているとして、これらを愛着行動と呼び、愛着の発達段階を次の4つに区分した ①第1段階（誕生〜12週） 　愛着は未形成で、だれに対しても泣いたり微笑したりする ②第2段階（12週〜6か月） 　特定の人に対して、より多く凝視したり微笑したりする ③第3段階（6か月〜2、3歳） 　特定の人を愛着対象として後追いしたり、他の者と区別して人見知りしたりするようになる。また、愛着対象となる人を探索活動のよりどころ（安全基地）とするようになる ④第4段階（2、3歳〜） 　愛着対象を永続的で、独立の存在と考えられるようになる
探索活動と 安全基地	乳児期から見る・触る等の探索活動を行うが、愛着対象となる人物を安全基地とすることで不安や恐れを克服でき、探索活動を拡大し、自分の世界を広げていけるようになる
エインズワースのストレンジ・シチュエーション法	子どもが初めて訪れる部屋に親子を案内し、親と分離させたり、再会させるなどして子どもの反応を観察する実験法。次の3つのタイプに子どもを分類した ・Aタイプ（回避型）：親との分離の際に泣くなどの混乱を示すことがほとんどなく、再会後も親を避ける ・Bタイプ（安定型）：親との分離の際に泣きや混乱を示すが、再会時には積極的に身体接触を求め、すぐに機嫌を直す ・Cタイプ（アンビバレント型）：親との分離の際に強い不安や混乱を示し、再会時には強く身体接触を求めるが、その一方で親に対して強い怒りを示す

🌸 ここもCHECK！ ･･････････････････････････････････････

- 虐待や育児放棄など不適切な環境で育った子どもが、周囲からの働きかけに反応せず無視する、自分を制御できず攻撃的になるなどの支障をきたす症状を、反応性アタッチメント障害（反応性愛着障害）という。

チャレンジ◯✕問題

解答・解説はP.156

Q1 エインズワースのストレンジ・シチュエーション法では、親との分離に際してほとんど混乱を示さない子どもを、アンビバレント型という。

発達に関する用語

R3前問16　R3後問1・5・15　R4前問11　R4後問3・4・16　R5前問6　R5後問6

問 次の文は、保育場面でみられる幼児の行動についての記述である。A〜Dの行動の基盤となる社会的発達に関する用語を【語群】から選択した場合の最も適切な組み合わせを一つ選びなさい。

A 泣いている他児に近づき、その子の頭をなでながら自分のハンカチを差し出す。

B 10か月児が、はじめての場所でどのように行動してよいかわからないので保育士の表情を見る。

C お店屋さんごっこで、それぞれがレジ係と客になり、やりとりをしている。

D グループ対抗の大縄跳び競争に勝とうと、グループでの練習に欠かさず参加している。

（組み合わせ）

	A	B	C	D
1	ア	エ	ウ	キ
2	ア	オ	ウ	ク
3	イ	エ	ウ	ク
4	イ	エ	カ	キ
5	イ	オ	カ	ク

【語群】
ア　向社会的行動　　イ　道徳判断　　ウ　役割取得
エ　安全基地　　　　オ　社会的参照　カ　模倣
キ　対人葛藤　　　　ク　帰属意識

(R5後問19)

解　説

［A］向社会的行動、［B］社会的参照、［C］役割取得、［D］帰属意識。

【正解】2

ここだけ丸暗記！

社会的参照	**1歳前後**の子どもが、ある特定の行動をとろうとする際、それが正負いずれの価値をもつのか、どのように行動すべきかなどについて、親しい大人の**感情的サイン**（表情、声色、しぐさ等）から読み取ろうとすること。**三項関係**（→P.142）に基づく
心の理論	**他者が考えていること**や感じていることは、**自分とは異なる**ということがわかること。4〜5歳頃に獲得され、他者の行動の背後にある心的状態を推測し、次の行動を予測するようになる
役割取得	自己中心的な視点を離れ、**他者の視点**を知ること。社会的視点取得ともいう。これによって自分と異なる相手の気持ちや考えを理解できるようになる。3歳頃までは、自他の視点の区別がうまくできず、役割取得は困難とされる。**ごっこ遊び**における**役割の分担**も、自らの役割を了解する役割取得が必要である

6

保育の心理学

向社会的行動	外的報酬（ほうび、ほめ言葉など）を期待せず、**相手のため**になることを自発的に行う行動のこと。その基礎には、他者への共感や**役割取得**が関わっていると考えられている
誤信念課題	他者が現実と異なる誤った信念を有していることを理解できているかを調べるための課題。**心の理論**の獲得を調べるときによく用いられる。例）保育士Aが人形をかごの中に入れて部屋から出て行った後、保育士Bがその人形を別の箱の中に移した。この様子を見ていた子どもに「部屋に戻った保育士Aは、かごと箱のどちらを先に探すか？」と尋ねる。心の理論を獲得していない子どもは「箱」と答える
二項関係・三項関係	●**二項関係**…「自己」と「他者（または物）」という2者間のみで成立する関係 例） 子ども——養育者　　子ども——おもちゃ ●**三項関係**…「自己」と「他者」と「物」という3者間で成立する関係 例）　子ども——養育者 　　　　｜ 　　おもちゃ　　生後9か月以後になると三項関係がみられるようになる
共同注意	指さしや視線の先を追い、何を指し、何を見ているのかを相互了解すること。**ジョイント・アテンション**ともいう。乳児は、養育者が何か興味深いことを自分に伝えようとしていることに気付き、これに同調することによって養育者の新たなはたらきかけを喚起することから、**対人的自己**の確立に欠かせない能力とされている。**三項関係**に基づく行動であり、**生後9か月**からできるようになる
指さし	**指さし**は、その意図によっていくつかの種類に分けられ、どの指さしができるかは、子どもの発達段階による ①**漠然とした指さし**（生後8～9か月頃） 　見たものや驚いたものに対して漠然と指をさす ②**要求の指さし**（生後11か月～1歳前後） 　何かが欲しいときに「あれ取って」という意図で指をさす ③**叙述の指さし**（「要求の指さし」より若干あとに獲得する） 　例えば、保育士に「あ、ママが来た」と伝えようとする意図で指をさす。三項関係の形成とつながる ④**応答の指さし**（1歳前後～1歳後半） 　例えば、「りんごはどれかな？」と聞かれたときに、絵本の中のりんごを指さす

✿ここもCHECK！ ・・・・・・・・・・・・・・・・・・・・・・・・・・・・・・・・・・・・

■即時模倣と延滞模倣

- **即時模倣**…観察した他者の動作を、その直後に再現すること
- **延滞模倣**…以前に見た他者の動作を、相当な時間経過後に再現すること

　延滞模倣ができるには、他者の行為を**記憶**し、ある期間保持できることと、その行為を自分の中でイメージできる**表象**の能力が必要となる

■記憶の種類

　記憶は新しい情報を覚え込み（**記銘**）、貯蔵し（**保持**）、想起する（**再生**）というプロセスを経る。**短期記憶**（一時的な記憶）と**長期記憶**（短期記憶が記銘により保持されたもの）があり、長期記憶には次のものが含まれる。

意味記憶	人や物の名前、地名など、言葉のもつ意味や概念を知識として記憶しておくもの
エピソード記憶	いつだれとどこへ行ったなど、個人的な出来事や経験を時間と結びつけて記憶しておくもの
手続き記憶	自転車の乗り方など、意識的には再生できないが、身体が覚えているような記憶・情報

■心理学におけるデータ収集方法（観察法・面接法）

	自然観察法	ありのままの行動を観察する
観察法	実験観察法	環境条件を操作し、対象とする行動が生じるような環境を設定して、そこで生起する行動を観察する
	参与観察法	対象となる人と関わりながら観察する（逆に観察者の影響を避けたい場合は、**傍観的観察**を行う）
面接法	構造化面接	あらかじめ用意した質問内容に従って面接する
	半構造化面接	用意した質問を追加・変更しながら面接する
	非構造化面接	質問を用意せずに面接する

sidebar
6

保育の心理学

チャレンジ○×問題

解答・解説はP.156

Q1 誤信念課題は、3歳頃までは正答できず、4〜5歳頃になって正答できるようになる。

Q2 最初期に出現する指さしは、他者から問われたことに指さしで応じる「応答の指さし」である。

6-2 新生児〜乳児期の発達

☑ 乳児と他者との関わり

R4前問13　R4後問4　R5後問1

 次のうち、社会的認知に関する記述として、適切なものを○、不適切なものを×とした場合の正しい組み合わせを一つ選びなさい。

A スピッツ（Spitz, R.A.）は、見慣れた人と見知らぬ人を区別し、見知らぬ人があやそうとすると視線をそらしたり、泣き叫ぶなど不安を示す乳児期の行動を「6か月不安」と呼んだ。

B 乳児期の後半には、不安や困惑がある際に養育者の表情を確認し、自分の行動を決定するような社会的統制を行う。

C 2〜3か月頃の乳児は、単色などの単純な刺激と人の顔の絵などの複雑な刺激を見せられると、特に顔の絵などを好んで注視する傾向にある。

D 新生児は、周囲の刺激とは関係なく微笑む。これはあやされることによって生ずるのではなく、身体の生理的な状況によって生起する。

（組み合わせ）

	A	B	C	D
1	○	○	○	○
2	○	○	×	×
3	○	×	○	×
4	×	○	×	×
5	×	×	○	○

（R3後問2）

解　説

［A］「6か月不安」ではなく「8か月不安」である。［B］社会的統制ではなく社会的参照（→P.141）の説明である。［C］適切。乳児には他者から養護的な感情や養育行動を引き出すような能力（愛着行動→P.140）が生まれつき備わっており、「人の顔」を選好的に見るのもその1つ。［D］適切。生理的微笑という。　　【正解】5

❀ここだけ丸暗記！ ・・・・・・・・・・・・・・・・・・・・・・・・・・・・・・・・・・

生理的微笑と社会的微笑	風呂あがりや満腹時など生理的に快適な状態のときに新生児がみせる笑ったような表情を生理的微笑（新生児微笑）という。また、生後2か月を過ぎると、人に向けてほほ笑むようになり、これを社会的微笑という。3か月頃には誰にでもほほ笑みかける（3か月微笑という）が、それ以降は特定の人物を認識して選択的にほほ笑むようになる

共鳴動作	目の前にいる人が口を開けたり、舌を出したりすると、新生児も同じような顔の表情をする現象。**無意識的な模倣行動**であり、新生児模倣ともいう。乳児期の後期になって「まねをしよう」とする意図的な模倣を始めると、**共鳴動作**は消失する
エントレインメント（相互同期性）	養育者の話しかけに反応するように新生児が手足を動かしたり、声を出したりする現象。養育者も子どもの動きや声に同調して相互作用がみられるようになることから、乳児期における養育者と子どもの関係づくりに貢献する
情動伝染	生後数日の新生児が、他の新生児の泣き声につられて泣き出す現象。**自分と他者の区別があいまい**であり、他者の感情に巻き込まれるかたちで情緒を経験している
ハンドリガード	生後２～３か月頃、乳児が自分の手を目の前にかざして、その**手をじっと見つめる現象**。自分の見ている手が自分で動かしている手であることに気付き、**身体的自己**を発見する
８か月不安	**生後８か月頃**の乳児は、ものの存在やはたらきを認識するようになり、これによって**恐怖**や**不安**を感じるようになる。この状態を**８か月不安**という。また、対人認識が発達すると、**身近さの違い**を認めることができるので、見知らぬ人に不安を感じて**人見知り**するようになる
幼児図式	乳幼児は顔に比して大きな目と額、小さな口など、**かわいい見た目**をしており、見る者から養育行動を引き出す力を備えている。**ローレンツ**はこの特徴を幼児図式（**ベビーシェマ**）と呼んだ
二次的就巣性	一般に脳の小さい下等哺乳類は**就巣性**（誕生後しばらく巣に就く）であり、脳の大きい高等哺乳類は**離巣性**（誕生後すぐに巣を離れる）である。人間は誕生時、運動機能が未成熟で自由に動き回れない（就巣性）が、感覚機能は発達している（離巣性）ので、**ポルトマン**は人間の特徴を**二次的就巣性**と呼んだ

チャレンジ〇×問題

解答・解説はP.156

Q1 共鳴動作とは、乳児期初期に、他者の顔の動きを無意識に模倣することをいう。

Q2 乳児期の前半には、自分の手を目の前にかざし、その手をじっと見つめるショーイングと呼ばれる行動がみられる。

子どもの言語発達

R3後問4 R4前問4 R4後問8 R5前問5・19 R5後問7

 次の文は、子どもの言語発達に関する記述である。適切なものを○、不適切なものを×とした場合の正しい組み合わせを一つ選びなさい。

A 子どもは、時には「ワンワン」を犬だけでなく、ねこ、うま、うし、などのあらゆる四つ足動物に使ったり、大人の男性を「パパ」といったりするように、語を大人の語の適用範囲よりも広く使う。これを語の過大般用／語彙拡張（over-extention）という。

B 子どもは、時には自分のコップだけを「コップ」というなど、特定の文脈だけに限定された語の使用をする。これを語の過小般用／語彙縮小（over-restriction）という。

C 子どもが早期に獲得する語彙50語の中では、人や物のような目に見える具体物を表す名詞よりも、動きを表す動詞の方が獲得しやすい。

D 語彙爆発／語彙噴出（vocabulary spurt）とは、これまで少しずつ増えていた子どもの語彙が、ある時期に急増する現象をいう。

（組み合わせ）

	A	B	C	D
1	○	○	○	○
2	○	○	×	○
3	○	×	○	○
4	×	○	○	○
5	×	○	○	×

（R3前問3）

問題のポイント

言語活動はさまざまな**象徴的活動**の1つである。1歳後半から2歳にかけて**象徴機能**（→P.137）が形成されるため、自発的に表現できる単語数（語彙）が急激に増える。これを**語彙爆発**（または語彙噴出）という。また**ブルーナー**（Bruner, J.S.）は、子どもが生得的にもつ能力を引き出すよう、養育者が環境からの刺激を調整することによって、子どもは言葉を獲得すると述べている。最近の試験では**音韻意識**に関する出題もみられるので、注意しておこう。

解　説

［A］［B］適切である。［C］不適切。子どもが早期に獲得するのは、動詞よりも名詞が多いとされている。［D］適切である。　　　　　【正解】2

生後 2か月頃	クーイング	機嫌がよいときに、のどの奥から「アー」「ウー」というような、**母音のみ**のやわらかい発声をする
6か月頃	規準喃語 （なんご）	**子音と母音**を組み合わせた「ばー」というような、まだ言葉になる前の段階の声。舌、唇、あごの筋肉を協調して動かせるようになると出現する
7か月頃	反復喃語	「ばばば」「だだだ」など、子音と母音を組み合わせた**規準喃語を反復**する聴き取りやすい喃語
10か月 〜1歳	初語	初めて発せられる**意味のある言葉**
	一語文	1単語にすぎないが、身振りや表情、発話される状況などから、「文」と同じような機能を果たす
1歳半頃	二語文	「マンマ、いる」のように、2つの単語を並べて発話する。単語のつながりによって文法構造をもつ
2歳頃〜	多語文	3〜4語からなり、文法構造が複雑となる。名詞や動詞に形容詞などが加わり、急激に語彙数が増加

6

保育の心理学

ここも**CHECK！**

- 音韻意識（おんいん）とは、言語の音声（**音韻**）に着目して、これを操作できる能力をいう。例えば、「くるま」という単語が「く」「る」「ま」からできていることがわかる（＝音韻意識がある）ことにより、耳で聞いた音を文字にすることが可能となる。また**平仮名**の各文字が音節（**子音＋母音**、または母音のみ）に対応していることがわかると、他の文字も急激に読めるようになる。
- 読み書き能力を**リテラシー**という。まだ文字を読めない子どもが絵本などを見ながらまるで文字が読めるようにふるまうことは**プレリテラシー**という。
- 特定の相手との会話のやりとりのなかで機能する言葉を**一次的ことば**といい、不特定多数に一方向的に発する**二次的ことば**とは区別する。幼児は、社会的な場面で言葉がどのように用いられるかの知識を獲得していき、**3歳以降、会話に関する知識**を急速に獲得する。

チャレンジ〇✕問題

解答・解説はP.156

Q1 1歳を過ぎた頃の幼児が初めて発する意味不明な言葉を、初語という。

Q2 音韻意識の発達は、「しりとり」などの遊びを経験することによって促進される。

6-4 幼児期・学童期の発達

☑ 子どもの遊び

R3前問15　R4前問14・17　R5前問3

 次の文は、保育所での子どもの遊びについての観察記録である。パーテン（Parten, M.B.）の遊びの社会的参加の分類に基づいて、A〜Dに関する用語を【語群】から選択した場合の最も適切な組み合わせを一つ選びなさい。

A　3歳児3人がそれぞれ粘土を使って遊んでいたが、そのうちの一人がウサギの耳を作り始めると、それを見ていた他の2人も、真似をしてそれぞれ粘土で動物の耳を作り始めた。

B　5歳児数人が大型積み木で四角い枠を作り、温泉の看板を立てて、他の子どもたちに入場券を配って回った。すると、入場券をもらった子どもたちが、お客さんとして次々に温泉に入りに来た。

C　4歳児5人がテーブルの上に製作したカップケーキを並べて、お店屋さんごっこをしようとしていた。そのうちの一人は人形を椅子に座らせてお誕生日会を開こうとしているようであったが、他の4人にはイメージが共有されていなかった。

D　5歳児のS君がお誕生日会でクラスの友達にプレゼントするために、段ボールで黙々とケーキを製作していた。

【語群】

ア	見立て遊び	イ	一人遊び	ウ	構成遊び
エ	平行遊び	オ	協同遊び	カ	連合遊び

（R4後問7）

（組み合わせ）

	A	B	C	D
1	ア	オ	エ	イ
2	イ	エ	カ	ウ
3	エ	ウ	オ	カ
4	エ	オ	カ	イ
5	カ	ア	ウ	エ

問題のポイント

パーテンは、2〜5歳頃にかけての子どもの遊びを、他者との関わり方という観点から5つに分類した（→P.149）。このほか、象徴（表象）機能（→P.138）が、言葉だけでなく、**遊びの発達とも深く関係**していることを理解しよう。

解説

［A］平行遊び、［B］協同遊び、［C］連合遊び、［D］一人遊び。　【正解】4

🌼 ここだけ丸暗記！ ∙∙

■**パーテンの遊びの分類**（発達の程度や過程とは必ずしも一致しない*）

一人遊び	自分1人だけで遊ぶ（＊5歳頃になって一人遊びをしていても発達が遅れているとは限らない）
傍観 （ぼうかん）	遊びに加わらず、**仲間の遊ぶ様子を眺めたり口を出したり**する
平行遊び （並行遊び）	他の子どもと同じ場所で同じような遊びをしているが、お互い**にやりとりをしない**
連合遊び	他の子どもと一緒に遊び、会話ややりとりはあるが、**イメージが異なっている**ことが多く、いざこざ（**対人葛藤**〔かっとう〕）が生じやすい。明確な役割分担はみられない
協同遊び	他の子どもと共通の目的をもって、**明確な役割分担や協力をし**ながら遊ぶ

■**象徴（表象）機能と子どもの遊びの発達**
（しょうちょう）

乳児期の感覚運動的な認知から**幼児期の表象的認知の段階へ**（→P.137）

表象が発生すると**見立て遊び**のような**象徴行動**（象徴的活動）が始まる
例）積木を車に見立てて遊ぶ（積木が車のイメージの象徴〔シンボル〕）

イメージやシンボルが共有されるようになると、**ごっこ遊び**に発展する。さらに**スクリプト**（日常の出来事について**時間的・空間的に系列化された知識**）が獲得されると、**筋や流れのある遊び**になってくる

🌸 ここも CHECK! ∙∙∙

• 幼児期は、相手の思いや意図を理解したり、同じイメージやルールを共有したり、情動をコントロールするといったことが十分に身についていないためいざこざ（**対人葛藤**）が生じやすい。偶発的な理由から生じることも多い。
（ぐうはつ）

🏵 チャレンジ○×問題

解答・解説はP.156

Q1 お客と店員に分かれてお店屋さんごっこをするのは、連合遊びという。

Q2 子ども同士で活発にやりとりして遊ぶようになると、対人葛藤を経験するようになる。

6

保育の心理学

149

学童期の発達

R3前問10 R4前問1 R4後問5・9・10・15 R5前問7・10 R5後問8

次の文は、子どもの認知に関する記述である。（　A　）〜（　D　）にあてはまる語句を【語群】から選択した場合の正しい組み合わせを一つ選びなさい。

目標を達成するために、自分の遂行している認知過程の状態や方略を評価し、行動の調節や統制を行う過程は（　A　）と呼ばれる。この（　A　）および（　A　）に伴う感覚・感情、評価や調節に使用するために認識された知識を総称して（　B　）と呼ぶ。（　B　）の発達は、（　C　）頃から始まり、次第に自分の思考を振り返ることが可能となる。こうした力は学校教育における学習で求められ、例えば、自分で検算して間違いを見いだすことができるようになると、計算することが面白くなるといった（　D　）に結びついていく。

【語群】
ア　モニタリング　　　イ　メタ・コミュニケーション
ウ　内発的動機づけ　　エ　メタ認知
オ　外発的動機づけ　　カ　モデリング
キ　学童期後半　　　　ク　幼児期後半

（組み合わせ）

	A	B	C	D
1	ア	イ	ク	オ
2	ア	エ	ク	ウ
3	カ	イ	キ	ウ
4	カ	イ	ク	オ
5	カ	エ	キ	イ

（R4前問7）

解　説

［A］モニタリング、［B］メタ認知、［C］幼児期後半、［D］内発的動機づけ。

【正解】2

ここだけ丸暗記！

メタ認知	自分の思考過程を客観的に**モニタリング**して、結果を予測したり分析したりすることを**メタ認知**という（「認知の認知」ともいう）。**幼児期後半**から発達が始まり、**児童期後半**には学校で求められることが多くなる。例えば、英単語を覚えるのは認知活動そのものだが、自分は記憶が苦手だからカード化しようとするのはメタ認知活動である。こうして、英語の学習が面白くなってくると**内発的動機付け**に結び付いていく
動機付け	人に何らかの行動を開始させ持続させる「動機付け」のうち、自らしたいという思いをもち、行動すること自体が目標となるものを**内発的動機付け**という。これに対して、外的報酬を得ることや罰の回避を目的とする場合は、**外発的動機付け**という

アンダーマイニング現象	内発的動機付けに基づく行動に対して報酬を与えると、自律性が損なわれてしまい、内発的動機付けを低下させる場合があり、これをアンダーマイニング現象という
古典的条件付け	犬にエサを与えるときにベルを鳴らすことを繰り返すと、その犬はベルの音を聞いただけで唾液を分泌するようになる。このようにして刺激（音）と反応（唾液の分泌）を結び付けることを古典的条件付けという
オペラント条件付け	ひもを引くとエサが出てくる箱に入れられたネズミが、実際にひもを引いてエサを得る経験をすると、その後は積極的にひもを引く行動をするというように、報酬（エサ）によって行動の頻度を増加させる（または罰によって行動の頻度を減少させる）ことをオペラント条件付け（道具的条件付け）という
社会的比較	自分を周囲の人々と比較することによって社会における自分の位置を確かめること。学童期後半にはこれができるようになり、自己の肯定的または否定的な側面の評価が可能となる
道徳的判断	子どもの道徳的判断について、ピアジェは、被害の大きさ等で判断する結果論的判断から、悪い意図をもつかどうかで判断する動機論的判断へと発達するとし、コールバーグは、ピアジェの理論に基づき、道徳的価値と良心に従って行動する水準へと到達するとした。またアイゼンバーグは、向社会的行動の判断は、強く内面化された価値観に基づくものへと発達するとした

🌸ここもCHECK! ···

• 仲間集団（グループ）の種類

ギャング・グループ	小学校の中・高学年に、遊びを中心として形成される、凝集性・閉鎖性の高い仲間集団
チャム・グループ	同じ持ち物を持つなど、お互いの感覚が同じで、分かり合っていることを確認し、誇示する仲間集団。中学生の女児に多い
ピア・グループ	異なった考えの者がいることも認め、意見をぶつけ合えるような青年期以降の仲間関係。男女混合、年齢の幅などもさまざま

• 仲間はずれにしたり、悪いうわさ話を流すなど、**仲間関係を操作**することによって相手を傷つける攻撃のことを、関係性攻撃という。

チャレンジ○×問題

解答・解説はP.156

Q1 内発的動機付けに基づく行動に対し報酬を与えることで自律性を損ない、内発的動機付けを低下させることを、エンハンシング効果という。

6-5 青年・成人・老年期の発達

✎ 青年期の特徴

R4前問8 R5後問10・15

🐰 **問** 次の文は、青年期に関する記述である。（ A ）～（ D ）に あてはまる語句を【語群】から選択した場合の正しい組み合わせ を一つ選びなさい。

青年期は、家族以外の人との親密な関係を深めていく中で、青年は（ A ） の確立という新たな課題に直面する。エリクソン（Erikson, E.H.）は、青 年期が、大人としての責任と義務を問われずに、自由に何かに打ち込み、 挫折し、さらにまた何かを探し求めるといった経験、あるいは、様々な危機 を経ることが重要であるとして、この期間を（ B ）期間であると考えた。 その後、マーシア（Marcia, J.E.）は、（ A ）の状態を4つの類型に分 けて考える（ C ）を提唱した。この4類型の中の一 つである（ D ）は、これまでに危機を経験している ことはなく、自分の目標と親との目標の間に不協和がな く、どんな体験も、幼児期以来の信念を補強するだけ になっているという、融通のきかなさが特徴的である。

【語群】
ア アイデンティティ　イ モラトリアム
ウ アイデンティティ・ステイタス
エ 早期完了　オ モダリティ　カ 達成
キ 拡散　ク アイデンティティ・クライシス

（組み合わせ）

	A	B	C	D
1	ア	イ	ウ	エ
2	ア	イ	エ	カ
3	ア	オ	ク	カ
4	ウ	イ	エ	キ
5	ウ	オ	ク	エ

（R3後問10）

📝 問題のポイント

マーシアは、**エリクソン**の説を進展させ、①**アイデンティティの達成**、②**早期 完了（権威受容）**、③**モラトリアム**、④**アイデンティティの拡散**というように、 アイデンティティの状態（アイデンティティ・ステイタス）を4種類に分析し た。このうち早期完了（権威受容）は、親や権威ある人の考え方を受け入れる ことで安心するタイプで、自分の目標と親の目標との間に不協和がない。

✍ 解 説

［A］アイデンティティ、［B］モラトリアム、［C］アイデンティティ・ステ イタス、［D］早期完了。　　　　　　　　　　　　　　　　　**【正解】1**

アイデンティティ	自分は何者かという自己認識。自己同一性とも訳される。エリクソンは人生を8つの段階に分け（→P.155）、各段階の発達課題（心理社会的危機）を示し、青年期における発達課題をアイデンティティの確立とした。職業人として、家族の一員として、どのように役割を果たし、自分を位置付けるのかを明確にすること。これがうまくいかないとアイデンティティの拡散という危機に直面する
モラトリアム	もとは「支払の猶予期間」という意味。発達心理学では、**経済的自立や社会的責任について猶予を認められる期間**を意味し、アイデンティティを積極的に模索していける時期とされる。**マーシア**は、多くの人がこのモラトリアムを経てアイデンティティを達成していくとした
第二次性徴	性ホルモンの作用により、**女子10〜14歳**頃、**男子12〜14歳**頃に現れる身体的変化。身体と心の変化のずれ、異性に対する憧れと性に対する怖れなどの葛藤が生じてくる。**第一次性徴**は、生まれてすぐわかる男女性器の特徴をいう
成熟前傾現象	近年では、発達加速現象と呼ばれるように身体的発達が促進されており、**第二次性徴の発現が低年齢化**している。これを成熟前傾現象という
反抗期	2、3歳頃の**第一次反抗期**と、思春期の**第二次反抗期**がある。いずれも自己の確立に伴って心理的に自立しようとする現れである。思春期における養育者からの心理的な分離の過程では、周囲の大人や社会に対し反抗的な行動が現れる
心理的離乳	親への**依存**から離脱し、1人の人間として**精神的に自立**しようとする心の動き。親の忠告や意見を拒否する態度は、親からすれば**第二次反抗期**としてとらえられるが、自立のためには必要なプロセスである

6
保育の心理学

チャレンジ○×問題

解答・解説はP.156

Q1 青年期の始まりは第二次性徴が現れることで特徴付けられ、この時期はピアジェのいう形式的操作期から抽象的操作期への移行時期と重なる。

Q2 第二次反抗期が起こる理由の一つとして、養育者などの周囲の大人からの自立と依存という気持ちが共存することがあげられる。

成人期と老年期

問　次のうち、高齢期に関する記述として、適切なものを○、不適切なものを×とした場合の正しい組み合わせを一つ選びなさい。

A　コンボイモデルによると、高齢者の社会生活における人間関係は、補充や修正を行うことができず減少していくとされている。

B　バルテス（Baltes, P.B.）によると、高齢期は決して何かを失うばかりではなく、喪失することで失ったものの重要さを実感し、状況へ適応することを模索しながら、新たなものを得ようとまた挑戦していく過程であるとされている。

C　エリクソン（Erikson, E.H.）は、高齢期は人格を完成させることが発達課題であり、これまでの自分の人生に意義と価値を見出すことができることを「自我の統合」とした。

D　キャッテル（Cattell, R.B.）らによると、知能には、結晶性知能と流動性知能があり、経験と強く関係する結晶性知能は生涯にわたって伸び続ける。

（組み合わせ）

	A	B	C	D
1	○	○	○	×
2	○	○	×	○
3	○	×	○	×
4	×	○	○	○
5	×	×	○	○

（R5後問11）

問題のポイント

コンボイモデルとは、日頃から頼りにしている人との関係（**社会的ネットワーク**）を護送船団（convoy）になぞらえ、これをどのように維持しうるかという観点からモデル化したものであり（**ソーシャル・コンボイ**ともいう）、親密さの程度が異なる人々（コンボイの成員）が3つの層をなして本人を取り囲むように示される（内側の層ほど親密度が高い）。この多層的な人間関係を構成する人々の種類や数は、年齢の経過とともに変化する。

解　説

[A] 不適切。高齢期になると人間関係の喪失によってコンボイの成員が減少するが、他の層の人間関係がより親密に補充・修正され、減少した人間関係を埋め合わせるようになる。[B] 適切。[C] 適切。**エリクソン**は、生涯を8つの段階に区分し、各段階はその時期に達成すべき発達課題をもち（→P.155）、それを乗り越えることによって、**漸成的に**（だんだんと）**決まった順序で次の段階に進む**と考えた。そして、**高齢期（老年期）**の発達課題を「**自我の統合**」とし、これに失敗した場合を「**絶望**」とした。[D] 適切。　　　【正解】4

■エリクソンによる発達段階ごとの発達課題（心理社会的危機）

発達段階		発達課題（心理社会的危機）
乳児期	0〜1歳	「**基本的信頼**」対「**不信**」
幼児前期	1〜3歳	「**自律**」対「**恥**」
幼児後期	3〜6歳	「**自主性**」対「**罪悪感**」
学童期	6〜12歳	「**勤勉性**」対「**劣等感**」
青年期	12〜18歳	「**自己同一性の確立**」対「**同一性の拡散（混乱）**」
成人初期	—	「**親密性**」対「**孤独**」
成人期	—	「**生殖性（世代性）**」対「**停滞**」
高齢期	—	「**自我の統合（自己統合）**」対「**絶望**」

■バルテスの生涯発達心理学

バルテスは、**生涯発達心理学**を提唱し、①ヒトの発達は**生涯にわたる過程**であること、②発達は高い**可塑性**を有し、獲得（**成長**）と喪失（**衰退**）の両方を伴う（高齢期に喪失が増えても、また新たなものを獲得しようとする）こと、③発達は個人と社会との相互作用過程であり、**歴史的文化的条件**の影響を受けることなどを主張した。また、人生において否定的感情を多く経験してきた者が老年期に英知を備えるようになる傾向があることや、英知は必ずしも高齢者に特有の心理的能力ではないことなどを明らかにした。

ここもCHECK！

- **知能**には、流動性知能（新しい環境や課題に適応する能力）と結晶性知能（経験に基づいて状況を処理する能力）があり、流動性知能が青年期以降になると減衰していくのに対し、結晶性知能は**高齢期**まで上昇する。
- 病気や障害がなく、なるべく高い身体能力や認知機能を維持し、生きがいをもって積極的に社会参加する生き方を**サクセスフル・エイジング**と呼ぶ。

6 保育の心理学

チャレンジ○×問題

解答・解説はP.156

Q1 エリクソンは、各発達課題には漸成的で決まった順序はないと考えた。

Q2 バルテスは、ヒトの発達を成人に至るまでの心身機能の変化と考えた。

チャレンジ○×問題 解答・解説

🐻 **発達の基礎理論**（P.136）

Q1 ×これは**ゴールトン**（Galton, F.）の理論。**ワトソン**は、発達を決めるものは遺伝ではなく環境であるとしている（環境説）／**Q2** ○親の職場は**エクソシステム**とされている

🐻 **アタッチメント（愛着）の理論**（P.140）

Q1 ×親との分離の際に泣くなどの混乱をほとんど示さない子どもは、**Aタイプ**（回避型）とされる。**Cタイプ**（アンビバレント型）の子どもは、分離の際に強い不安や混乱を示すにもかかわらず、再会後は親に怒りを示したり拒否したりする（「葛藤型」ともいう）

🐻 **発達に関する用語**（P.143）

Q1 ○4〜5歳頃に心の理論が獲得されることによって、**誤信念課題**に正答できるようになる／**Q2** ×最初期に出現するのは、「漠然とした指さし」（生後8〜9か月頃）である。「応答の指さし」は1歳前後〜1歳後半に出現するとされている

🐻 **乳児と他者との関わり**（P.145）

Q1 ○／**Q2** ×これは**ハンドリガード**の説明。なお、**ショーイング**とは、「これを見て」という気持ちで乳児が物をかざして相手に見せる動作をいう

🐻 **子どもの言語発達**（P.147）

Q1 ×初語とは、生後10か月〜1歳頃に、子どもが初めて発する意味のある言葉である。これに対し、初語が現れた頃に幼児が発する**意味不明**な言葉は**ジャーゴン**と呼ばれ、発声の訓練をしているものと考えられている／**Q2** ○

🐻 **子どもの遊び**（P.149）

Q1 ×お客と店員に分かれるような**役割分担**がみられるのは、**協同遊び**である。連合遊びの場合は、このような明確な役割分担はみられない／**Q2** ○

🐻 **学童期の発達**（P.151）

Q1 ×これは**アンダーマイニング**現象の説明。**エンハンシング効果**とは、もともと外発的動機付けに基づく行動であったものが、その行動そのものから得られる快感や満足感などから、次第に内発的な行動へと変わっていくことをいう

🐻 **青年期の特徴**（P.153）

Q1 ×青年期の始まりは**第二次性徴**の発現を指標としているが、その時期（12歳前後）はピアジェのいう**具体的操作期**から**形式的操作期**への移行時期である（→P.137）／**Q2** ○

🐻 **成人期と老年期**（P.155）

Q1 ×エリクソンによると、それぞれの発達課題は、漸成的に決まった順序で次の段階に進むものとされている／**Q2** ×バルテスは生涯発達心理学を提唱し、ヒトの発達を生涯にわたる過程として考えた

7

子どもの保健

7-1 小児の発育と発達

✓ 小児の発育

R3前問20 R3後問1・2 R4後問1・14 R5前問4・7・13・18 R5後問6

次のうち、適切な記述を○、不適切な記述を×とした場合の正しい組み合わせを一つ選びなさい。

A カウプ指数は身長と腹囲の相対的な関係を示す指標である。

B 母子健康手帳には、身体発育のかたよりを評価する基準の一つとして、体重、身長、頭囲それぞれの3パーセンタイル97パーセンタイル曲線が図示されている。

C 新生児期の生理的体重減少においては通常、出生体重の15%程度減少する。

D モロー反射は出生時にみられるが、発達が進むとともに消失する。

（組み合わせ）

	A	B	C	D
1	○	○	×	×
2	○	×	○	×
3	○	×	×	○
4	×	○	○	×
5	×	○	×	○

（R3後問3）

問題のポイント

母子健康手帳は妊娠の届出をした者に交付されるもので、乳幼児身体発育値をもとにした身長・体重・頭囲のパーセンタイル曲線が載っている。母子保健法では、乳幼児健康診査（または保健指導）を受けた保護者は、母子健康手帳に必要事項の記載を受けなければならないと定めている。

解説

[A] 不適切。カウプ指数は、乳幼児期の身長と体重の関係を示す指標であり、体重（kg）÷身長（m）÷身長（m）で求められる。[B] 適切。[C] 不適切。生理的体重減少とは、生後数日間で新生児の体重が出生時の5〜10%程度減少することをいう（10%を上回ることはない）。母体から出て水分が失われるにもかかわらず、哺乳が十分にできないためであり、1週間ほどで元に戻る。[D] 適切。新生児期（出生から満28日未満の時期）に生じ、その後数か月で消失する反射（刺激に対する反応）を原始反射または新生児反射といい（→P.162）、モロー反射（抱きつき反射）もこれに含まれる。　　【正解】5

🌸 ここだけ丸暗記！ ·····································

■母子健康手帳の乳幼児身体発育曲線

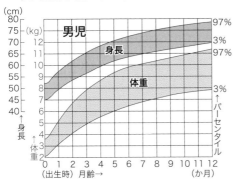

パーセンタイル曲線とは各年月齢のパーセンタイル値（集団の中で下から何％目に当たるかを示す値）を結んだもの。左図は乳児期男児の身長と体重。着色した帯部分の上のラインが**97パーセンタイル値**、下のラインが**3パーセンタイル値**を示す。この帯の中に入って発育していればまず問題なしと判断される。

■小児の標準的な精神運動機能の発達

1〜2か月	モロー反射などの**原始反射**（→P.162）
3〜4か月	**首が座る**（立て抱きで頭がぐらつかない） あやすと声を立てて笑う
5〜6か月	**寝返り**ができる。**ずり這い**を始める。探索行動が活発になる
7〜8か月	**お座り**（一人で座る）ができる。反復喃語が始まる（→P.147）
9〜10か月	**高這い**ができる。つかまり立ちする。初語が現れる
11〜12か月	**つたい歩き**。瞬間的に一人立ちする
1歳〜1歳半	数メートル以上転ばずに歩く

7

子どもの保健

■乳歯
●乳歯の平均的な萌出時期

	上あご	下あご
乳中切歯	10か月	8〜9か月
乳側切歯	11か月	12か月
乳犬歯	1歳6か月	1歳7か月
第1乳臼歯	1歳4か月	1歳5か月
第2乳臼歯	2歳5〜6か月	2歳3か月

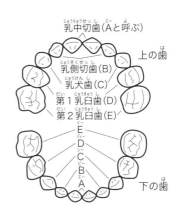

乳中切歯（Aと呼ぶ）
上の歯
乳側切歯（B）
乳犬歯（C）
第1乳臼歯（D）
第2乳臼歯（E）
E
D
C
B
A
下の歯

・前歯（A＋B）8本が生え揃う⇒1歳前後
・乳歯20本がすべて生え揃う
　⇒2歳6か月〜3歳6か月頃

■乳幼児の身体計測の方法

●身長（mm単位まで測定）

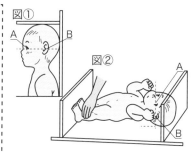

図①

図②

・**2歳以上は立位**で計測（図①）
あごを引き、耳眼面（A眼窩点とB耳珠点がつくる平面）が水平になるようにする

・**2歳未満は仰臥位**（仰向け）で計測（図②）
頭頂点を固定板につけて耳眼面が台板と垂直になるように頭部を保持し、下肢を伸ばして足の裏を移動板に垂直に当てる

●体重

乳児は授乳直後の計測をさける。**幼児**はあらかじめ排便・排尿をすませておく。原則として全裸で計測する。2歳以上は台秤に立たせ、2歳未満は仰臥位か座位で秤の台（またはかご）に乗せる

●胸囲

上半身を裸にし、2歳未満は仰臥位で、2歳以上は立位でmm単位まで計測する。自然な呼吸をしているときの呼気と吸気の中間で巻き尺の計測値を読み取る。泣いているときは計測を避ける

●頭囲（図③）

図③

2歳未満は仰臥位、2歳以上は座位または立位で計測。一方の手で巻き尺の0点を持ち、他方の手で後頭結節＊を確認し、そこに巻き尺をあてて前に回す。眉と眉の間に巻き尺を合わせてその周径をmm単位まで読む

＊後頭結節
後頭部の一番突出している点

■人口動態統計の用語

出生率	人口千人に対する出生数の割合
乳児死亡	生後1年未満の死亡
早期新生児死亡	生後1週未満の死亡
周産期死亡	妊娠満22週（154日）以後の死産＋早期新生児死亡

■世界保健機関（WHO）憲章前文にある「健康」の定義

「完全な**肉体的**、**精神的**および**社会的**福祉の状態であり、単に**疾病**または**病弱**の存在しないことではない。」

チャレンジ〇✕問題

解答・解説はP.182

Q1 乳歯は生後石灰化が始まり、前歯は生後6〜8か月頃に生え始める。

Q2 身長は、2歳以上の幼児は立位で計測し、1mm単位まで計測する。

生理機能の発達

R3前問3　R5前問8・17　R5後問2・3・4

問 次のうち、子どもの生理機能の発達に関する記述として、適切なものを○、不適切なものを×とした場合の正しい組み合わせを一つ選びなさい。

A 子どもの年齢が低いほど、新陳代謝はおだやかであるので、脈拍数は多く体温は高めである。

B 乳幼児は成人と比べ、体重あたりの必要水分量や不感蒸泄量が多いため、脱水になりやすい。

C 胎児循環には卵円孔や動脈管が存在するが、肺呼吸の開始とともに心臓・血管系の解剖学的変化が生じる。

D 乳児の呼吸は幼児に比べて深くゆっくりである。

E 体温には日内変動があるが、乳幼児期では不鮮明で、年長児になって鮮明となってくる。

（組み合わせ）

	A	B	C	D	E
1	○	○	○	×	×
2	○	○	×	×	○
3	○	×	×	○	○
4	×	○	○	×	○
5	×	○	○	×	×

（R4前問4）

解　説

［A］不適切。子どもは低年齢であるほど**新陳代謝が活発**なので、**脈拍数は多く体温は高め**となる。［B］適切。乳幼児は成人と比べて体重当たりの**必要水分量**や**不感蒸泄量**（呼吸や皮膚などから自然に失われる水分）が多い。［C］適切。［D］不適切。乳児は幼児よりも呼吸が早い（＝呼吸数が多い）。なお、乳幼児は成人と比べて体重当たりの酸素消費量が多いので呼吸数が多い。［E］適切。**体温**は睡眠中の早朝が最も低く、夕方が最も高い。　　　　　【正解】4

ここだけ丸暗記！

■主な生理機能の指標

	乳児	幼児	成人
脈拍数(毎分)	110〜130	90〜110	60〜100
呼吸数(毎分)	30〜40	20〜30	16〜18
体温(℃)	36.8〜37.3	36.6〜37.3	36.0〜36.5
血圧(最高：最低)	80〜90：60	90〜100：60〜65	110〜130：60〜80
排尿回数(回/日)	15〜20	10〜12	5〜7
必要水分量(mL/kg/日)	100〜150	60〜90	30〜40

7

子どもの保健

■大泉門と小泉門

出生時は頭蓋骨の縫合が閉鎖しておらず、**大泉門**（前頭骨と頭頂骨で囲まれた菱形の部分）は**生後6か月〜2歳**で閉鎖、**小泉門**（後頭骨と頭頂骨で囲まれた部分）は**生後間もなく**閉鎖する。

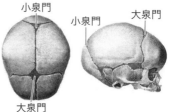

■卵円孔とボタロー管（動脈管）

胎児循環では、胎盤・臍帯を介して血液が胎児に流れるが、出生後は肺呼吸の開始とともに**肺循環**が形成されて、**卵円孔**（右心房と左心房の間の開口部）や**ボタロー管**（肺動脈と大動脈をつなぐ**動脈管**）の**閉鎖**などの変化が生じる。

■主な原始反射（新生児反射）

モロー反射	**抱きつき反射**ともいう。ベッドが揺れるなどして頭が動かされると両腕を上方に伸ばす。**生後3か月**ほどで**消失**する
緊張性頸反射	仰向けに寝た状態で頭部を左右のどちらかに向けると、顔を向けた側の上下肢を伸ばし、反対側の上下肢を屈曲させる。**生後4〜5か月**で**消失**する
哺乳反射	乳汁を摂取するための**探索反射**（口周辺に触れたものに対して口を開く）、**吸てつ反射**（乳首が口に入るとリズミカルに乳を吸い込む）、**嚥下反射**（口腔内にたまった乳汁を飲み込む）など。**生後4〜5か月**で**消失**する
把握反射	**手掌把握反射**（ダーウィン反射）ともいう。手のひらの内側をなでると握りしめてくる。**生後4〜6か月**で**消失**する

🌸ここもCHECK! ···

- **体温**は測定箇所によって異なり、**腋窩温＜口腔温＜直腸温**の順に高くなる。
- **脳の重量**は、出生時には成人の約**25%**ほどであるが、出生後急速に増加して3歳で約**80%**、6歳で約**90%**に達する。
- **乳児**は、膀胱内の尿や直腸内の便の貯留が刺激となって**無意識的**に**排泄**する（脳の指令によって排泄するのではない）。

チャレンジ○×問題

解答・解説はP.182

Q1 小児の血管壁は薄く硬化が少ないため、血圧は成人より高めである。

Q2 胎児期の血液の流れとは異なり、生後の血液循環は肺循環となる。

✏ 小児にみられる症状とその対処

R3前問5・6 R4後問2・4・16 R5前問6・9

🐰問 乳幼児突然死症候群（SIDS）については、毎年11月に厚生労働省による対策強化月間としてキャンペーンが行われている。次の文は令和2年10月23日発出の「11月は「乳幼児突然死症候群（SIDS）」の対策強化月間です」の記載に関するものである。（　A　）～（　E　）にあてはまる語句の正しい組み合わせを一つ選びなさい。

SIDSは、何の予兆や既往歴もないまま乳幼児が死にいたる、原因のわからない病気で、窒息などの事故とは異なります。令和元年には78名の乳幼児がSIDSで亡くなっており、乳児期の死亡原因としては（　A　）となっています。SIDSは、（　B　）、（　C　）のどちらでも発症しますが、寝かせるときに（　B　）に寝かせたときの方がSIDSの発症率が高いということが研究者の調査からわかっています。そのほか（　D　）で育てられている赤ちゃんの方がSIDSの発症率が低く、（　E　）はSIDS発症の大きな危険因子です。

（組み合わせ）

	A	B	C	D	E
1	第1位	うつぶせ	あおむけ	母乳	たばこ
2	第4位	よこむき	うつぶせ	人工乳	アルコール
3	第4位	うつぶせ	あおむけ	母乳	たばこ
4	第1位	よこむき	あおむけ	人工乳	たばこ
5	第1位	よこむき	うつぶせ	母乳	アルコール

(R3後問6)

問題のポイント

乳幼児突然死症候群（SIDS）は、**1歳未満**の乳児に突然の死をもたらす**原因不明**の病気で、生後**3か月前後**に多い。日本での発症頻度は、おおよそ出生6,000～7,000人に1人とされる。**主として睡眠中**に発症するため、定期的に呼吸などをチェックする。診断には解剖所見と死亡状況調査が必要となる。

解説

[A] 第4位、[B] うつぶせ、[C] あおむけ、[D] 母乳、[E] たばこ、と入る。　　　　　　　　　　　　　　　　　　　　　　　　　【正解】3

ここだけ丸暗記！

発熱	ほとんどが細菌やウイルスによる**感染症**により生じ、かぜなどの感染症では**防御反応**として上昇する。おおむね**38℃を超えた**場合に**発熱**と考える。小児はもともと体温が高いので、機嫌よく遊び回っている場合はまず心配ないが、中耳炎、インフルエンザ、尿路感染症、髄膜炎などによる発熱もあるため、熱の高さや全身の状態をしっかりと観察し、医師の指示を受けることが望ましい
下痢	便がいつもより軟らかく、泥状または水様になった状態をいう。原因はロタウイルスやノロウイルス等の**ウイルス感染**による場合が多い。嘔吐を伴う場合は脱水症になりやすいため、少量の水分（湯冷まし、イオン飲料等）を飲ませる
嘔吐	胃の内容物が口から勢いよく吐き出される症状をいう（哺乳後にミルクが口からだらりと出てくる**溢乳は含まない**）。原因として気管支炎や気管支喘息に伴う嘔吐、乳児嘔吐下痢症、尿路感染症、頭部外傷による嘔吐、髄膜炎などがある。吐物を気道に吸い込まないよう**横向き**に寝かせる。頻回の嘔吐では脱水症の危険があるため、速やかに医療機関を受診する
けいれん	全身または一部の**筋肉が意思とは関係なく発作的に収縮**すること（意識も失っている場合は**ひきつけ**）。10分以上続いたときは、医療機関で処置を受ける。舌をかまないようにと口の中にタオル等を入れるのは窒息の原因になるので避ける
てんかん	脳の神経細胞の異常な電気活動により引き起こされる発作。原因が不明なものもある。**けいれん**を主症状とするが、**意識消失**などけいれんを伴わないものもある。**3歳以下**の発症が多く、高齢期まで幅広く発症するが、ほとんど遺伝しない。医師の指示があった場合は、保育所の行事への参加を制限する

ここもCHECK！

• 小児の**意識障害**（**もうろう状態〜意識の消失**）は緊急を要することが多く、意識障害を認めた場合は、救急車の手配（**医療機関への緊急搬送**）を行う。

チャレンジ○×問題

解答・解説はP.182

Q1 乳幼児突然死症候群（SIDS）は、うつぶせ寝による窒息が原因である。

Q2 下痢や嘔吐の場合、水分補給を行うと、かえって症状を悪化させる。

アレルギーその他の疾患

次の文は、「保育所におけるアレルギー対応ガイドライン（2019年改訂版）」（厚生労働省）の中のアナフィラキシーに関する記述の一部である。（ A ）～（ D ）にあてはまる語句の正しい組み合わせを一つ選びなさい。

（ A ）により、蕁麻疹などの皮膚症状、腹痛や嘔吐などの消化器症状、ゼーゼー、息苦しさなどの呼吸器症状等が、（ B ）同時にかつ急激に出現した（ C ）をアナフィラキシーという。

その中でも、（ D ）が低下し意識レベルの低下や脱力等を来すような場合を、特にアナフィラキシーショックと呼び、直ちに対応しないと生命にかかわる重篤な状態を意味する。

（組み合わせ）

	A	B	C	D
1	液性免疫反応	複数	疾患	血圧
2	アレルギー反応	複数	状態	血圧
3	液性免疫反応	二つ	状態	脈拍
4	アレルギー反応	二つ	疾患	脈拍
5	アレルギー反応	複数	疾患	血圧

(R3後問8)

問題のポイント

免疫の仕組みが、体外から体内に入る物質を異物として認識し、排除するときに自分自身を攻撃する状態を作り出すことをアレルギー反応という。小児に多いアレルギーとして食物アレルギー、アトピー性皮膚炎、気管支喘息が重要。アレルギー以外では腸重積症、糖尿病、川崎病などの疾患に注意しよう。

解説

[A] アレルギー反応、[B] 複数、[C] 状態、[D] 血圧、と入る。【正解】2

ここだけ丸暗記！

■小児に多いアレルギー

食物 アレルギー	特定の食物を摂取した後、免疫学的機序（メカニズム）を介して皮膚・呼吸器・消化器または全身に生じる症状のこと。原因となる食物として保育所で除去しているものは鶏卵や乳製品な

7
子どもの保健

165

	どが多い。ただし、細分化されすぎた食物除去の対応は**誤食**の原因となるため、**完全除去**など、なるべく単純化した対応を基本とする（→P.178）。**アナフィラキシー**が起きた場合には、**エピペン**（一時的に症状を緩和する注射薬）の使用や119番通報による救急車の要請など速やかな対応が求められる。なお、エピペンは体重15kg未満の子どもには処方されない
アトピー性皮膚炎	強い**かゆみ**を伴う**湿疹性の皮膚炎**。乳児初期に発症する割合が高く、よくなったり悪くなったりを繰り返す。2～3歳頃には治ることが多いが、慢性化する場合もある。原因となる**ダニ**や**ほこり**等を取り除くほか、乾燥に対して**保湿薬**を用い、炎症には**ステロイド外用薬**等を使用する。皮膚を引っかいて悪化させないよう、爪を短く切ることも大切
気管支喘息（ぜんそく）	ダニなどを原因とするアレルギー反応により、**気管支が収縮**したり、痰（たん）がつまったりして**呼吸困難**になる状態。気管支の炎症が常に存在するため、発作時以外でも毎日の治療を必要とする。ダニの通過を困難にさせる**防ダニシーツ**の使用も有効

■アレルギー以外の疾患

腸重積症（ちょうじゅうせき）	**間欠的腹痛**（突然泣き出し、しばらくしていったん泣き止むとウトウトするなどの状況を繰り返す）、嘔吐（おうと）、イチゴゼリー状の血便が見られ、やがて腸管の血流障害が進行する
糖尿病	**1型**は血糖を下げる**インスリン**というホルモンの分泌量不足が原因（インスリン注射が必須）。**2型**は過食や運動不足などが原因とされ、日常の**生活習慣の見直し**が予防・治療につながる。合併症として**網膜症**（もうまくしょう）、**腎機能低下**（じん）、**神経障害**などを発生することがある
川崎病	正式名称「小児急性熱性皮膚粘膜リンパ節症候群」（ひ ふ ねんまく）。**1歳前後**の子どもに多い。発熱や発疹（ほっしん）、口唇発赤（こうしん）、眼球結膜の充血等の症状のほか、後遺症として心臓に**冠動脈瘤**（りゅう）を生じる場合がある
ネフローゼ症候群	腎臓の糸球体（しきゅうたい）という場所に異常があるため、大量のタンパク質が尿中に出ていってしまうため浮腫（ふしゅ）が出現する病気
ヒルシュスプリング病	消化管がぜん動運動をするために必要な神経細胞が連続して欠如するため、ぜん動運動が起こらず、腸閉塞をきたす難病

チャレンジ○×問題

解答・解説はP.182

Q1 食物アレルギー児のための食物除去は、さまざまな除去法で対応する。

Q2 食物アレルギー児には、必ずエピペンが処方されている。

7-3 感染症

感染症と予防接種

R3前問4・7・18　R4前問9　R4後問7・11・17　R5前問14・15　R5後問5・7・9・17

> 次の【Ⅰ群】の感染症と【Ⅱ群】の内容を結びつけた場合の正しい組み合わせを一つ選びなさい。

【Ⅰ群】
A 水痘　B 溶連菌感染症　C 伝染性紅斑　　D 風しん　E 咽頭結膜熱
【Ⅱ群】
ア 秋から春にかけて流行し、両頬に赤い発しんがみられ、手足にレース様の紅斑ができる。妊娠前半期に感染すると胎児に影響を及ぼす。

イ 軽い発熱とともに発しんが表れ、最初は小紅斑で、やがて丘疹となり水疱ができる。いろいろな状態の発しんが同時にみられる。痂皮になると感染性はないものと考えられる。

ウ 急に39℃の発熱があり、目の結膜が赤くなり目やにが出て、喉の痛みを訴える。年間を通じて発生するが、夏季に多い。

エ 発熱があり、のどの痛みを訴える。手足、顔に発しんがみられ、舌がイチゴのように赤く腫れる。

オ 発熱があり、顔や首のまわりに発しんが表れ、頸部のリンパ節が腫れる。妊娠初期に感染すると胎児に影響を及ぼす。

（組み合わせ）

	A	B	C	D	E
1	ア	ウ	オ	エ	イ
2	イ	ウ	オ	ア	エ
3	イ	エ	ア	オ	ウ
4	ウ	エ	ア	オ	イ
5	オ	エ	ア	イ	ウ

（R4前問6）

問題のポイント

病原体（ウイルス、細菌等）が**宿主**（人、動物）の体内に侵入し、発育増殖することを感染といい、その結果、何らかの症状（発熱・嘔吐・下痢等）が現れた状態を**感染症**という。発症するまでに一定の期間（**潜伏期**）を要する。

解　説

[A] **水痘**はイ。紅斑とは皮膚の毛細血管が拡張して赤くなった状態、丘疹は皮膚表面の小さく盛り上がったブツブツ、水疱は水ぶくれ、痂皮は膿や血液が乾燥して固まったもの。[B] **溶連菌感染症**はエ。[C] **伝染性紅斑**（リンゴ病）はア。[D] **風疹**はオ。[E] **咽頭結膜熱**（プール熱）はウ。　　　　【正解】3

7

子どもの保健

水痘 （水ぼうそう）	水痘・帯状疱疹ウイルスによる。**丘疹、水疱、痂皮**など、各段階の発疹が混在する点が特徴。治癒してもウイルスは神経節に潜伏し、抵抗力が落ちると帯状疱疹として現れる
溶連菌感染症	溶連菌（溶血性連鎖球菌）による。主に**のど**に感染して、**発疹**を伴う**猩紅熱**などを引き起こす。発症後２〜４週間で急性腎炎やリウマチ熱を合併することがある
伝染性膿痂疹 （とびひ）	皮膚の浅い部分に**ブドウ球菌**または**化膿連鎖球菌**が感染して**水疱**や**膿疱、痂皮**をつくる。かゆみがあり、かくことで火事が「飛び火」するように離れた部位にまで広がる
伝染性紅斑 （りんご病）	ヒトパルボウイルスB19による。ほおがリンゴのように赤くなり、手足にもレース状の**紅斑**が現れる。妊婦が感染すると胎児水腫や流産の危険がある
風疹 （三日ばしか）	風疹ウイルスによる。潜伏期は２〜３週間で、**発熱、発疹、リンパ節腫脹**が現れる。妊娠前期に感染すると胎児の目や心臓等に障害（先天性風疹症候群）が出る可能性がある
咽頭結膜熱 （プール熱）	アデノウイルス（主に３型）による。夏から初秋、プールの水を介して感染するため「プール熱」とよばれる。高熱が続き、**咽頭炎、結膜炎**、リンパ節腫脹などを生じる
結核	結核菌による。主に**空気感染**（飛沫核感染）。乳幼児は結核に対する抵抗力が弱く、咳や痰、発熱のほか結核性髄膜炎になることもある。乳児は重篤な**粟粒結核**になりやすい
A型肝炎	A型肝炎ウイルスの感染者の唾液や便から感染することが多い。発熱、倦怠感、黄疸、灰白色便などを生じる
B型肝炎	B型肝炎ウイルスの**母子感染**が一般的（感染者の尿や便、玩具を介しての感染もある）。乳児は慢性化するリスクが高く、成人後に肝硬変や肝がんになりやすい
百日咳	百日咳菌という細菌による。息を吸うときにヒューという音がする特有の連続性・発作性の咳（スタッカート）がみられ、特に夜間にひどくなる
急性灰白髄炎 （ポリオ）	ポリオウイルスによる脊髄性小児麻痺。だらりとした麻痺（弛緩性麻痺）を起こす急性ウイルス感染症である
流行性耳下腺炎 （おたふくかぜ）	ムンプスウイルスによる。４〜６歳の幼児に多いが、その前後の子どもや成人も感染する。潜伏期は２〜３週間で、発熱のほか片側または両側の**耳下腺部**が腫れる。**合併症**として髄膜炎や難聴など（思春期以降では精巣（睾丸）炎や卵巣炎を起こすこともあり、まれに不妊症の原因となる）

インフルエンザ	インフルエンザウイルスの**飛沫感染**（または**接触感染**）による。39℃ほどの高熱のほか、関節痛や筋肉痛などの全身症状が出る。合併症として気管支炎、肺炎、中耳炎など
RSウイルス症	RSウイルスによる呼吸器感染症。特に生後6か月未満では重症となるため、流行期は異年齢間の交流を制限する
突発性発疹	ヒトヘルペスウイルスの6型と7型による。主に乳幼児にみられ、高熱が3〜5日続き、解熱とともに全身に淡紅色の細かい発疹が出現する
伝染性軟属腫 （水いぼ）	伝染性軟属腫ウイルスが皮膚の接触やタオル等から感染する（水を介した感染はない）。水いぼから出てくる白い液に病原体が存在する。自然経過で治癒することもある
MRSA感染症	MRSAは**メチシリン耐性ブドウ球菌**の略。ペニシリン系のメチシリンなど複数の抗生物質に薬剤耐性を示す。感染すると、肺炎、敗血症、髄膜炎などの原因となる

■**定期接種（市区町村が実施する予防接種）** ㉄：**経口摂取**、それ以外は**注射**

生ワクチン	水痘ワクチン	水痘（水ぼうそう）
	MRワクチン	麻疹（はしか）＋風疹の混合ワクチン
	BCG	結核
	ロタウイルスワクチン㉄	感染性胃腸炎（ロタウイルス）
不活化ワクチン	4種混合ワクチン	3種混合(ジフテリア・百日咳・破傷風)＋ポリオ
	Hib（ヒブ）ワクチン	Hib感染症（細菌性髄膜炎、喉頭蓋炎など）
	小児用肺炎球菌ワクチン	小児の肺炎球菌感染症
	B型肝炎ワクチン	B型肝炎
	日本脳炎ワクチン	日本脳炎
	HPVワクチン	HPV感染症（子宮頸がん）

🌸**ここもCHECK!** ··

- 異なる種類のワクチンを接種する場合、**注射生ワクチン**だけは接種後**27日**以上の間隔をおかなければ、次の注射生ワクチンの接種を受けられない。
- **妊婦**への**生ワクチン**の接種は、胎児への影響を考慮し、原則禁止とされる。

チャレンジ〇✕問題

解答・解説はP.182

Q1 ポリオは、ポリオ菌という細菌によって発症する感染症である。

Q2 おたふくかぜワクチンの予防接種は、定期接種に分類されている。

7-4 子どもの精神保健

小児期の精神障害

R3前問12　R3後問13　R4前問14

 問　次の文のうち、分離不安症（分離不安障害）に関する記述として、適切なものを○、不適切なものを×とした場合の正しい組み合わせを一つ選びなさい。

A　1歳前後に人見知りがみられる場合、分離不安症（分離不安障害）と診断される。

B　幼児期に分離不安症（分離不安障害）と診断された者のうち、80％以上が成人期に生活上機能障害を起こすような不安症状を示す。

C　症状として、反復する頭痛や嘔吐などの身体症状を訴えることがある。

D　「母親が事故で死んでしまうかも知れない」と訴えることがある。

E　「人が自分の部屋をのぞき込む」「視線を感じる」などと異常な知覚体験を訴えることがある。

（組み合わせ）

	A	B	C	D	E
1	○	○	×	×	○
2	○	×	○	○	○
3	×	○	○	○	×
4	×	○	○	×	×
5	×	×	○	○	○

（R3前問13）

解　説

[A] 不適切。**分離不安症**の診断は、本人がひどく苦しんでいるか、日常生活にかなりの支障をきたしている場合にのみ下される。1歳前後の人見知りは正常な発達であり（→P.140）、分離不安症とは異なる。[B] 不適切。幼児期に発症した分離不安症は、思春期以降ではまれになる。[C][D][E] 適切。いずれも分離不安症でみられる症状である。　　【正解】5

ここだけ丸暗記！

分離不安症	愛着を抱いている人物からの**分離**に対して過剰な不安を抱く障害（分離不安障害）。例えば、その人物を失うのではないか、迷子や誘拐で引き離されるのではないかなどと過剰に心配して保育所へ行くことを嫌がって抵抗し続けたり、分離が予測される場合に腹痛や嘔吐等の**身体症状**を繰り返したりする

反応性 愛着障害	長期間の虐待やネグレクトなどが原因で、矛盾した両価的な対人反応を示す。友達との社会的相互交流も乏しい（→P.140）
強迫性障害	ある考えが反復的・持続的に頭に浮かんで振り払えなくなる**強迫観念**と、ある行為を反復的に繰り返す衝動に支配されてしまう**強迫行為**が結びつくことが多い。例えば、玩具が汚れているという強迫観念にとらわれ、不安を感じて周囲の人に「大丈夫？」などと繰り返し確認したり、時間をかけて手を洗い続けるなどの強迫行為により、日常生活に支障をきたす
パニック障害	予期しない**パニック発作**が反復され、それを持続的に心配することを特徴とする障害。症状として動悸や心拍数の増加、発汗、身震い、窒息感、胸痛、吐き気、コントロールを失うことへの恐怖、現実感の喪失または**離人感**（自分が自分自身から離れている感覚）、死に対する恐怖などがみられる
心的外傷後 ストレス障害 (PTSD)	**トラウマ**（心的外傷）になった強烈な出来事に対する反応が長期的に続く状態。症状として、つらい記憶が突然よみがえる（**フラッシュバック**）、**解離**（呼びかけても反応せず一点を見つめている）、社会的な**引きこもり**などがみられる。PTSDの**幼児**は、遊びを通して外傷体験を**再演**することも多い
解離性障害	強い心的外傷に対する自己防衛としての**健忘**（記憶を想起できない）、**遁走**（記憶を失くしたまま放浪する）、**同一性障害**（多重人格になる）などの症状がみられる
統合失調症	旧名「精神分裂病」。ブロイラーは、**連合弛緩**（まとまらない思考）・**感情障害**（感情の鈍麻等）・**自閉**（自分の殻に閉じこもる）・**両価性**（矛盾した感情を抱く）を基本症状とし、シュナイダーは、**思考化声**（自分の考えが声として聞こえる）・**思考奪取**（考えが抜き取られる）・**妄想知覚**（知覚したことへの特別な意味づけ）・**身体的影響体験**（身体が何かの力で動かされる体験）を第１級症状としている
うつ病	悲観的・抑うつ的考えにとらわれ、口数少なく、話のテンポが遅くなり、何をするのも億劫で、睡眠障害や食欲の減退等が現れる（**精神運動抑制**）。夕方には気を取り直す**日内変動**や**罪業妄想**・**貧困妄想**がみられ、**自殺**を図る危険もある

7

子どもの保健

チャレンジ○×問題

解答・解説はP.182

Q1 強迫性障害では、「そうせざるを得ない」という感覚は伴わない。

Q2 ２歳の子どもは、心的外傷後ストレス障害を発症することはない。

言葉・習癖・摂食・睡眠の障害

問 次のうち、幼児期の言語の問題に関する記述として、適切な記述を○、不適切な記述を×とした場合の正しい組み合わせを一つ選びなさい。

A　3歳時点での発話が、単語5〜6語で、二語文の表出がみられない場合には、言語発達の遅れを疑う。

B　選択性緘黙は、言語能力が正常であるにもかかわらず、家庭、保育所等どのような場面でも話をしない。

C　吃音は、大半は6歳までにみられる。

D　幼児期に吃音がある場合、成人になって言語能力が低い状態が続く。

E　音声チック症では、わいせつな言葉や社会的に受け入れられない言葉を発することがある。

（組み合わせ）

	A	B	C	D	E
1	○	○	○	×	○
2	○	○	×	○	×
3	○	×	○	×	○
4	×	○	×	○	○
5	×	×	○	×	×

（R4前問11）

解説

[A] 適切。**表出性言語障害**が疑われる。[B] 不適切。どのような場面でも話をしないというわけではない。[C] 適切。[D] 不適切。吃音を発症した幼児のうち7〜8割は、症状が出始めて2〜4年の間に言葉の発達に伴って自然に治るとされている。[E] 適切。**ド・ラ・トゥレット症候群**という。【正解】3

ここだけ丸暗記！

表出性言語障害	その子どもの発達水準（精神年齢）から考えて、言葉を話す能力の発達が遅れている場合を指す。1歳6か月健診の時点で意味のある発語がないとか、3歳児健診のときに2語文が話せない場合はこの障害が疑われる
選択性緘黙	親しい人物の前では普通にしゃべれるのに、**知らない人物の前や学校等**でしゃべれなくなる状態をいう（特定の時間帯や話題によってしゃべれないというのではない）。全く声が出ない場合もあるが、ささやいたり、簡単にあいさつできたりする場合もある。ほとんどが他の不安症（社交恐怖など）をかかえ、学業上や対人コミュニケーションに問題が生じる。通常は**5歳未**満で発症し、重症の場合は成人まで続くことがある

吃音 （きつおん）	言葉の出だしの音や、同じ単語をくり返し発音してしまうため、**話の流暢さやリズムが障害される**状態をいう。不随意運動や顔の表情の変化を伴うものもある。ほとんどが**2～5歳**に発症するが、治療をしなくても**自然に治る**ことが多い
チック症	自分の意思と関係なく現れる不随意運動の一種で、**首をひねる**、頻繁に**瞬き**をする、**顔をゆがめる**といった運動チックのほか、**咳払い**をしたり、鼻を鳴らしたり、「アッ」などと**短い声を出**したりする音声チックがある。多発性運動チックと音声チックを伴う重症のものは**ド・ラ・トゥレット症候群**といい、汚い言葉を口走る**汚言症**が現れることもある
抜毛症	美容目的以外で自分の体毛（頭髪、眉毛など）を引き抜くことが癖となり、明らかな脱毛部が生じている状態。強迫観念や容姿に関する悩みに誘発されるものではないが、緊張感や不安感が先行していて、それが抜毛によって軽減している場合がある
摂食障害 （せっしょくしょうがい）	神経性無食欲症（**拒食症**）と神経性大食症（**過食症**）の総称で、むちゃ食いや嘔吐を繰りかえし、拒食から過食へと移行する場合がある。体重や食べ物、体型に対するこだわりがあり、思春期の**女性**に多くみられる
覚醒障害 （かくせいしょうがい）	**錯乱性覚醒**（さくらん）（寝ぼけ）、**夜驚**（やきょう）（睡眠中に突然恐怖の叫び声をあげて目覚める）、**夢中遊行**（おうと）（起き上がり、視線を動かさず歩き回る）の総称であり、いずれも睡眠前半の深い眠り（**ノンレム睡眠**）のときに起こりやすい

7

子どもの保健

🌸ここもCHECK! ·······························

- 睡眠はレム睡眠（大脳が活発に活動している）と**ノンレム睡眠**（大脳を休ませて機能を回復している）に分かれる。入眠時の**ノンレム睡眠**の最も深い時に**成長ホルモン**が多く分泌されている。
- 睡眠リズムの調節と免疫機能の向上作用をもつ**メラトニン**は、**睡眠中**に多く分泌される。
- **午睡**（ごすい）（昼寝）は、生活のリズムを構成する重要な要素であるが、睡眠時間は発達の状況や個人によって差があるので、**一律にならない**よう配慮する。

チャレンジ〇×問題

解答・解説はP.182

Q1 感染症とは考えられない咳が続く場合、音声チック症の可能性がある。

Q2 抜毛症は、容姿を気にして恥ずかしいと思うようになると解消する。

173

✏ 発達障害

R3前問11　R3後問11・14　R4前問13

🐰 **問** 次のうち、注意欠如多動症（ADHD）に関する記述として、適切なものを〇、不適切なものを×とした場合の正しい組み合わせを一つ選びなさい。

A 動きの多さ（多動）は必ずみられる症状である。

B 自閉スペクトラム症（ASD）の症状があるケースは除外される。

C 成人期には多動傾向は軽減し、不注意症状が優性となり、男女の比率も小児期に比べると差異が少なくなる。

D WISCなどの発達検査はアセスメントをする上で補助的ツールとしての意味がある。

E 聴覚などの感覚過敏を必ず伴う。

（組み合わせ）

	A	B	C	D	E
1	〇	〇	〇	〇	〇
2	〇	〇	〇	×	×
3	〇	〇	〇	×	×
4	×	×	〇	〇	×
5	×	×	×	×	×

（R3後問12）

問題のポイント

発達障害は脳の機能的な問題が関係して生じる疾患である。**DSM-5**（精神疾患の診断・統計マニュアル第5版）では**神経発達症／神経発達障害**のカテゴリーに分類されており、さらに次の①〜⑦に分かれている。

①知的能力障害群	知的障害
②コミュニケーション障害群	言語障害、吃音（きつおん）など
③自閉スペクトラム症／自閉症スペクトラム障害（ASD）	従来の広汎性発達障害（こうはんせい）* *自閉症、アスペルガー症候群など
④注意欠如・多動症／注意欠如・多動性障害（ADHD）	**不注意優勢型、多動・衝動性優勢型、混合発現型**
⑤限局性学習症／限局性学習障害（SLD）	特異的学習障害ともいう（読み、書き表現、算数の障害）
⑥運動症群／運動障害群	発達性協調運動障害、**チック症**など
⑦他の神経発達症／神経発達障害	―

解説

[A] 不適切。**不注意優勢型**のADHDでは**多動**の症状が付随していない場合がある。[B] 不適切。DSM-5によると、ADHDと自閉スペクトラム症（ASD）は**併存して診断可能**とされている。[C][D] 適切。[E] 不適切。ADHDやASDでは**聴覚などの感覚過敏**を伴いやすいが、必ず伴うわけではない。　　【正解】4

自閉スペクトラム症（ASD）	社会的コミュニケーションと相互的な対人関係の持ち方に弱さがあることを特徴とする発達の障害。他者の指さしや注視の先を追うことが少ない、言語以外の手段（指さしや表情、視線等）をコミュニケーションとして使わない、いったん出始めていた言葉が1歳後半から2歳頃出なくなる、こだわりの対象に選択的に没頭する、相手の行動を見てまねをしない、などの特徴がみられる。成人になってから症状が明らかになる場合もある
注意欠如多動症（ADHD）	不注意（活動に集中できない・気が散りやすい・物をなくしやすい・順序立てて行動できない等）と、多動－衝動性（じっとしていられない・待つことが苦手で他人のじゃまをする・静かに遊べない等）を特徴とする発達の障害で、症状のいくつかが12歳以前より認められ、家庭、学校など2つ以上の状況で障害になっていることなどが診断基準とされる。出生体重1,500g未満であることはリスク因子の一つであり、遺伝的要因も関係している。有病率は学齢期の小児の3～7％程度とされている
DBDマーチ	DBDは破壊的行動障害の略称であり、マーチとは注意欠如多動症（ADHD）→反抗挑発症（ODD）→行為障害（CD）へと行進するように障害が変遷することを意味する
反抗挑発症（ODD）	親や先生などの権威者に対し、反抗的・挑発的な行動をとり続けている状態。反抗挑戦性障害ともいう。ADHDにより自尊心や自己評価が低下した場合に起こりやすい。これがエスカレートすると、暴力や万引きなどの犯罪を犯すほどの行為障害*（CD）へと発展する（＊素行障害ともいう）

7

子どもの保健

🌸 ここも CHECK! ・・

- **ウェスクラー式知能検査**の児童向けのものを**WISC**といい、検査の結果から知能指数（IQ）が示されるが、アセスメントの参考として補助的に用いる。

チャレンジ〇✕問題

解答・解説はP.182

Q1 自閉症スペクトラム症の幼児は、欲しい物を指さしによって示す。

Q2 反抗挑発症は、反抗期にみられる正常な発達の現れである。

乳幼児の事故と安全対策

保育所における事故防止対策

R3前問9 R3後問10・17・19 R4前問18・20 R4後問18・20 R5後問14・18・19

> 問 次のうち、保育所での事故防止対策として、適切なものを○、不適切なものを×とした場合の正しい組み合わせを一つ選びなさい。

A 十分な監視体制の確保ができない場合は、プール活動の中止も選択肢とする

B 普段食べている食材は、窒息の心配はないので、安心して与えて良い

C 食物アレルギーの子ども用の代替食は、子どもの心情を配慮して、他児のものと見た目が変わらないように工夫する。

D 食事介助をする際には、汁物などの水分を適切に与える。

（組み合わせ）

	A	B	C	D
1	○	○	×	×
2	○	×	○	×
3	○	×	×	○
4	×	○	○	×
5	×	○	×	○

（R4前問10）

問題のポイント

試験では「**教育・保育施設等における事故防止及び事故発生時の対応のためのガイドライン**」からの出題が多い。

解　説

［A］適切。［B］不適切。子どもが普段食べている食材でも**窒息**につながる可能性がある。［C］不適切。食事提供の際の人的エラーで**誤食事故**を起こさないよう、代替食は**普通食とは異なった見た目**にする。［D］適切。　【正解】3

ここだけ丸暗記！

■プール活動や水遊びの際に注意すべきポイント

● 監視者は**監視に専念**し、監視エリア全域をくまなく監視する
● 規則的に目線を動かし、**不自然な動き**または**動いていない子**を見つける
● 十分な監視体制を確保できない場合は**プール活動の中止**も選択肢とする
● 時間的余裕をもってプール活動を行う

■誤嚥防止のために食事介助の際に注意すべきポイント

- **ゆっくり**落ち着いて食べられるよう、**子どもの意志に合ったタイミングで**与える
- 子どもの**口に合った量**で与える（1回で多くの量を詰めすぎない）
- 食べ物を**飲み込んだこと**（口の中に残っていないか）を確認する
- 汁物などの**水分を適切に与える**
- 食事中に**眠くなっていないか**注意する
- 姿勢よく座っているか注意する

■睡眠前・睡眠中における窒息リスクの除去

- ミルクや食べたもの等の嘔吐物がないか、口の中に異物がないか確認する
- **やわらかい布団**やぬいぐるみ等を**使用しない**
- 医師からうつぶせ寝をすすめられた場合以外は、乳児の顔が見える**仰向け**に寝かせる
- 定期的に子どもの呼吸・体位、睡眠状態を点検する

■窒息時の対応

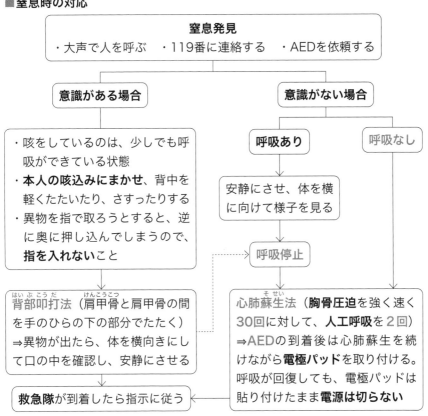

177

■食物アレルギーについて人的エラーによる誤食を減らす方法の例

- 食物アレルギーの子どもの食事を調理する担当者を明確にする
- 原因食物となる頻度の多い食材（鶏卵・牛乳・小麦等）を材料として使用しない献立を作成する
- **原因食物の除去**については、完全に除去する（**完全除去**）、または除去しない（**解除**）のどちらかというように、**単純化**した対応を基本とする
- 材料を入れる容器のほか、食物アレルギーの子どもに食事を提供する食器やトレイの**色や形を明確に変える**
- 除去食や代替食は、**普通食と形や見た目が明らかに違うもの**にする
- 食事内容を記載した**配膳カード**を作成し、調理、配膳、食事の提供までに**指差し・声出し確認**の徹底など、２重、３重のチェック体制をとる
- ヒヤリ・ハット報告の収集と要因分析を行う

■事故に対する応急措置

熱傷（やけど）	誤って熱湯をかけたときは、すぐに（服の上からでも）**流水で冷やす**。熱傷面積が**10％以上**の場合は救急車を要請する
異物	鼻に**豆など**が入ったときは、ピンセットで取り出そうとせず、反対側の小鼻を押さえて強く**鼻をかませる**などする
タバコの誤飲	**水を飲ませない**（消化管で吸収されると危険）。食べたタバコ（葉の部分）が**２cm以上**の場合は必ず医療機関を受診する
動物に咬まれた	大量の流水で**傷口をきれいに洗い**（出血があればガーゼで圧迫して止血）、医療機関を受診する
蜂に刺された	針を抜き、刺された部位を周囲から圧迫して流水でよく洗う。痛がる場合は無理に**針を抜かず**、医療機関を受診する

■医療的ケア児について

医療的ケア児とは、日常生活や社会生活を営むために、恒常的に**医療的ケア**が必要な児童のことをいう（**重症心身障害児**も含む）。登録認定を受けた保育士（認定特定行為業務従事者）は、**医師の指示のもとに**医療的ケア（喀痰吸引、経管栄養）を実施できる。在宅の医療的ケア児は全国に約２万人いる。

チャレンジ〇✕問題

解答・解説はP.182

Q1 食事介助において、汁物などの水分は、食べた後にまとめて与える。

Q2 たばこの誤飲は、ニコチン中毒を起こす可能性があるため、十分な水を飲ませて吐かせてから、受診する。

7-6 保育所の保健対策

✓ 保育施設における衛生管理

R3前問16・17　R3後問9・18　R4前問5・16　R4後問3　R5後問8・11・16

 次のうち、保育施設における衛生管理に関する記述として、適切なものを○、不適切なものを×とした場合の正しい組み合わせを一つ選びなさい。

A 感染予防の観点から標準予防策は遵守するよう義務づけられている。

B 希釈して使用する消毒薬は原液の濃度が異なり換算して作るため、毎週希釈しなおして常備する。

C 簡易的砂場消毒法とは、天気の良い日に黒のビニール袋を、砂場を覆うようにシート状に1日中被せておくことである。

D プールの遊離残留塩素濃度を適切に保つため、毎時間水質検査を行う。

E 新しい動物を飼い始めるときには、2週間くらいの観察期間を設けて感染症を防止する。

（R5前問11）

（組み合わせ）

	A	B	C	D	E
1	○	○	○	×	×
2	○	○	×	○	×
3	○	○	×	×	○
4	×	×	○	○	○
5	×	×	○	○	×

問題のポイント

試験では「**保育所における感染症対策ガイドライン**」からの出題が非常に多い。感染は、体の表面に病原体が付着しただけでは成立せず、多くの場合は病原体の付着した手で口、鼻、眼に触れることで**体内に病原体が侵入**して成立する。また、すり傷やひっかき傷など皮膚の傷を通して侵入する可能性もあるため、傷口は流水できれいに洗い、絆創膏やガーゼ等できちんと覆う。**医療機関**では病原体が潜んでいる血液、体液または傷口からの滲出液に直接触れないよう、使い捨ての手袋を必ず着用するといった**標準予防策**が実践されている。

解　説

[A] 不適切。保育所では、**標準予防策**の遵守は義務付けではなく、**可能な限り実践すべき事項**とされている。[B] 不適切。**消毒液**は、毎週希釈して常備するのではなく、**使用時に希釈**して**毎日交換する**こととされている。[C] [D] [E] 適切。　　　　　　　　　　　　　　　　　【正解】4

7

子どもの保健

❀ここだけ丸暗記！ ･････････････････････････････

■消毒薬の管理・使用上の注意点

- 消毒薬は子どもの手の届かないところに保管する
- 消毒薬は使用時に希釈し、毎日交換する
- 希釈するものについては、濃度、消毒時間を守り使用する
- 消毒の実施時は子どもを別室に移動させ、消毒を行う者はマスクと手袋を付ける
- 血液、嘔吐物、下痢便等を十分に取り除いてから、消毒を行う

■消毒液の種類（アルコール類と塩素系消毒薬）

アルコール類	**消毒用エタノール**など。一般の細菌、真菌、ウイルスに有効であり、**手指の消毒**や遊具、室内環境の消毒に適している（ロタウイルスには効きにくい）。**原液**（製品濃度70〜80%の場合）のまま使用する。**引火性**のため空間噴霧は禁止
塩素系消毒薬	**次亜塩素酸ナトリウム**は**嘔吐物**や**排泄物**が付着した床・物（衣類等の嘔吐物や排泄物が付着した箇所も）については希釈倍率0.1%（水１Lに対して約20mL）、それ以外の衣類や食器の浸け置き、トイレの便座、ドアノブ、手すり、床等の清掃の場合は0.02%とする（亜塩素酸水では希釈倍率が異なるので注意）。手指の消毒には適さない

■施設内外の衛生管理

保育室	・ドアノブ、手すり等は、**水拭き**した後、アルコール類で消毒 ・**季節に合わせた**適切な室温や湿度を保ち、十分な換気を行う ・加湿器使用時には、水を毎日交換する
手洗い	・手を拭く際は個人持参のタオルかペーパータオルを用いるようにして、**タオルの共用を避ける** ・液体石けんは、容器をよく洗い、乾燥させてから詰め替える
プール	・遊離残留**塩素濃度**が0.4mg/Lから1.0mg/Lに保たれるよう毎時間水質検査を行い、濃度が低下している場合は消毒剤を追加する ・簡易ミニプール（ビニールプール等）についても**塩素消毒**を行う

■登園を控えるのが望ましい場合

発熱	・24時間以内に38℃以上の発熱、または解熱剤を使用している ・朝から37.5℃を超えた熱があることに加えて、**元気がなく機嫌**が悪い、**食欲がなく朝食・水分が摂れていない**など全身状態が不良である（ただし、食欲があり機嫌も良いなど、全身状態が良好な場合には一律に登園を控える必要はない）

下痢 ・嘔吐	・24時間以内に複数回の水様便や嘔吐がある ・食欲がなく水分も欲しがらない、機嫌が悪く元気がない
咳	・ゼイゼイ音、ヒューヒュー音や呼吸困難がある ・少し動いただけで咳が出るなどの症状がみられる
発疹	・浸出液が多く、他児への感染のおそれがある ・かゆみが強く、手で患部をかいてしまう ・口内炎がひどく、食事や水分が摂れない

■保育中に感染症の疑いのある子どもに気づいたとき

● 医務室等の別室に移動させ、体温測定等によって子どもの症状等を的確に把握し、体調の変化等について記録する

● 保護者に連絡をとり、記録をもとに症状や経過を正確に伝えるとともに、適宜、嘱託医、看護師等に相談して指示を受ける

● 保護者に対し地域や保育所内での感染症の発生状況等について情報提供するとともに、保護者から医療機関での受診結果を速やかに伝えてもらう

■感染症発生時の対応

● 嘱託医等へ相談し、関係機関へ報告するとともに、保護者への情報提供を適切に行う

● 感染拡大の防止のため、手洗いや排泄物・嘔吐物の適切な処理を徹底するとともに、施設内を適切に消毒する

● 施設長の責任の下、感染症の発生状況を記録する（職員の健康状態も）

■与薬に関する留意点

● 子どもに与える薬（座薬等を含む）は、医師の診断および指示による薬に限定する

● 保護者に、医師名・薬の種類・服用方法等を具体的に記載した与薬依頼票を持参させる

● 保護者から預かった薬は、施錠できる場所に保管し、管理を徹底する

7

子どもの保健

チャレンジ〇×問題

解答・解説はP.182

Q1 ひっかき傷は流水できれいに洗い、絆創膏を貼らずによく乾かす。

Q2 嘔吐物の消毒に用いる次亜塩素酸ナトリウムと亜塩素酸水は、同じ調整濃度で使用する。

チャレンジ○×問題 解答・解説

🐻 **小児の発育（P.160）**
Q1 ×乳歯の石灰化は胎児期にすでに始まっている。また、前歯の萌出時期は、最も早い下あごの乳中切歯でも平均で生後8～9か月頃とされている／**Q2** ○

🐻 **生理機能の発達（P.162）**
Q1 ×小児の血管壁は薄く、硬化が少ないため、**血圧**は成人と比べて低めになる／**Q2** ○

🐻 **小児にみられる症状とその対処（P.164）**
Q1 ×うつぶせ寝は乳幼児突然死症候群（SIDS）のリスク要因のひとつとされているが、窒息はSIDSの原因とはされていない／**Q2** ×下痢や嘔吐の場合は、脱水症になりやすいため、適度な水分補給が必要である

🐻 **アレルギーその他の疾患（P.166）**
Q1 ×さまざまな除去法で対応すると配膳の取り違えなどで**誤食**を招くため、アレルギーの原因となる食品を完全除去するか、または解除（除去をやめる）かの両極で対応する／**Q2** ×**エピペン**は体重15kg未満の子どもには処方されない。また、体重15kg以上でも、ガイドラインに示された「**緊急性の高い症状**」がみられる場合のみ使用される

🐻 **感染症と予防接種（P.169）**
Q1 ×ポリオは細菌ではなく、**ポリオウイルス**による急性ウイルス感染症である／**Q2** ×**おたふくかぜ**、**インフルエンザ**（高齢者除く）、**A型肝炎**などは、希望者が自己負担で受ける任意接種に分類されている

🐻 **小児期の精神障害（P.171）**
Q1 ×「そうせざるを得ない」という**強迫**観念が、**強迫**行為と結びついていることが多い／**Q2** ×精神的機能が未発達な幼児は、外傷体験の影響が深刻化することがある

🐻 **言葉・習癖・摂食・睡眠の障害（P.173）**
Q1 ○／**Q2** ×抜毛症は、容姿に関する悩みに誘発されるものではない

🐻 **発達障害（P.175）**
Q1 ×自閉症スペクトラム症では、**指さし**をコミュニケーションの手段として使わない／**Q2** ×反抗挑発症は、**反抗期**（→P.153）とは異なる

🐻 **保育所における事故防止対策（P.178）**
Q1 ×水分は食べた後にまとめて与えるのではなく、誤嚥防止のため適切に与えることとされている／**Q2** ×水を飲ませるとニコチン中毒の危険が高まる。このほかボタン電池、除光液、灯油などの誤飲の場合も、水を飲ませたり吐かせたりせず、すぐに受診する

🐻 **保育施設における衛生管理（P.181）**
Q1 ×ひっかき傷等の傷口は流水できれいに洗い、**絆創膏やガーゼ等できちんと覆う**必要がある／**Q2** ×嘔吐物の消毒に用いる次亜塩素酸ナトリウムは水1Lに対して**約20mL**とされているが、亜塩素酸水の場合は水1Lに対して**約1L**（1000mL）とされている

8

子どもの食と栄養

8-1 栄養素

３大栄養素

R3前問2・20　R4前問3・9　R4後問4　R5後問2

問　次の文は、炭水化物に関する記述である。適切な記述の組み合わせを一つ選びなさい。

（組み合わせ）

A 炭水化物の１gあたりのエネルギー量は９kcalである。

B 麦芽糖は、母乳や牛乳に多く含まれる。

C 果糖（フルクトース）は、単糖類である。

D 炭素（C）、水素（H）、酸素（O）で構成されている

1　A　B
2　A　C
3　B　C
4　B　D
5　C　D

（R5前問3）

問題のポイント

エネルギーの供給源や体の構成成分となる炭水化物、たんぱく質、脂質の３つを**３大栄養素**といい、これに**ビタミン**と**ミネラル**を加えて**５大栄養素**という。最近の試験では、各栄養素が単独で出題されることが多い。

解　説

［A］不適切。**炭水化物**１gあたりの**エネルギー量は４kcal**。［B］不適切。**母乳**や**牛乳**に多く含まれるのは**乳糖（ラクトース）**である。**麦芽糖（マルトース）**は**水あめ**などに含まれている。［C］［D］どちらも適切。　　【正解】5

✿ここだけ丸暗記！

■炭水化物

炭水化物は炭素（**C**）、水素（**H**）、酸素（**O**）からなる物質で、エネルギー源となる**糖質**（**1g当たり4kcal**のエネルギーを生む）と、ヒトの消化酵素では消化されにくい**食物繊維**に分かれる。摂取後すぐに利用されない糖質は、**肝臓**などでグリコーゲンや脂肪として蓄えられる。**食物繊維**は、水に溶ける**水溶性**と、水に溶けない**不溶性**のものに分けられる。

ここだけ丸暗記！

■糖質の主な種類

分類	種類	構造	主な所在
単糖類	ブドウ糖（グルコース）	炭水化物の最小単位 ※単糖類と少糖類は水溶性、多糖類は不溶性	果実、野菜
	果糖（フルクトース）		果実
	ガラクトース		乳糖として存在
少糖類のうちの二糖類	ショ糖（スクロース）	ブドウ糖＋果糖	砂糖
	麦芽糖（マルトース）	ブドウ糖＋ブドウ糖	水あめ
	乳糖（ラクトース）	ブドウ糖＋ガラクトース	母乳、牛乳
多糖類	でんぷん（スターチ）	アミロースなど	穀類、イモ類
	デキストリン	でんぷんの分解生成物	水あめ
	グリコーゲン	動物の貯蔵炭水化物	肝臓、筋肉

■主な食物繊維

分類		名称	主な所在
水溶性	高分子	ペクチン	果実（果皮）、野菜
		グルコマンナン	こんにゃく
	低分子	難消化性オリゴ糖	発酵工業製品
不溶性	植物性	セルロース	穀類、野菜
		イヌリン	きくいも、ごぼう
	動物性	キチン	カニ、エビの殻

■たんぱく質

たんぱく質は、アミノ酸がペプチド結合という結びつき方をした高分子化合物であり、炭素（C）、水素（H）、酸素（O）のほかに窒素（N）が含まれている。ヒトに必要なたんぱく質は20種類のアミノ酸の組み合せによってつくられる。そのうち9種類はヒトの体内では合成できないため、食物から摂取しなければならず、これを**必須アミノ酸**という。たんぱく質は、体をつくる材料になるほか、体の調子を整える働きもする。また、糖質や脂質が不足した場合にはエネルギーとしても利用され、**1g当たり4kcal**のエネルギーを生み出す。

■第一制限アミノ酸とアミノ酸スコア

ある食品に含まれる必須アミノ酸のうち、その**含有量が最も低い必須アミノ酸**を**第一制限アミノ酸**という。また**アミノ酸スコア**とは、たんぱく質の**栄養価**を示す指標の1つで、そのたんぱく質に含まれるの第一制限アミノ酸の含有量に基づいて計算する。**動物性たんぱく質**（肉、魚、乳、卵等）のアミノ酸スコアは**100**、精白米は**93**[*]である。

＊2007年のアミノ酸評定パターン〔成人〕による

■脂質

脂質は、炭水化物と同様、**炭素（C）**、**水素（H）**、**酸素（O）**からなる物質である。水に溶けないが、有機溶媒（他の物質を溶かす性質をもつ有機化合物）には溶ける。炭素の結合構造の違いにより次の３種類に分類される。

単純脂質	中性脂肪（油脂）	**脂肪酸＋グリセリン（グリセロール）**
	ろう	脂肪酸＋高級アルコール
複合脂質	リン脂質	単純脂質の一部にリン酸、糖質などを含んでいる
	糖脂質	
誘導脂質	脂肪酸	**コレステロール**、胆汁酸、性ホルモンなどがある
	ステロール	

食品に含まれる脂質のほとんどは**中性脂肪**で、**1g当たり9kcal**のエネルギーを生み出す。**コレステロール**は、その約70%が**肝臓**で合成され、生命の維持には欠かせない物質であるが、肝臓から送り出されるコレステロール（**LDL**）が、肝臓へ戻るコレステロール（**HDL**）より多くなると**動脈硬化**の原因となる。

■脂肪酸の種類

脂質を構成する脂肪酸は、**飽和脂肪酸**と**不飽和脂肪酸**に分類される。

飽和脂肪酸（二重結合がない）
常温で**固体**。バター、ラードなど**動物の油**に多く含まれる

不飽和脂肪酸（炭素原子同士が二重結合）
　常温で**液体**。**植物の油**に多く含まれ、細胞膜の構成成分になる
・**1価不飽和脂肪酸**（二重結合が１つだけ）
　　オリーブ油に多く含まれている**オレイン酸**など
・**多価不飽和脂肪酸**（二重結合が２つ以上）
　　n−３系：EPA、DHA、菜種油などに含まれている**α-リノレン酸**など
　　n−６系：ごま油、大豆油などに多く含まれている**リノール酸**など

魚油に多く含まれる**多価不飽和脂肪酸**は、動脈硬化と血栓を防ぐ作用がある。

チャレンジ○✕問題

解答・解説はP.220

Q1 エネルギー源として利用されない糖質は、グリコーゲンや脂肪に変えて体内に蓄積される。

Q2 たんぱく質はアミノ酸からなり、そのアミノ酸は100種類以上存在する。

Q3 脂質はエネルギー源として利用され、１gあたり９kcalを供給する。

ビタミンとミネラル

R3前問2・20　R3後問2・3　R4前問2　R5前問4

　次の【Ⅰ群】のビタミンと、【Ⅱ群】の内容を結びつけた場合の正しい組み合わせを一つ選びなさい。

【Ⅰ群】
A ビタミンA　B ビタミンB₁　C ビタミンD　D 葉酸

【Ⅱ群】　　　　　　　　　　　　　　　　　　　　　　（組み合わせ）
ア　糖質代謝に関与し、欠乏症は脚気である。　　　　　　A B C D
イ　粘膜を正常に保ち、免疫力を維持する。欠乏症は　1 ア イ ウ エ
　　夜盲症である。　　　　　　　　　　　　　　　　2 ア イ エ ウ
ウ　カルシウムの吸収を促進させ、骨形成を促進する。　3 イ ア ウ エ
エ　十分量を受胎の前後に摂取すると、胎児の神経管　4 イ ア エ ウ
　　閉鎖障害のリスクを低減できる。　　　　　　　　5 ウ ア イ エ
　　　　　　　　　　　　　　　　　　　　　　　　（R4後問5）

問題のポイント

3大栄養素に**ビタミン**および**ミネラル**（無機質）を加えて**5大栄養素**という。ビタミンは、体内の代謝を調節し、生理機能を正常に維持したり、他の栄養素の働きを高めるなどの役割を果たす有機化合物。エネルギー源や体を構成する成分にはならない。mgやμg（マイクログラム）といった**微量**で作用することを特徴とするが、ヒトの体内では合成できない（合成されても十分な量でない）ため、食物から摂取する必要がある。

解説

[A] **ビタミンA**はイ。**欠乏症**とは、体に必要なビタミンが不足しているときにみられる症状をいう。ビタミンAには**視力**を正常に保つ作用があり、欠乏症として夜盲症（暗い場所で視力が著しく低下する）がある。[B] **ビタミンB₁**はア。糖質をエネルギーに変える作用があり、欠乏症として脚気（神経障害による足のしびれや心不全による浮腫〔むくみ〕が現れ、放置すると死に至る）がある。[C] **ビタミンD**はウ。腸管や腎臓での**カルシウム**の吸収を高め、骨を丈夫にする作用がある。[D] **葉酸**（ナイアシンとともにビタミンB群の一種）はエ。たんぱく質の合成に必要な必須アミノ酸の生成に関与しており、**胎児の神経管閉鎖障害**（神経管がふさがらず、脳や脊髄が正常に機能しなくなる疾患）の発症を防ぐため、受胎前後に葉酸の十分な摂取が必要とされる。　　　　　　【正解】3

8
子どもの食と栄養

ここだけ丸暗記！······························

■主なビタミンの生理作用と欠乏症

脂溶性、水溶性

種類	主な生理作用〔含まれる食品の例〕	欠乏症の例
ビタミンA	網膜の光感受性に関与、成長促進作用 〔レバー、ウナギ、緑黄色野菜〕	夜盲症 発育不全
ビタミンD	腸管や腎臓からの**カルシウム吸収** 〔カツオ、マグロ、イワシ、きのこ類〕	歯の発育不全 **くる病**（骨の脆弱）
ビタミンE	**細胞膜の酸化防止作用** 〔アーモンド、コーン油、胚芽〕	溶血性貧血 不妊
ビタミンK	**血液凝固因子**の産生を調節 〔納豆、ひじき〕	血液凝固時間の遅延 頭蓋内出血
ビタミンB$_1$	糖質のエネルギー代謝に関与 〔豚肉、豆類〕	脚気 食欲不振・倦怠感
ビタミンB$_2$	糖質・脂質等のエネルギー代謝に関与 〔レバー、アーモンド、ウナギ、卵〕	**口角炎・口内炎** 発育不良
ビタミンB$_6$	アミノ酸の代謝に作用する 〔マグロ、サケ、牛レバー〕	皮膚炎 手足のしびれ
ビタミンB$_{12}$	**赤血球の生成** 〔シジミ、鶏レバー、たらこ〕	**悪性貧血**（巨赤芽 球性貧血）
葉酸	アミノ酸代謝の補酵素、造血作用 〔レバー、肉類、卵〕	お腹の**胎児に神経管 閉鎖障害発症**リスク
ナイアシン	糖質・脂質等のエネルギー代謝に関与 〔レバー、カツオ、サバ、豆類〕	**ペラグラ**（全身性の 皮膚炎・神経症状）
ビタミンC	**抗酸化作用、鉄の吸収**の促進 〔新鮮な果実、緑黄色野菜、いも類〕	**壊血病**（出血性障害 が各器官で生じる）

■脂溶性ビタミンと水溶性ビタミン

脂溶性ビタミン（ビタミン**A・D・E・K**）は、油脂に溶けやすい性質がある。
体内に蓄積されるため、特にサプリメントによる**過剰摂取**（欠乏症とは逆に、
ビタミンを過剰に摂取することによって現れる症状）に注意する必要がある。
水溶性ビタミン（ビタミン**B群**および**C**）は水に溶けやすいビタミンであり、
必要な量以外は尿と一緒に体外に排泄されるため、過剰摂取を心配する必要は
ほとんどない。

■主なミネラルの生理作用と欠乏症　　　　[　　]多量ミネラル、[　　]微量ミネラル

種類	主な生理作用〔含まれる食品の例〕	欠乏症の例
カルシウム	**骨や歯の構成成分**、精神の安定〔小魚、乳製品、海藻、豆類、ごま〕	**くる病**（骨の脆弱）**骨粗鬆症**
リン	骨や歯の構成成分、細胞膜の構成〔ワカサギ、煮干し、乳製品〕	歯槽膿漏〈欠乏しにくい〉
カリウム	**浸透圧の調節**、神経や筋肉の興奮伝導〔干し柿、いんげん、枝豆、納豆〕	血圧の上昇筋力低下・麻痺
ナトリウム	体液浸透圧や酸・塩基平衡の調節〔食塩、味噌、醤油、コンソメの素〕	血圧の低下〈欠乏しにくい〉
マグネシウム	**骨や歯の構成成分**、糖質の代謝〔カシューナッツ、アーモンド〕	骨の脆弱化、成長遅滞
亜鉛	味覚や嗅覚を正常に保つ〔カキ、ホタテ貝、レバー〕	味覚障害（味覚異常）脱毛
鉄	**ヘモグロビン**の成分〔レバー、ほうれん草、小松菜〕	貧血認知機能の低下
ヨウ素	**甲状腺ホルモン**の構成成分〔海藻類〔昆布〕、魚介類〕	**クレチン症**（先天性甲状腺機能低下症）

■ミネラルの摂取

体を構成する元素は、炭素、水素、酸素、窒素の４種類で体重の約96%を占めるが、これ以外の元素を総称してミネラル（**無機質**）という。ヒトの体内では合成できないため、食物から摂取する必要があるが、**欠乏症**による影響のほか、ほとんどのミネラルに**過剰症**（過剰摂取による副作用）があることに注意
過剰症の例：**ナトリウム**…高血圧や胃がんの促進、**マグネシウム**…下痢

■多量ミネラルと微量ミネラル

多量ミネラルは、体内に高い含量で存在している。これに対し、**微量ミネラル**（亜鉛、鉄、ヨウ素など）は、ごく少量だけ必要とされるミネラルである。

チャレンジ○×問題

解答・解説はP.220

Q1 ビタミンCは、抗酸化作用を持ち、欠乏すると壊血病を引き起こす。

Q2 亜鉛が不足すると、味覚異常の一因となる。

Q3 鉄の過剰症として、貧血が挙げられる。

8-2 食品の分類と食事摂取基準

食品の分類

R4前問14　R5前問18

次の表は、3色食品群の食品の分類に関するものである。表中の（　A　）〜（　D　）にあてはまる語句の正しい組み合わせを一つ選びなさい。

表

（　A　）のグループ （主に体を作るもとになる）	魚・肉・卵 （　C　）
（　B　）のグループ （主に体を動かすエネルギーのもとになる）	いも類 米・パン・めん類 （　D　）
緑のグループ （主に体の調子を整えるもとになる）	野菜・果物

（組み合わせ）

	A	B	C	D
1	赤	黄	大豆	油脂
2	赤	黄	きのこ	大豆
3	黄	赤	きのこ	大豆
4	黄	赤	大豆	油脂
5	黄	赤	油脂	きのこ

（R5前問5）

問題のポイント

3色食品群とは、それぞれの食品に含まれている栄養素の働きによって、食品を赤色・緑色・黄色の3つに分けたものである。赤色は主に**たんぱく質**、黄色は主に**糖質**や**脂質**、緑色は主に**ビタミン**や**ミネラル**を含む食品となっている。これをさらに細かく分類したものが**6つの基礎食品群**と呼ばれるもので、その1群・2群が赤色、3群・4群が緑色、5群・6群が黄色に該当する。さらに、より具体的に「何を」「どれだけ」食べれば偏りのない食事になるのかを示したものが**食事バランスガイド**である。

解説

[A]赤、[B]黄、[C]大豆、[D]油脂、と入る。　　　　　　　　　　**【正解】1**

■ 6つの基礎食品群と3色食品群との関係

第1群：肉、魚、卵、大豆・大豆製品	
第2群：牛乳・乳製品、海藻、骨ごと食べられる魚	

→ **赤色**
主にたんぱく質

第3群：緑黄色野菜	
第4群：その他の野菜（淡色野菜）、果物	

→ **緑色**
主にビタミン・ミネラル

第5群：穀類（米、パン、めん類）、いも類、砂糖類	
第6群：油脂類、脂肪の多い食品	

→ **黄色**
主に糖質・脂質

■「食事バランスガイド」の概要

1日に「何を」「どれだけ」食べればよいかを示す

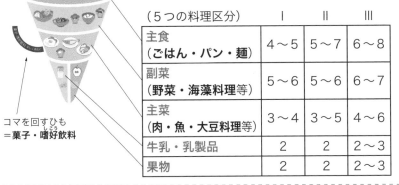

コマの軸
＝水・お茶

Ⅰ：6〜9歳男女、10〜11歳女子など
Ⅱ：10〜11歳男子、
　　身体活動量低い12歳以上男子など
Ⅲ：身体活動量ふつう以上の12歳以上男子

コマを回すひも
＝菓子・嗜好飲料

（5つの料理区分）	Ⅰ	Ⅱ	Ⅲ
主食（**ごはん・パン・麺**）	4〜5	5〜7	6〜8
副菜（**野菜・海藻料理**等）	5〜6	5〜6	6〜7
主菜（**肉・魚・大豆料理**等）	3〜4	3〜5	4〜6
牛乳・乳製品	2	2	2〜3
果物	2	2	2〜3

- 毎日の食事を**主食／副菜／主菜／牛乳・乳製品／果物**の5つに分け、その区分ごとに「**つ（SV）**＊」という単位を用いる
  ＊**SV**は**サービング（食事の提供量）**の略
- 例えば、おにぎり1個で「1つ（SV）」、うどん1杯で「2つ（SV）」に相当
- **主食**Ⅱの5〜7つ（SV）は、ごはん（中盛り）ならば4杯程度に相当
- **主菜**Ⅱの3〜5つ（SV）は、**肉・魚・卵・大豆料理**から3皿程度に相当

8

子どもの食と栄養

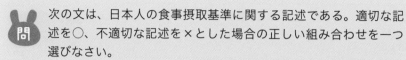

✐ 「日本人の食事摂取基準」

R4前問9・20　R5前問11　R5後問2・3

次の文は、日本人の食事摂取基準に関する記述である。適切な記述を○、不適切な記述を×とした場合の正しい組み合わせを一つ選びなさい。

A　日本人の食事摂取基準は、「健康増進法」に基づき、10年ごとに改定されている。

B　「日本人の食事摂取基準（2020年版）」では、生活習慣病の発症予防・重症化予防に加え、高齢者の低栄養予防やフレイル予防も視野に入れて策定された。

C　「日本人の食事摂取基準（2020年版）」の栄養素の5つの指標は、推定平均必要量、推奨量、目安量、耐容上限量、目標量である。

D　「日本人の食事摂取基準（2020年版）」の年齢区分は、1～19歳を小児、20歳以上を成人とする。

（組み合わせ）

	A	B	C	D
1	○	○	○	×
2	○	×	×	×
3	×	○	○	○
4	×	○	○	×
5	×	×	×	○

（R5前問6）

解　説

［A］不適切。**「日本人の食事摂取基準」**は、国民の健康保持・増進を図るために摂取することが望ましい**エネルギー**や**栄養素**の量の基準を示すものであり、**健康増進法**に基づき、**5年ごとに改定**される。［B］［C］適切。［D］不適切。**1～17歳を小児、18歳以上を成人**としている。　　　　　　　【正解】4

❀ここだけ丸暗記！

■食事摂取基準で用いられている栄養素の指標

推定平均必要量	**半数の人**が必要量を満たす量。**摂取不足の回避**を目的として設定される
推奨量	**ほとんどの人**が充足している量。推定平均必要量を補助するために設定される
目安量	十分な科学的根拠が得られず、推定平均必要量と推奨量が設定できない場合に設定される（乳児期は目安量を設定）
耐容上限量	ビタミン（水溶性・脂溶性）やミネラルの多くについて、**過剰摂取**による健康障害の回避を目的として設定される
目標量	生活習慣病**の予防**のために現在の日本人が当面の目標とすべき摂取量として設定される

■カルシウムの食事摂取基準（mg/日）より抜粋　　　　　　　　　：小児

性別	男性			女性		
年齢	推定平均 必要量	推奨量	目安量	推定平均 必要量	推奨量	目安量
0〜5（月）	―	―	200	―	―	200
6〜11（月）	―	―	250	―	―	250
1〜2（歳）	350	450	―	350	400	―
3〜5（歳）	500	600	―	450	550	―
6〜7（歳）	500	600	―	450	550	―
8〜9（歳）	550	650	―	600	750	―
10〜11（歳）	600	700	―	600	750	―
12〜14（歳）	850	1,000	―	700	800	―
15〜17（歳）	650	800	―	550	650	―

＊男女とも18歳以上から耐容上限量2,500とされる（18歳未満は耐容上限量なし）

🌸 ここもCHECK! ·······································

- 食事摂取基準は、基本的に**健康な個人および集団**を対象としている。ただし生活習慣病や、高齢者では**フレイル**（加齢により心身が老い衰えた状態）に関する危険因子を有する者でも、おおむね自立した日常生活を営んでいる者およびこのような者を中心として構成される集団は対象に含む。
- 必要とするエネルギーの量は推定エネルギー必要量として示され、その値は**男性では15〜17歳**、**女性では12〜14歳**が最大となっている。
- **炭水化物**については1歳以上（**食物繊維**は**3歳以上**）から目標量が示されている。
- **脂質**については脂肪エネルギー比率（総脂質からの摂取エネルギーが総摂取エネルギーに占める割合）の目標量が示され、1歳以上の全年齢で**20〜30％**とされている。

8

子どもの食と栄養

チャレンジ○✕問題

解答・解説はP.220

Q1 食事摂取基準では学童期の年齢区分を、6〜7歳、8〜9歳、10〜11歳の3区分としている。

Q2 食事摂取基準によると、12〜14歳におけるカルシウムの推奨量は、男女ともに他の年代に比べて最も低い。

8-3 生涯発達における食生活

✏ 「国民健康・栄養調査」と「食生活指針」

R3前問1　R3後問12　R4後問1・2　R5前問1

 次のうち、生涯発達における食生活に関する記述として、適切なものの組み合わせを一つ選びなさい。

A 成人では、腹囲とBMIで内臓脂肪蓄積の有無を判定し、それに加え、脂質異常、高血圧、高血糖の有無を調べて3項目のうち2項目以上該当した場合に、メタボリックシンドロームと判定する。

B 高齢期における過剰栄養は身体機能低下を誘導し、フレイル（虚弱）を引き起こす。

C 「令和元年国民健康・栄養調査結果の概要」（厚生労働省）によると、20歳以上の者における食塩摂取量の平均値は、減少傾向にあるものの、男女ともに食事摂取基準の目標量を超えて摂取している。

D 「令和元年国民健康・栄養調査結果の概要」（厚生労働省）によると、20歳以上の者における野菜摂取量の平均値は、男女とも20〜40歳代が高く、「健康日本21（第二次）」（厚生労働省）の目標値350gを超えている。　　　　　　　　（R4前問10）

（組み合わせ）
1　A B
2　A C
3　B C
4　B D
5　C D

解　説

[A] 適切。[B] 不適切。高齢者の**フレイル**（虚弱）には**低栄養**や老化に伴う**筋力の低下**（サルコペニア）が関係している。[C] 適切。なお、**食塩摂取量**の平均値が最も高いのは男女とも**60歳代**である。[D] 不適切。**野菜摂取量**の平均値は、男女とも**20〜40歳代で低く**、**60歳以上で高い**。　　【正解】2

🌼ここだけ丸暗記!······

■**外食と健康食品**（「令和元年国民健康・栄養調査結果の概要」より）
外食を週1回以上利用している者の割合は、**20歳代の男性**が最も高い。一方、**健康食品**を摂取している者の割合は、男女とも**60歳代**で最も高い（20歳代の女性は「**ビタミンの補充**」を目的として摂取する者の割合が最も高い）。

■「食生活指針」（平成28年 文部科学省、厚生労働省、農林水産省）（抜粋）

食事を楽しみましょう

・おいしい食事を、味わいながらゆっくりよく噛んで 食べましょう
・家族の団らんや人との交流を大切に、また、**食事づくり**に参加しましょう

1日の食事のリズムから、健やかな生活リズムを

・**朝食**で、いきいきした1日を始めましょう
・**夜食**や**間食**はとりすぎないようにしましょう
・**飲酒**はほどほどにしましょう

適度な運動とバランスのよい食事で、適正体重の維持を

・普段から体重を量り、食事量に気をつけましょう
・特に**若年女性**の**やせ**、**高齢者**の**低栄養**にも気をつけましょう

主食、主菜、副菜を基本に、食事のバランスを

・多様な食品を組み合わせましょう
・手作りと外食や加工食品・調理食品を上手に組み合わせましょう

ごはんなどの穀類をしっかりと

・**穀類**を毎食とって、**糖質からのエネルギー摂取**を適正に保ちましょう
・日本の気候・風土に適している米などの穀類を利用しましょう

野菜・果物、牛乳・乳製品、豆類、魚なども組み合わせて

・たっぷり**野菜**と毎日の**果物**で、**ビタミン**、**ミネラル**、**食物繊維**をとりましょう
・牛乳・乳製品、緑黄色野菜、豆類、小魚などで、**カルシウム**を十分にとりましょう

食塩は控えめに、脂肪は質と量を考えて

・食塩の多い食品や料理を控えめにしましょう。食塩摂取量の目標値は、**男性**で1日**8g未満**、**女性**で**7g未満**とされています
・動物、植物、魚由来の脂肪をバランスよくとりましょう
・栄養成分表示を見て、食品や外食を選ぶ習慣を身につけましょう

日本の食文化や地域の産物を活かし、郷土の味の継承を

・「和食」をはじめとした日本の**食文化**を大切にして、日々の食生活に活かしましょう
・**地域の産物**や**旬の素材**を使うとともに、**行事食**を取り入れながら、自然の恵みや四季の変化を楽しみましょう。
・地域や家庭で受け継がれてきた料理や作法を伝えていきましょう

食料資源を大切に、無駄や廃棄の少ない食生活を

・まだ食べられるのに廃棄されている**食品ロス**を減らしましょう
・**賞味期限**や**消費期限**を考えて利用しましょう

「食」に関する理解を深め、食生活を見直してみましょう

・家庭や学校、地域で、食品の安全性を含めた「食」に関する知識や理解を深め、望ましい習慣を身につけましょう
・自分たちの健康目標をつくり、よりよい食生活を目指しましょう

8

子どもの食と栄養

8-4 妊産婦の食生活

「妊娠前からはじめる妊産婦のための食生活指針」

R3前問10　R4前問11　R4後問13　R5前問12　R5後問11

> **問** 次のうち、妊娠期に関する記述として、適切な記述の組み合わせを一つ選びなさい。

A 「平成27年度乳幼児栄養調査結果の概要」（厚生労働省）によると、妊娠中に出産後母乳で育てたいと思った者の割合は9割を超えていた。

B 妊娠中は非妊娠時に比べ、カルシウムの必要量が増加するため、「日本人の食事摂取基準（2020年版）」では、妊娠期にカルシウムの付加量が設定されている。

C 「妊娠前からはじめる妊産婦のための食生活指針～妊娠前から、健康なからだづくりを～」（令和3年：厚生労働省）では、特に妊娠を計画していたり、妊娠初期の人には、神経管閉鎖障害発症リスク低減のために、ビタミンKの栄養機能食品を利用することも勧められている。

D 魚介類を通じた水銀摂取が胎児に影響を与える可能性があるため、「妊婦への魚介類の摂食と水銀に関する注意事項」が示されている。　　　　　　　　　　　　　（R3後問10）

（組み合わせ）
1　A　B
2　A　D
3　B　C
4　B　D
5　C　D

解　説

[A] 適切。[B] 不適切。付加量とは、妊娠・授乳期に妊娠前より多めに摂取（せっしゅ）するよう設定された栄養素の量のこと。多くの栄養素について設定されているが、**カルシウム**などには設定されてない。[C] 不適切。ビタミンKではなく、葉酸である（→P.187）。[D] 適切。一部の大型の魚介類には**水銀**の量が多いものがある。ただし、サバ、アジ、イワシ、サケ、タイ、カツオ、ツナ缶などについては特に注意する必要はないとされている。　　　　　　　　　　　【正解】2

■食事摂取基準で妊婦・授乳婦に付加量が設定されている栄養素

設定されている栄養素の例		設定されていない栄養素の例	
・エネルギー	・**たんぱく質**	・脂質	・炭水化物
・**ビタミンA**	・ビタミンB₁	・ビタミンD	・ビタミンE
・ビタミンC	・**葉酸**	・ビタミンK	・ナトリウム
・**鉄**	・亜鉛	・**カルシウム**	・リン

❀ ここだけ丸暗記！ ·····························

■「妊娠前からはじめる妊産婦のための食生活指針」（令和3年）

> 妊娠前から、**バランスのよい食事**をしっかりとりましょう

> 「**主食**」を中心に、**エネルギー**をしっかりと

> 不足しがちなビタミン・ミネラルを、「**副菜**」でたっぷりと

> 妊娠計画中や妊娠初期の女性は、胎児の**神経管閉鎖障害**発症リスクを低減させるため、緑黄色野菜など**葉酸**を多く含む食物（栄養機能食品の利用も含む）の摂取が望まれる

> 「**主菜**」を組み合わせてたんぱく質を十分に

> 乳製品、緑黄色野菜、豆類、小魚などで**カルシウム**を十分に

> **魚**は良質な**たんぱく質**や不飽和脂肪酸を多く含むので妊娠期の栄養バランスに欠かせないが、**水銀**の量が多い魚には要注意

> 妊娠中の体重増加は、お母さんと赤ちゃんにとって望ましい量に

> 母乳育児も、バランスのよい食生活のなかで

> **生ハム**、ナチュラルチーズなどは**リステリア菌**という食中毒菌に感染しやすくなるため、妊娠中は避ける

> 無理なく**からだ**を動かしましょう

> たばことお酒の害から赤ちゃんを守りましょう

> レバー等にはビタミンAが多く含まれているが、**ビタミンA**を過剰摂取すると、先天奇形が増加することが報告されているため、妊娠3か月以内は大量の摂取を避ける

> お母さんと赤ちゃんの**からだと心のゆとり**は、周囲のあたたかい**サポート**から

チャレンジ〇✕問題

解答・解説はP.220

Q1 サバは、水銀を多く含むため、妊娠中に食べることは避ける。

Q2 たんぱく質、ビタミンA、葉酸、鉄は、食事摂取基準により、いずれも妊婦および授乳婦について付加量が設定されている。

197

8-5 授乳と離乳

✎ 乳汁栄養

R3後問5　R4前問6　R4後問9　R5前問7・20　R5後問5・6

 次の文は、母乳栄養に関する記述である。適切なものの組み合わせを一つ選びなさい。

A 出産後、エストロゲンが急激に分泌されるため、乳汁の生成と分泌が始まる。

B WHO（世界保健機関）とUNICEF（国連児童基金）は、共同で「母乳育児を成功させるための10か条」を発表している。

C 「平成27年度乳幼児栄養調査結果」（厚生労働省）（回答者：0〜2歳児の保護者）によると、生後3か月の栄養方法は、母乳栄養と混合栄養を合わせると、約6割であった。

D 冷凍母乳等を取り扱う場合には、母乳を介して感染する感染症もあるため、保管容器には名前を明記して、他の子どもに誤って飲ませることがないように十分注意する。

（組み合わせ）
1　A B
2　A D
3　B C
4　B D
5　C D

（R4後問8）

解　説

［A］不適切。**エストロゲン**には、乳管などを発達させつつ、**乳汁分泌を抑制**する作用がある。［B］適切。「**母乳育児成功のための10のステップ**」ともいう。［C］不適切。**母乳栄養**に混合栄養を合わせると**約9割**である（→P.203）。混合栄養とは、**母乳**を用いながら、その不足分を**人工栄養**（乳児用調製粉乳など）で補う場合をいう。［D］適切。**冷凍母乳**を用いる場合は、母乳の搾乳、冷凍、運搬、保管などすべてを衛生的に行う必要がある。　　【正解】4

🌸ここだけ丸暗記！

■**乳汁分泌のしくみ**
分娩後、**エストロゲン等の急激な低下**により乳腺に対する乳汁分泌抑制作用が解除されると、脳の下垂体前葉から**プロラクチン**、下垂体後葉から**オキシトシン**が分泌され、これらの作用によって乳汁の生成と分泌が始まる。

■母乳栄養の主な利点

①感染抑制作用がある
　免疫グロブリンＡ（ＩｇＡ）、溶菌作用をもつリゾチーム、オリゴ糖その他
　の感染抑制物質が含まれているため、感染症の発症や重症化を防ぐ
②栄養素の消化吸収効率がよく、代謝負担が少ない
　乳児に必要な栄養素が適当な割合で含まれており、ほとんどが消化・吸収
　される。小児期の肥満や２型糖尿病発症リスクの低下のために有効
③出産後の母体の回復を早める
　乳児の吸てつ反射の刺激によりオキシトシンやプロラクチンが分泌される
　と、乳汁分泌促進とともに、子宮収縮作用によって子宮の回復が早まる

■乳児用調製粉乳の調乳における主な留意点

①洗浄・殺菌した哺乳ビンに、正確な量の湯を注ぐ。湯は70℃以上に保ち、
　沸かしてから30分以上放置しないこと
②正確な量の粉ミルクを哺乳ビン中の湯に加え、中身が完全に混ざるように
　哺乳ビンをゆっくり振る（または回転させる）
③常温保存で調乳後２時間以内に使用しなかったミルクは廃棄する

■母乳と牛乳の成分の比較

●母乳のほうが多く含む成分…炭水化物、ビタミンＡ、ビタミンＣ
●牛乳のほうが多く含む成分…たんぱく質、カルシウム

🌸ここもCHECK! ･･････････････････････････････････････

- 初乳（生後１週間程度までの乳）は黄白色で粘りけがあり、一般に「母乳」
  とよばれる成熟乳と比べて、たんぱく質やミネラルが多く、乳糖が少ない。
  また、感染抑制作用のある免疫グロブリンＡ（ＩｇＡ）などを多く含む。
- 乳児用調製液状乳（乳児用液体ミルク）は、液状の人工乳を容器に密封し
  たものであり、未開封であれば常温での保存が可能である。
- 乳糖を含む食品を摂ると下痢や腹痛などの症状が現れる乳糖不耐症の乳児は、
  無乳糖乳（乳糖やガラクトース〔→P.185〕を除去した乳）で栄養を得る。
- 乳児用調製粉乳・液状乳、無乳糖乳は、いずれも特別用途食品に該当する。

🅒チャレンジ○✕問題

解答・解説はP.220

Q1 乳児用調製粉乳は、50℃以上のお湯で調乳するとよい。

Q2 乳児用調製乳は「特定保健用食品」に位置付けられている。

「授乳・離乳の支援ガイド」

R3前問5・6　R3後問7　R4前問19　R5前問8

次の文は、「授乳・離乳の支援ガイド」（2019年：厚生労働省）の離乳の支援に関する記述である。（　A　）～（　D　）にあてはまる語句の正しい組み合わせを一つ選びなさい。

・離乳後期は、（　A　）固さのものを与える。離乳食は1日（　B　）回にし、食欲に応じて、離乳食の量を増やす。食べているときの口唇は、（　C　）の動きとなる。

・蜂蜜は、乳児ボツリヌス症を引き起こすリスクがあるため、（　D　）を過ぎるまでは与えない。

（組み合わせ）

	A	B	C	D
1	舌でつぶせる	2	左右対称	1歳
2	舌でつぶせる	3	左右非対称	2歳
3	歯ぐきでつぶせる	2	左右対称	2歳
4	歯ぐきでつぶせる	3	左右非対称	1歳
5	歯ぐきで噛める	3	左右対称	1歳

（R4前問7）

問題のポイント

離乳とは、乳汁栄養から幼児食に移行する過程をいう。試験では厚生労働省「**授乳・離乳の支援ガイド**」の内容がほぼ毎年出題されている。

解　説

［A］歯ぐきでつぶせる、［B］3、［C］左右非対称、［D］1歳。　【正解】4

ここだけ丸暗記！

■**離乳食の進め方の目安**（「授乳・離乳の支援ガイド」より）

時期	食べ方の目安	調理形態・食品・摂取機能
離乳初期 生後 **5～6か月**	・哺乳反射（→P.162）の減弱などが離乳開始の目安 ・子どもの様子を見ながら、**1日1回**、**1さじずつ**開始 ・母乳や育児用ミルクは**飲みたいだけ**与える	・なめらかに**すりつぶした**状態 ・**つぶしがゆ**から始め、すりつぶした野菜等も試してみる ・慣れてきたら、つぶした豆腐や白身魚、**卵黄**を試してみる ・口を閉じて取り込みができる

離乳中期 生後 7〜8か月	・1日2回食で食事のリズムをつけていく ・いろいろな味や舌ざわりを楽しめるように食品の種類を増やしていく ・離乳食の後、母乳は子どもの欲するまま、育児用ミルクは1日3回程度与える	・**舌**でつぶせる固さ ・**舌と上あご**でつぶしていけるようになる ・穀類、野菜、果物、たんぱく質性食品を組み合わせる ・**卵黄**（固ゆで）→**全卵**へ（全卵は1日**1／3**個が目安） ・白身魚→赤身魚→青皮魚へ
離乳後期 生後 9〜11か月	・食事のリズムを大切にして**1日3回食**に進めていく ・食欲に応じて、離乳食の量を増やす ・**共食**により食の楽しい体験を積み重ねる ・離乳食の後、母乳は子どもの欲するまま、育児用ミルクは1日2回程度与える	・**歯ぐき**でつぶせる固さ ・口唇は**左右非対称**の動きとなり、噛んでいる方向に寄っていく動きがみられる ・丸み（くぼみ）のある離乳食用のスプーンを下唇にのせ、上唇が閉じるのを待つ ・**手づかみ食べ**は積極的にさせたい行動である
離乳完了期 生後 12〜18か月	・エネルギーと栄養素の大部分を、母乳や育児用ミルク以外の食物から摂取できるようになった状態 ・1日3回の食事のリズムを大切に生活リズムを整える	・**歯ぐき**で噛める固さ ・**歯**を使うようになる（1歳頃に前歯8本が揃う→P.159） ・**手づかみ食べ**により、前歯で噛み取る練習をして、自分で食べる楽しみを増やす

8

子どもの食と栄養

🌸ここもCHECK!

- 離乳開始前に**果汁**や**イオン飲料**を与える栄養学的な意義は認められない。
- **フォローアップミルク**（離乳期以降の栄養補給を目的とした粉ミルク）は母乳代替食品ではなく、離乳が順調に進んでいれば摂取する必要はない。
- **ベビーフード**は、離乳食を手づくりする際の参考になる。不足しがちな鉄分の補給源としてレバーなどを取り入れたベビーフードの利用も可能である。

チャレンジ〇✕問題

Q1 離乳を開始したら、母乳や育児用ミルクは与えない。

Q2 離乳初期は、食物アレルギーを避けるため、卵黄を与えてはいけない。

8-6 乳幼児〜学童・思春期の食生活

乳幼児の食生活

R3後問1・6　R4前問1・8　R4後問3　R5前問2・9　R5後問1・7・8

次のうち、幼児期の摂食機能と食行動に関する記述として、適切な記述を○、不適切な記述を×とした場合の正しい組み合わせを一つ選びなさい。

A 摂食機能の発達過程では、手づかみ食べが上達し、目と手と口の協働ができていることによって、食器・食具が上手に使えるようになっていく。

B スプーンの握り方は、手のひら握りから鉛筆握りへと発達していく。

C 2歳頃には、箸を使って自分で上手に食べられるようになる。

D 「平成27年度乳幼児栄養調査」（厚生労働省）によると、「現在子どもの食事について困っていること」（回答者：2〜6歳児の保護者）で、「遊び食べをする」と回答した者は、子どもの年齢が高くなるにつれて減少する。　　　　　　（R3前問7）

（組み合わせ）

	A	B	C	D
1	○	○	○	○
2	○	○	×	○
3	○	×	×	×
4	×	○	○	○
5	×	×	○	×

解　説

［A］適切。［B］適切。**スプーンの握り方**は、①手のひら握り→②手指握り→③鉛筆握りの順に発達する。［C］不適切。箸を使って上手に食べられるようになるのは5〜6歳頃からとされている。［D］適切。**2〜3歳未満児**の保護者の回答で「**遊び食べをする**」の割合が最も高い。　　　　　【正解】2

■スプーンの握り方の発達

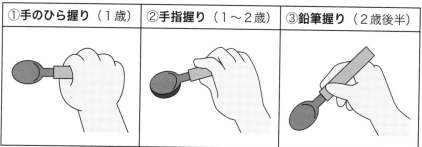

①手のひら握り（1歳）	②手指握り（1〜2歳）	③鉛筆握り（2歳後半）

ここだけ丸暗記！

■手づかみ食べ・遊び食べ・むら食い

手づかみ食べ	食物を目で確かめ、手指でつかみ、口まで運び入れるという**目と手と口の協調運動**。生後9か月〜2歳頃までにみられる（→P.201）。12〜18か月には上達し、目と手と口が協働することで**食器**や**食具**が上手に使えるようになる
遊び食べ	手で食べ物をいじったり、口から出して確認したりする行動。遊んでいるようにもみえるが、幼児が**食物の処理方法を探索**する自然な行動である
むら食い	毎回の食事量が一定でなく、食べるときと食べないときの差（むら）があること

■平成27年度 乳幼児栄養調査結果の概要

授乳期の栄養方法の推移　　　　　（回答者：0〜2歳児の保護者）

・授乳期の栄養方法は10年前と比べて母乳栄養の**割合が増加**し、生後1か月で51.3％、生後3か月では54.7％であった
・**混合栄養も含めた場合の母乳を与えている割合**は、生後1か月で**96.5％**、生後3か月で**89.8％**であった

母乳育児に関する妊娠中の考え　　　（回答者：0〜2歳児の保護者）

・妊娠中に、「**ぜひ母乳で育てたいと思った**」と回答した者の割合は**43.0％**、「母乳が出れば母乳で育てたいと思った」と回答した者の割合は50.4％であり、合計すると**母乳で育てたい**と思った者の割合は**9割**を超えていた
・母乳育児に関する妊娠中の考え別に、授乳期の栄養方法（1か月）をみると、「ぜひ母乳で育てたいと思った」と回答した者は母乳栄養の割合が最も高く（67.6％）、「母乳が出れば母乳で育てたいと思った」と回答した者は、混合栄養の割合が最も高かった（55.6％）

授乳について困ったこと　　　　　　（回答者：0〜2歳児の保護者）

・授乳期の栄養方法（1か月）別にみると、授乳について何らか困ったことがある者の割合は混合栄養が88.2％と最も高く、人工栄養が69.8％、母乳栄養が69.6％であった
・授乳について困ったことは「**母乳が足りているかどうかわからない**」40.7％が最も多く、次いで「母乳が不足気味」20.4％、「授乳が負担・大変」20.0％の順で多かった（母乳栄養、混合栄養、人工栄養の総数中）

離乳食の開始時期と完了時期　　　　（回答者：0〜2歳児の保護者）

・離乳食の開始時期は、「**6か月**」の割合が44.9％と最も高い
・離乳食の完了時期は、「**13〜15か月**」の割合が33.3％と最も高い

8

子どもの食と栄養

離乳食について困ったこと	（回答者：0〜2歳児の保護者）

- 離乳食について困ったことは「**作るのが負担、大変**」33.5%、「もぐもぐ、かみかみが少ない（丸のみしている）」28.9%、「食べる量が少ない」21.8%の順で多かった
- 離乳食について、約**75%**の保護者が何らかの困りごとを抱えていた

現在子どもの食事について困っていること	（回答者：2〜6歳児の保護者）

- 2歳〜3歳未満では「**遊び食べをする**」と回答した者の割合が41.8%と最も高かった（「遊び食べをする」は年齢が高くなるにつれて減少していく）
- 3歳〜4歳未満、4歳〜5歳未満、5歳以上では「**食べるのに時間がかかる**」と回答した者の割合がいずれも最も高かった

共食の状況	（回答者：2〜6歳児の保護者）

- **朝食**では「**おとなの家族の誰かと食べる**」と回答した者の割合（50.2%）が最も高く、**夕食**では「**家族そろって食べる**」と回答した者の割合（48.0%）が最も高かった
- 子どもだけで食べる「**子食**」は、**朝食**では18.1%、**夕食**では1.9%であった

朝食習慣	（回答者：2〜6歳児の保護者）

- 毎日、朝食を「**必ず食べる**」と回答した子どもの割合は**93.3%**であった
- **欠食**する子どもの割合は6.4%（「ほとんど食べない」「週に4〜5日食べないことがある」の合計）であった
- 朝食を必ず食べる子どもの割合について**起床時刻別**にみると、平日・休日とも「午前6時前」が最も高く、起床時間が遅くなるにつれて、朝食を食べる子どもの割合は減少する

子どもの間食（3食以外に食べるもの）の状況	（回答者：2〜6歳児の保護者）

- 間食の与え方について、「**時間を決めてあげることが多い**」と回答した者の割合が56.3%と最も高かった
- 子どもが間食で甘い飲み物やお菓子を1日にとる回数は、どの年齢階級も「**1回**」と回答した者の割合が最も高かった

ここもCHECK!

- 幼児期では、**間食**を**食事の一部**と考えて、間食でエネルギー、栄養素、水分の補給を行うことが望ましい。

チャレンジ〇×問題

解答・解説はP.220

Q1 平成27年度乳幼児栄養調査結果の概要によると、授乳について困ったことは「授乳が負担、大変」が最も多い（3つの栄養方法の総数中）。

学童期・思春期の食生活

R3前問8・9　R3後問8・9　R4前問20　R4後問11・12　R5前問10・11　R5後問10

 次のうち、学童期の食生活に関する記述として、<u>不適切なもの</u>を一つ選びなさい。

1 「学校給食摂取基準の策定について（報告）」（令和2年　文部科学省）によると、学校給食のない日は、ある日と比べて、カルシウムの摂取不足が顕著であった。

2 「楽しく食べる子どもに〜食からはじまる健やかガイド〜」（平成16年厚生労働省）では、学童期に育てたい「食べる力」として、「自分の食生活を振り返り、評価し、改善できる」をあげている。

3 「学校給食法」の「学校給食の目標」の一つに、「適切な栄養の摂取による健康の保持増進を図る こと」があげられている。

4 「平成31年度（令和元年度）全国学力・学習状況調査」（文部科学省）によると、「朝食を毎日食べていますか」という質問に対し、「あまりしていない」、及び「全くしていない」と回答した小学校6年生の割合は約3割であった。

5 「食に関する指導の手引 第二次改訂版」（平成31年　文部科学省）では、「給食指導とは、給食の準備、会食、片付けなどの一連の指導を、実際の活動を通して、毎日繰り返し行う教育活動である」と述べられている。

（R5後問9）

解 説

[4]「朝食を毎日食べていますか」という質問に対し、**否定的な解答**（「あまりしていない」「全くしていない」）をした小学校6年生の割合は**4.6%**（同様に中学校3年生の割合は**6.9%**）であった。他の肢はすべて適切。　【正解】4

ここだけ丸暗記！

■「平成31年度（令和元年度）全国学力・学習状況調査」のポイント

● 「毎日、同じくらいの時刻に起きていますか」という質問について
⇒否定的な解答の割合…小学校6年生：**8.4%**、中学校3年生：**7.1%**

● 「毎日、同じくらいの時刻に寝ていますか」という質問について
⇒否定的な解答の割合…小学校6年生：**18.6%**、中学校3年生：**22.0%**

● **毎日朝食を食べる**子どもほど、**学力調査の平均正答率**や体力合計点が**高い**

● **朝食欠食率**は、一時期は減少傾向がみられたものの、近年は横ばい傾向

8
子どもの食と栄養

■「楽しく食べる子どもに〜食からはじまる健やかガイド〜」より
「発育・発達過程に応じて育てたい"食べる力"」

学童期 ―食の体験を深め、食の世界を広げよう―
・１日３回の食事や間食のリズムがもてる ・**食事のバランスや適量がわかる** ・家族や仲間と一緒に食事づくりや準備を楽しむ ・自然と食べ物との関わり、地域と食べ物との関わりに関心をもつ ・**自分の食生活を振り返り、評価し、改善できる**
思春期 ―自分らしい食生活を実現し、健やかな食文化の担い手になろう―
・食べたい食事のイメージを描き、それを実現できる ・一緒に食べる人を気遣い、楽しく食べることができる ・食料の生産・流通から食卓までのプロセスがわかる ・自分の身体の成長や体調の変化を知り、自分の身体を大切にできる ・食に関わる活動を計画したり、積極的に参加したりすることができる

■学校給食法第２条が定める「学校給食の目標（７項目）」

①**適切な栄養の摂取**による健康の保持増進を図る
②日常生活における食事について正しい理解を深め、健全な食生活を営むことができる**判断力**を培い、および望ましい**食習慣**を養う
③学校生活を豊かにし、明るい**社交性**および協同の精神を養う
④食生活が**自然の恩恵**の上に成り立つものであることについての理解を深め、生命および自然を尊重する精神並びに環境の保全に寄与する態度を養う
⑤食生活が食にかかわる人々の様々な活動に支えられていることについての理解を深め、**勤労を重んずる態度**を養う
⑥我が国や各地域の優れた**伝統的な食文化**についての理解を深める
⑦食料の**生産**、流通および**消費**について、正しい理解に導く

■**いろいろな「こ食」**

孤食	１人だけで食事をする
個食	複数人で食卓を囲んでいても食べている物がそれぞれ違う
子食	子どもだけで食事をする
固食	同じ物ばかり食べる

チャレンジ〇×問題

解答・解説はP.220

Q1 毎日朝食を食べる子どもほど学力調査の平均正答率が高い傾向にある。

Q2 「食からはじまる健やかガイド」では、学童期に育てたい「食べる力」として、「家族や仲間と一緒に食べる楽しさを味わう」をあげている。

8-7 食育の推進

食育基本法と食育推進基本計画

R3前問13　R3後問20　R4後問14　R5前問13　R5後問12

次のうち、「食育推進基本計画」に関する記述として、適切なものを○、不適切なものを×とした場合の正しい組み合わせを一つ選びなさい。

A 食育推進基本計画は、「食育基本法」に基づき、食育の推進に関する基本的な方針や目標について定めている。

B 都道府県は、食育推進基本計画に基づき、食育推進計画を作成するよう努めなければならない。

C「第4次食育推進基本計画」（農林水産省）は、令和4〜6年度までの計画である。

D「第4次食育推進基本計画」（農林水産省）の重点事項の一つに、「持続可能な食を支える食育の推進」がある。

（組み合わせ）

	A	B	C	D
1	○	○	○	×
2	○	○	×	○
3	○	×	○	×
4	×	○	×	○
5	×	×	○	○

（R5後問13）

問題のポイント

食育とは、「食」に関する知識と「食」を選択する力を習得し、健全な食生活を実践できる人間を育てることをいう。試験では食育基本法の前文や基本理念のほか、食育推進基本計画の3つの重点事項がよく出題されている。

解説

[A] 適切。食育基本法は、食育の推進に関する施策の総合的かつ計画的な推進を図るため、食育推進会議が食育推進基本計画を作成するものとしている。[B] 適切。さらに、市町村も食育推進基本計画および都道府県食育推進計画に基づいて、市町村食育推進計画を作成するよう努めなければならないとされている。[C] 不適切。第4次食育推進基本計画は、令和3〜7年度までの5年間を計画期間としている。[D] 適切。第4次食育推進基本計画では、これら3つの重点事項（→P.208）を柱として、SDGs（持続可能な開発目標）の考え方を踏まえ、食育を総合的かつ計画的に推進することとしている。　【正解】2

8

子どもの食と栄養

■食育基本法の「前文」より（抜粋）

…子どもたちが豊かな**人間性**をはぐくみ、生きる力を身に付けていくためには、何よりも「食」が重要である。今、改めて、食育を、生きる上での基本であって、知育、徳育**及び体育の基礎**となるべきものと位置付けるとともに、**様々な経験を通じて「食」に関する**知識と「食」を選択する力を習得し、健全な食生活を実践することができる人間を育てる食育を推進することが求められている。もとより、食育はあらゆる世代の国民に必要なものであるが、子どもたちに対する食育は、**心身の成長及び人格の形成**に大きな影響を及ぼし、生涯にわたって健全な心と身体を培い豊かな人間性をはぐくんでいく基礎となるものである。…

■食育基本法の７つの基本理念（同法第２条〜第８条）

①国民の**心身の健康**の増進と豊かな**人間形成**
②食に関する**感謝の念**と理解
③食育推進運動の展開
④子どもの食育における**保護者、教育関係者**等の役割
⑤食に関する体験活動と食育推進活動の実践
⑥**伝統的な食文化**、環境と調和した生産等への配意および農山漁村の活性化と食料自給率の向上への貢献
⑦**食品の安全性**の確保等における食育の役割

■第４次食育推進基本計画の３つの重点事項

①**生涯を通じた**心身の健康を支える食育の推進
②持続可能**な食**を支える食育の推進
　・食と環境の調和：**環境の環**（わ）
　・農林水産業や農山漁村を支える多様な主体とのつながりの深化
　　：**人の輪**（わ）
　・日本の伝統的な和食文化の保護・継承：**和食文化の和**（わ）
③「新たな日常」やデジタル化に対応した食育の推進

チャレンジ○✕問題

解答・解説はP.220

Q1 食育基本法では、「健康寿命の延伸及び健康格差の縮小」を基本理念の１つとして掲げている。

保育所における食育

R3前問12　R3後問11・13　R4前問12・13　R4後問10　R5前問18　R5後問14・16

 次のうち、「保育所保育指針」第３章「健康及び安全」の２「食育の推進」の一部として、正しいものを○、誤ったものを×とした場合の正しい組み合わせを一つ選びなさい

A 食事の提供を含む食育計画を全体的な計画に基づいて作成し、その評価及び改善に努めること。

B 保育所における食育は、健康な生活の基本としての「生きる力」の育成に向け、その基礎を培うことを目標とすること。

C 栄養士が配置されている場合は、専門性を生かした対応を図ること。

D 子どもと調理員等との関わりや、調理室など食に関わる保育環境に配慮すること。

（組み合わせ）

	A	B	C	D
1	○	○	○	×
2	○	○	×	○
3	○	×	○	○
4	×	○	○	×
5	×	×	×	○

（R5前問15）

問題のポイント

保育所における食育に関しては、**保育所保育指針**の第３章「健康及び安全」の２「食育の推進」の記述のほか、「楽しく食べる子どもに～**保育所における食育に関する指針**～」（平成16年）の「食育の目標」「食育のねらい及び内容」からの出題が多い。「食育のねらい及び内容」は、「**3歳以上児**」についてよく出題されているが、「**1歳3か月～2歳未満児**」についての問題もみられる。

解　説

[A] 適切。保育指針第３章２「食育の推進」の（1）のウ前段。[B] 不適切。これは（1）のアの記述であるが、「生きる力」ではなく、「**食を営む力**」が正しい。[C] 適切。（1）のウ後段の記述である。[D] 適切。これは（2）のアの後半の記述である。　　　　　　　　　　　　　　　　　　　　【正解】3

ここだけ丸暗記！ ·····································

■保育指針第３章「健康及び安全」の２「食育の推進」

（1）保育所の特性を生かした食育
ア　保育所における食育は、健康な生活の基本としての「**食を営む力**」の育成に向け、その基礎を培うことを目標とすること

8

子どもの食と栄養

イ　子どもが**生活**と**遊び**の中で、意欲をもって**食に関わる体験**を積み重ね、**食べること**を楽しみ、**食事**を楽しみ合う子どもに成長していくことを期待するものであること

ウ　乳幼児期にふさわしい食生活が展開され、適切な援助が行われるよう、食事の提供を含む**食育計画**を全体的な計画に基づいて作成し、その**評価**及び**改善**に努めること。**栄養士**が配置されている場合は、専門性を生かした対応を図ること

（2）食育の環境の整備等

ア　子どもが自らの**感覚**や**体験**を通して、**自然の恵み**としての食材や**食の循環・環境への意識**、**調理する人への感謝の気持ち**が育つように、子どもと**調理員**等との関わりや、調理室など食に関わる保育環境に配慮すること

イ　保護者や地域の多様な関係者との連携及び協働の下で、食に関する取組が進められること。また、市町村の支援の下に、**地域の関係機関**等との日常的な連携を図り、必要な協力が得られるよう努めること

ウ　**体調不良**、**食物アレルギー**、**障害**のある子どもなど、一人一人の子どもの心身の状態等に応じ、**嘱託医**、**かかりつけ医**等の指示や協力の下に適切に対応すること。**栄養士**が配置されている場合は、専門性を生かした対応を図ること

■「**楽しく食べる子どもに〜保育所における食育に関する指針〜**」より
● **「食育の目標」**

現在を最もよく生き、かつ、生涯にわたって健康で質の高い生活を送る基本としての「**食を営む力**」の育成に向け、その基礎を培うことが保育所における食育の目標である。（中略）次にかかげる**子ども像の実現**を目指して行う。

① **お腹がすくリズム**のもてる子ども
② **食べたいもの**、**好きなもの**が増える子ども
③ **一緒に食べたい人**がいる子ども
④ **食事づくり**、**準備にかかわる**子ども
⑤ **食べもの**を話題にする子ども

● **「食育のねらい及び内容」**より
〈**1歳3か月〜2歳未満児**〉の「**内容**」

・よく遊び、よく眠り、食事を楽しむ
・いろいろな食べものに関心を持ち、手づかみ、または、スプーン、フォークなどを使って自分から意欲的に食べようとする
・食事の前後や汚れたときは、顔や手を拭き、きれいになった快さを感じる
・楽しい雰囲気の中で、一緒に食べる人に関心を持つ

〈**3歳以上児**〉の「内容」（抜粋）

食と健康
・好きな食べものをおいしく食べる
・慣れない食べものや嫌いな食べものにも挑戦する
・自分の健康に関心を持ち、必要な食品を進んでとろうとする
・健康と食べものの関係について関心を持つ
・**うがい**、**手洗い**など、身の回りを清潔にし、食生活に必要な活動を自分でする
・**保育所生活における食事の仕方**を知り、自分たちで場を整える
・食事の際には、**安全に気をつけて行動**する

食と人間関係
・身近な大人や友達とともに、食事をする喜びを味わう
・**同じ料理**を食べたり、**分け合って**食事することを喜ぶ
・食の場を共有する中で、**友達との関わり**を深め、思いやりを持つ
・**調理をしている人**に関心を持ち、**感謝**の気持ちを持つ
・地域の**お年寄り**や**外国の人**など様々な人々と食事を共にする中で、親しみを持つ
・楽しく食事をするために、必要な**きまり**に気付き、守ろうとする

食と文化
・食材にも**旬**があることを知り、**季節感**を感じる
・**地域の産物**を生かした料理を味わい、**郷土への親しみ**を持つ
・様々な伝統的な日本特有の食事を体験する
・外国の人々など、自分と異なる食文化に興味や関心を持つ
・伝統的な食品加工に出会い、味わう
・**食事にあった食具**（スプーンや箸など）の使い方を身につける
・挨拶や姿勢など、気持ちよく食事をするための**マナー**を身につける

いのちの育ちと食
・動植物に触れ合うことで、いのちの美しさ、不思議さなどに気付く
・**収穫の時期**に気付く
・**自分たちで育てた野菜**を食べる
・小動物を飼い、世話をする
・卵や乳など、身近な動物からの恵みに、感謝の気持ちを持つ
・**食べ物を皆で分け**、食べる喜びを味わう

料理と食
・食事づくりの過程の中で、大人の援助を受けながら、自分でできることを増やす
・食材の**色**、**形**、**香り**などに興味を持つ
・**調理器具**の使い方を学び、安全で衛生的な使用法を身につける
・身近な大人や友達と協力し合って、調理することを楽しむ
・おいしそうな**盛り付け**を考える
・食事が楽しくなるような雰囲気を考え、おいしく食べる

8

子どもの食と栄養

8-8 食中毒

食中毒とその予防のための衛生管理

R3前問14　R4後問17　R5前問16　R5後問19

 次のうち、「児童福祉施設における食事の提供ガイド」（平成22年：厚生労働省）における「食事の提供における食中毒予防のための衛生管理」に関する記述として、<u>不適切な記述</u>を一つ選びなさい。

1 加熱調理において、中心部を75℃で１分間以上（ノロウイルス汚染の危険がある場合は85〜90℃で90秒間以上）加熱する。
2 原材料受入れ（検収の実施と記録）および下処理段階における管理を徹底する。
3 食中毒菌が付着した場合に菌の増殖を防ぐため、原材料および調理後の食品の温度管理を徹底する。
4 加熱調理後の食品および非加熱調理食品の二次汚染防止を徹底する。
5 調理後の食品は３時間以内に食べる。　　　　　　　　　　（R3後問14）

問題のポイント

食中毒は、その原因となる細菌やウイルスが食べ物などに付着し、体内へ侵入することによって発生する。食中毒を防ぐには、**細菌**の場合、細菌を食べ物や食器等に「付けない」、付着した細菌を「増やさない」、食べ物や食器等に付着した細菌を「やっつける（殺菌する）」という３つのことが原則となる。これを**細菌性食中毒予防の３原則**という。試験では、食中毒を起こす細菌・ウイルスごとの特徴や予防方法のほか、「**児童福祉施設における食事の提供ガイド**」に示されている食中毒予防のための衛生管理について出題されている。

解　説

[1] [2] [3] [4] はすべて適切。この４つはいずれも「調理過程における重要管理事項」とされている。[5] 不適切。「調理後の食品は、調理終了後から**2時間**以内に喫食することが望ましい」とされている（この調理は加熱調理に限定されるものではなく、冷蔵庫から出して提供する場合も含まれる。なお、調乳後２時間以内に使用しなかったミルクは廃棄する（→P.199）。【正解】5

ここだけ丸暗記！

■主な細菌性食中毒・ウイルス性食中毒

カンピロバクター（細菌：感染型）	
特徴	家畜の腸管内に生息し、食肉を汚染する。腹痛、下痢、発熱など。乾燥にきわめて弱く、また通常の加熱調理で死滅する
原因食品	食肉（十分に**加熱していない鶏肉**が原因となることが多い）

サルモネラ菌（細菌：感染型）	
特徴	動物の腸管内や、河川・下水に生息。はげしい腹痛、下痢など
原因食品	鶏卵、食肉（牛レバー刺し、鶏肉）

黄色ブドウ球菌（細菌：食品内毒素型）	
特徴	**化膿した傷などに触った手指**での調理等が原因となる。菌自体は熱に弱いが、産生する毒素（**エンテロトキシン**）に**耐熱性**がある
原因食品	おにぎり、サンドイッチ、弁当、生菓子

ボツリヌス菌（細菌：食品内毒素型）	
特徴	食品内で産生するボツリヌス毒素が原因。乳児ボツリヌス症予防のため、**1歳未満**の子どもには**蜂蜜**を与えない（→P.200）
原因食品	ハム・ソーセージ、肉類の缶詰、いずし、蜂蜜（乳児の場合）

腸管出血性大腸菌（細菌：生体内毒素型）	
特徴	**ベロ毒素**を産生する大腸菌（**O-157**など）による食中毒。腹痛と大量の新鮮血を伴う血便、尿毒症、意識障害
原因食品	生肉、牛レバー、井戸水

ウエルシュ菌（細菌：生体内毒素型）	
特徴	**学校給食**や修学旅行での集団感染が多い。食品を加熱調理してもウエルシュ菌の耐熱性芽胞は生き残り、冷めると再び増殖する
原因食品	肉・魚・野菜を使用した**カレー**やシチュー、煮物

ノロウイルス（ウイルス）	
特徴	**二枚貝**などの食品は中心部**85〜90℃**で**90秒以上**の加熱が有効
原因食品	カキ等の**二枚貝**、二次汚染された食品

ここもCHECK！

- じゃがいもは、未成熟で小さいものは使用せず、また、**芽**や日光に当たって**緑化した部分**を十分に取り除くことによって、**ソラニン類食中毒**を防ぐ。

チャレンジ〇×問題

解答・解説はP.220

Q1 サルモネラ菌食中毒は、カレーの再加熱不足が原因となることが多い。

8

子どもの食と栄養

食物アレルギー症状その他障害がある場合の食事

R3前問17・18・19 R3後問15・17 R4前問16 R4後問20 R5前問19 R5後問20

問 次の文は、食物アレルギーのある子どもの食に関する記述である。適切なものを○、不適切なものを×とした場合の正しい組み合わせを一つ選びなさい。

A 食物アレルギーのアレルゲンは、ほとんどが食品中に含まれるたんぱく質である。

B 食物アレルギーに関与する主な抗体は、免疫グロブリンA（IgA）である。

C 乳幼児の食物アレルギーの原因食物として最も多いのは、エビ、カニなどの甲殻類である。

D 保育所では、乳幼児が食事の自己管理ができないために、除去食品の誤食が発生する可能性があり、保育士は注意が必要である。

（組み合わせ）

	A	B	C	D
1	○	○	○	×
2	○	×	○	○
3	○	×	×	○
4	×	○	×	○
5	×	×	○	×

（R4後問19）

問題のポイント

食物アレルギーとは、食物に含まれる**アレルゲン**（アレルギーの原因物質）を異物（抗原）と認識し、からだが**自分自身を防御**するために**過剰な反応**を起こすことをいう。**アナフィラキシー**と呼ばれる最も激烈なタイプでは、呼吸困難や血圧低下、意識消失等の症状が起こり、死に至る場合もある（→P.166）。

解説

[A] 適切。食物アレルギーのほとんどは食物に含まれる**たんぱく質**が原因で起こる。[B] 不適切。食物アレルギーを引き起こす**抗体**（本来は抗原に対抗するための物質）は**免疫グロブリンE（IgE）**である。[C] 不適切。食物アレルギーはあらゆる食物が原因となるが、保育所で**除去**している食物は**鶏卵**が最も多く、次いで**乳製品**である。そのほかに**小麦、ピーナッツ、大豆製品、そば、ごま、甲殻類**（エビ、カニ）などがある。魚卵、果物、ナッツ類、ピーナッツ、甲殻類は、幼児期以降に新規発症する傾向がある。[D] 適切。原因食物の除去と除去食品の誤食防止については→P.165～166、P.178。【正解】3

🌸 ここだけ丸暗記！ ·······················

■ 主な食物アレルギー

鶏卵アレルギー
小児の**即時型食物アレルギー**（食物摂取後主に2時間以内に症状が現れる）の中で最も多い。卵白のアレルゲンを主原因とする。**オボムコイド**（卵白に含まれる耐熱性たんぱく質）以外は加熱等によりアレルゲン性が低下する。加熱した**卵黄**は少量の卵白が付着していても摂取可能な小児が多い。鶏卵を使った天ぷらの衣やハンバーグのつなぎ等は、いも類やでんぷんで代替可能〔除去不要の食品：卵殻カルシウム〕

牛乳アレルギー
多くは乳児期に発症し、小児の即時型食物アレルギーの中で2番目に多い。**牛乳除去**（飲用乳の代替として豆乳を用いるなど）により**カルシウム**が不足しやすいため、カルシウム豊富な食品の摂取や牛乳アレルゲン除去調製粉乳などの摂取を推奨する〔除去不要の食品：乳糖、牛肉〕

小麦アレルギー
小麦アレルギーであっても、**米**や他の**雑穀類**は摂取できる。醤油は醸造過程で小麦たんぱく質のほとんどがアミノ酸まで分解されるため摂取可能である〔除去不要の食品：醤油、酢、麦茶〕

大豆アレルギー
乳児期発症の即時型大豆アレルギーは耐性化率が高く、多くは幼児期までに寛解する。**納豆**は発酵によって低アレルゲン化が期待できる〔除去不要の食品：大豆油、醤油、味噌〕

魚類アレルギー・魚卵アレルギー
魚類全般の除去によって**ビタミンD**が不足しやすいため、卵黄やきくらげ、干ししいたけなどで補う。魚卵アレルギーの原因食物は**イクラ**が多い〔除去不要の食品：かつおだし、いりこだし〕

8

子どもの食と栄養

🌸 ここもCHECK！ ·······················

- 最近では、幼児の**いくら**、**ナッツ類**などのアレルギーが増えている。
- 厚生労働省「**保育所におけるアレルギー対応ガイドライン**」（2019年）では、新規の食物は、家庭において可能であれば2回以上、何ら症状が誘発されないことを確認した上で給食として提供することが理想的としている。また、加工食品は納入のたびに使用材料を確認することとしている。
- 容器包装された加工食品の場合、**卵**、**乳**、**小麦**、**えび**、**かに**、**そば**、**落花生**の7品目は、アレルギー表示を義務付ける**特定原材料**とされている。

■摂食に障害がある場合の食事介助

- 食事中および食事後の数十分間は、背もたれを動かせるベッドや椅子等を使って少しでも**上体を起こし**、胃に入った食べものが食道に逆流しないように気をつける
- 頭を後方に反らすと筋肉群が緊張して咀（そ）しゃく・嚥下（えんげ）がしにくくなるため、少し**前かがみ**にする
- 食事の援助をする場合は、**子どもと同じ目の高さ**で行うことが基本
- 摂食機能に合わせて、食べ物の形態（硬さ、大きさなど）を工夫する
- **スプーン**のボール部の幅は、**口の幅より小さい**ものを選ぶ
- 食べ物を口へ運ぶ際の1回量は少な目を心がけ、口唇で取りこみやすいように、食べ物は**スプーンの先のほう**へ乗せるようにする
- 口唇でうまくスプーンの上の食べ物を取り込めない場合には、**スプーンは浅い**ものがよく、摂食機能の発達に合わせて深いものにしていく
- 食器は、縁の立ち上がっているものの方がすくいやすい
- 縁（ふち）の一部がカットされている**カットコップ**は、傾けても鼻に当たりにくく、頭をまっすぐにしたままでも飲みやすい

■障害のある子どもが食べにくい（誤嚥しやすい）食品の例

サラサラした液体	水、お茶、ジュース、牛乳、みそ汁
硬くて口の中でバラバラになる	肉、かまぼこ、いか、たこ、たけのこ
水分が少ない	カステラ、食パン、いも類
口腔内に付着しやすい	干しのり、わかめ、ウエハース、青菜類
粘性が強い	もち、だんご
酸味が強い	柑橘類、オレンジジュース、酢の物
のどに詰まりやすい	大豆、ピーナッツ

✿ ここもCHECK! ·····································

- **ゼリー状**、**ポタージュ状**の食品は、飲み込みやすい。
- 食べ物を**嚥下しやすくする**ための食品として、**片栗粉**、**コーンスターチ**、**ゼラチン**などがある。

チャレンジ○×問題

解答・解説はP.220

Q1 鶏卵アレルギーは、卵黄のアレルゲンが主原因である。

Q2 嚥下が困難な子どもにとって、酸味の強い柑橘類は食べやすい。

日本の食文化と食習慣

R3前問3・4 R3後問4・18 R4前問4・5 R4後問6・7 R5前問14 R5後問4

問 次の文は、五節句と行事食に関する記述である。適切なものを○、不適切なものを×とした場合の正しい組み合わせを一つ選びなさい。

A 人日（じんじつ）の節句は、七草の節句ともいい、くず、ききょう、ふじばかま、おみなえし、なでしこ、はぎ、おばなの七草を入れた粥（かゆ）を食べる。

B 上巳（じょうし／じょうみ）の節句は、桃の節句ともいい、女児の成長を祝い、桃の花、白酒、ひなあられ、菱餅などをひな壇にそなえる。

C 端午（たんご）の節句は、男児の成長を祝い、ちまき、柏餅などを食べる。

D 重陽（ちょうよう）の節句は、かぼちゃ、小豆粥（あずきがゆ）などを食べる。　（R4後問15）

（組み合わせ）

	A	B	C	D
1	○	○	×	×
2	○	×	×	○
3	×	○	○	○
4	×	○	○	×
5	×	×	○	○

解　説

季節の変わり目となる日を節句といい、特別な料理（節供（せっく））をつくって祝う。[A] 不適切。これらは「秋の七草」である。人日の日には「春の七草（せり、なずな、ごぎょう、はこべら、ほとけのざ、すずな、すずしろ）」で七草粥をつくる。[B] [C] 適切。[D] 不適切。かぼちゃや小豆粥を食べるのは冬至の日（12月22日頃）である。　【正解】4

■五節句とその節供

節句	月日	節句の別名	料理（節供）
人日	1月7日	七草の節句	七草粥（春の七草）
上巳	3月3日	桃の節句	ちらし寿司、蛤（はまぐり）の吸物、白酒、菱餅（ひしもち）
端午	5月5日	菖蒲（しょうぶ）の節句	ちまき、柏餅（かしわもち）
七夕	7月7日	笹の節句	そうめん、うり類
重陽	9月9日	菊の節句	菊酒（酒に菊の花びら）菊ずし、栗ご飯

8

子どもの食と栄養

■おせち料理の意味（いわれ）

数の子	ニシン（二親）の卵が詰まっているので、**子孫繁栄**を表す
田作り	イワシが農作物の肥料であったことから、**豊作**を表す
黒豆	日焼けして黒くなるまで**まめに働ける**ようにとの願い
昆布巻き	養老昆布が「**よろこぶ**」に通じて縁起が良いから
栗きんとん	栗は「**勝ち栗**」と呼ばれる縁起ものであることから
海老	腰が曲がるまで**長寿**でいられるようにとの願い

■和食の献立の基本「一汁三菜」の例（米飯のほかに汁１品＋おかず３品）

■和食の調理用語

湯通し	食材を熱湯に入れて加熱し、すぐに取り出す
湯せん	食材を入れた小さい鍋を、湯を入れた大きい鍋に入れて加熱する
湯むき	食材に湯をかけたあと、冷水にとり、皮をむく
油抜き	油で揚げた食材に熱湯をかけるなどして、表面の油をとる
煮しめ	煮汁が少しだけ残るくらいまで時間をかけて食材を煮たもの
煮こごり	魚肉などをやわらかく煮てゼラチンで固めたもの

■食品の原料

片栗粉…でんぷん（じゃがいも等）	つぶあん・こしあん…小豆
きな粉…大豆	バター…牛乳
白玉粉…米	マーガリン…植物油脂（コーン油等）

■味の相互作用の例

相乗効果	昆布とかつお節を合わせると、うま味が強まる
対比効果	すいかに塩をかけると、甘みが増す
抑制効果	コーヒーに砂糖を入れると、苦みが弱まる
変調効果	違う味の食べ物を続けて食べると、あとの食べ物の味が変わる

■食品の表示

栄養成分	①熱量（エネルギー）、②たんぱく質、③脂質、④炭水化物、⑤ナトリウム（食塩相当量）の5項目の含有量を表示する
消費期限	**品質が急速に劣化しやすい食品**に表示する。消費期限を過ぎると安全性を欠くおそれがあるため、食べないほうがよい
賞味期限	**日持ちする食品**に表示する。品質を保ち、おいしく食べられる期限という意味。経過後も食べられないわけではない
保健機能食品	・**特定保健用食品**…国が審査を行い、消費者庁長官が許可 ・**機能性表示食品**…審査はないが消費者庁長官への届出必要 ・**栄養機能食品**…基準に適合すれば許可や届出は不要
特別用途食品	乳幼児、妊産婦、病者の健康の保持や回復等に適するという特別な用途について表示する（→P.199）。国の許可が必要

■代表的な郷土料理

北海道：三平汁	石川：治部煮	高知：皿鉢料理
青森：せんべい汁	福井：越前ガニの鍋	岡山：ままかり料理
秋田：きりたんぽ	山梨：ほうとう	広島：かきめし
岩手：わんこそば	長野：信州そば	山口：ふぐ料理
山形：いも煮	岐阜：朴葉みそ	鳥取：松葉ガニ料理
宮城：ずんだ餅	静岡：うなぎ料理	島根：出雲そば
福島：ニシンの山椒漬	愛知：ひつまぶし	福岡：がめ煮
茨城：アンコウ鍋	三重：手こね寿司	佐賀：ムツゴロウの蒲焼
栃木：しもつかれ	滋賀：鮒寿司	長崎：卓袱料理
群馬：こんにゃく料理	京都：ハモ料理	熊本：からし蓮根
埼玉：冷汁うどん	奈良：柿の葉寿司	大分：だんご汁
千葉：さんが焼き	大阪：バッテラ	宮崎：冷や汁
東京：深川めし	和歌山：茶粥	鹿児島：さつま揚げ
神奈川：けんちん汁	兵庫：イカナゴの釘煮	沖縄：ソーキそば
新潟：笹だんご	香川：讃岐うどん	
富山：鱒ずし	徳島：そば米雑炊	

8

子どもの食と栄養

チャレンジ○×問題

解答・解説はP.220

Q1 特定保健用食品（トクホ）は、表示されている効果や安全性については都道府県が審査を行い、食品ごとに消費者庁長官が許可している。

Q2 ほうとうは山梨県、かきめしは広島県の郷土料理である。

チャレンジ○×問題 解答・解説

🐻 **3大栄養素（P.186）**

Q1 ○／**Q2** ×ヒトに必要なたんぱく質は**20種類**のアミノ酸の組み合せによってつくられている／**Q3** ○

🐻 **ビタミンとミネラル（P.189）**

Q1 ○／**Q2** ○／**Q3** ×貧血は鉄の**欠乏症**。鉄の過剰症としては、嘔吐や下痢、腸その他の臓器の損傷（鉄の沈着による組織障害）が挙げられる

🐻 **「日本人の食事摂取基準」（P.193）**

Q1 ○／**Q2** ×12～14歳の**カルシウム**の推奨量は、男女とも他の年代に比べて最も高い

🐻 **「妊娠前からはじめる妊産婦のための食生活指針」（P.197）**

Q1 ×サバは、水銀**摂取**について特に注意する必要はないとされている／**Q2** ○

🐻 **乳汁栄養（P.199）**

Q1 ×乳児用調製粉乳は**70℃以上**の湯で調乳する／**Q2** ×乳児用調製乳（粉乳・液状乳）は「**特別用途食品**」に位置付けられている。なお、「特定保健用食品」とは特定の保健機能成分を含む食品のことで、一般に「トクホ」と呼ばれている

🐻 **「授乳・離乳の支援ガイド」（P.201）**

Q1 ×母乳や育児用ミルクは離乳の進行・完了の状況に応じて与える／**Q2** ×つぶしがゆに慣れてきたら、つぶした豆腐や白身魚のほか、卵黄も試してみることとされている

🐻 **乳幼児期の食生活（P.204）**

Q1 ×授乳について困ったことは、3つの栄養方法の総数中では「**母乳が**足りているか**どうかわからない**」が最も多かった

🐻 **学童期・思春期の食生活（P.206）**

Q1 ○／**Q2** ×これは学童期ではなく、幼児期に育てたい「食べる力」の1つである

🐻 **食育基本法と食育推進基本計画（P.208）**

Q1 ×これは**健康増進法**に基づいて策定された「健康日本21（第二次）」が掲げる目標

🐻 **食中毒とその予防のための衛生管理（P.213）**

Q1 ×カレーの再加熱不足が原因となることが多いのは、**ウエルシュ菌**の食中毒である

🐻 **食物アレルギー症状その他障害がある場合の食事（P.216）**

Q1 ×鶏卵アレルギーは、**卵白**のアレルゲンを主原因とする／**Q2** ×酸味の強い食べ物は**むせやすい**ので、嚥下しにくく食べにくい

🐻 **日本の食文化と食習慣（P.219）**

Q1 ×特定保健用食品（**トクホ**）については、表示される効果や安全性について国が**審査**を行い、食品ごとに消費者庁長官が許可する／**Q2** ○

9

保育実習理論

9-1 音楽（1）

音階と移調

R3前問4　R3後問4　R4前問4　R4後問4　R5前問4　R5後問4

問　1）次の曲を4歳児クラスで歌ってみたところ、一番低い音が不安定で歌いにくそうであった。そこで、短3度上の調に移調することにした。その場合A、B、Cの音は、鍵盤の①から⑳のどこを弾くか、正しい組み合わせを一つ選びなさい。

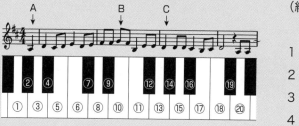

（組み合わせ）

	A	B	C
1	③	⑬	⑧
2	④	⑮	⑩
3	⑤	⑭	⑬
4	⑥	⑯	⑪
5	⑦	⑰	⑫

2）1）の楽譜を短3度上に移調したものは、何調になるか。正しいものを一つ選びなさい。

1 ト長調　　2 イ長調　　3 変ロ長調　　4 ニ長調　　5 ヘ長調

（H25問4・5改）

問題のポイント

例えばハ長調の曲をニ長調にするなど、楽曲全体をそのまま他の調に移すことを移調という。移調については本問と同様の問題が毎年出題されている。まず基礎となる音階を理解したうえで全音、半音をマスターし、鍵盤を見ながら「長2度」「短3度」などが判断できるようになろう。

解　説

1）の楽譜を見ると、♯（シャープ）が2つ付いているので、音階がニ長調であることがわかる（→P.224）。この音階を短3度上に移調すると、ヘ長調になる。A～Cの移調前→移調後の鍵盤は、それぞれ次の通りである。

[A] ③→⑥。[B] ⑬→⑯。[C] ⑧→⑪　　　　　　【正解】1）4、2）5

🌸 ここだけ 丸暗記！ ·····································

■音階（スケール）

下の楽譜は**音階の第一音**（主音という）の音名が「ハ（C）」なので、**ハ長調**（Cメジャースケール）という。

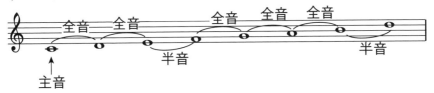

階名	ド	レ	ミ	ファ	ソ	ラ	シ	ド
音名	ハ	ニ	ホ	ヘ	ト	イ	ロ	ハ
英音名	C	D	E	F	G	A	B	C

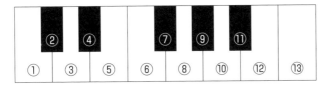

- ド（①）とレ（③）、ファ（⑥）とソ（⑧）などの間は**全音**である。
- ミ（⑤）とファ（⑥）、シ（⑫）とド（⑬）などの間は**半音**である（⑤と⑥、⑫と⑬のように、間に黒鍵がないところは半音になる）。

■ ♯（シャープ）と ♭（フラット）

- ♯（**シャープ**）は**半音上げる**という意味。例えば上の鍵盤で、②は①（C）より半音上がっているためC♯と表す（①と②の間も半音）。
- ♭（**フラット**）は**半音下げる**という意味。例えば上の鍵盤で、⑦は⑧（G）より半音下がっているためG♭と表す（⑦と⑧の間も半音）。

🌸 ここも CHECK！ ·····································

- C♯とD♭はどちらも上の鍵盤の②である。このように、異なる表記でも同じ音である場合を**異名同音**という。
- 半音＋半音＝全音である。

保育実習理論

9

223

■長音階（メジャースケール）

「長（メジャー）」の音階（スケール）は、明るく楽しい雰囲気をもつ音階である。前ページのハ長調に限らず、長音階は必ず「**全音・全音・半音・全音・全音・全音・半音**」の順に音が上がる法則になっている。

例）**ト長調**（Gメジャースケール）

　　主音が「ト（G）」なので、下のような音階になる。

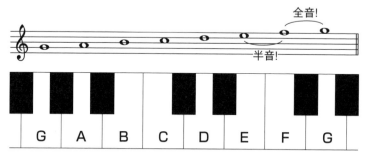

　しかし、このままでは「**全音・全音・半音・全音・全音・全音・半音**」にならない。そこで、Fを半音上げてF♯とすることによって、EとF♯の間が「全音」となり（「半音」2つ分で「全音」）、同時にF♯とGの間が「半音」となって、長音階の法則通りになる。このように、ト長調の場合はFに♯が付くため、下の1）の譜面を用いることになる。

• 変ロ長調などの**変**とは、半音下がるという意味。主音に♭（フラット）が付くのでそのように呼ぶ（半音上がる場合は嬰が付く）。

ここだけ丸暗記！

■音程

2つの音の高さの隔たりを**音程**という。単位は**度**。2つの音の高さが同じである場合を1度という（0度というものは存在しない）。

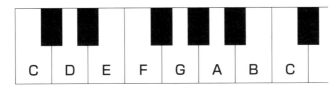

①長2度と短2度

上のC～Dは2度、E～Fも2度であるが、C～Dは「全音」、E～Fは「半音」である。このとき、全音1つ分の場合を**長2度**といい、半音1つ分の場合を**短2度**という。C～Dは長2度、E～FやC～D♭は短2度である。

②長3度と短3度

上のC～Eは3度、E～Gも3度であるが、C～Eは「全音」2つ分、E～Gは「半音」+「全音」である。このとき、全音2の場合を**長3度**といい、全音1+半音1の場合を**短3度**という。D～FやG～B♭は短3度である。

③完全4度と完全5度

上のC～Fは4度、C～Gは5度であるが、どちらも「半音」が1つ含まれている。このような4度、5度をそれぞれ**完全4度**、**完全5度**という。

保育実習理論

9

チャレンジ○×問題

解答・解説はP.252

Q1 下の楽譜は、ト長調である。

Q2 下の楽譜を長2度下に移調すると、変ホ長調になる。

Q3 下の楽譜のA、B、Cの音を下の鍵盤で弾くと、移調前→移調後の番号はそれぞれ［A］⑧→⑥、［B］⑳→⑱、［C］⑪→⑨である。

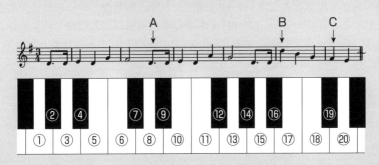

225

⊿ コードネーム

R3前問3　R3後問3　R4前問3　R4後問3　R5前問3　R5後問3

次のコードネームにあてはまる鍵盤の位置として正しい組み合わせを一つ選びなさい。

	ア	イ	ウ
E_m :	⑤⑩⑬	⑩⑬⑱	⑩⑭⑰
D :	⑫⑮⑱	⑫⑮⑳	⑪⑮⑳
B♭ :	⑧⑪⑰	⑧⑫⑰	⑧⑪⑯
C₇ :	⑩⑯⑱	⑩⑰⑱	⑩⑬⑱

（組み合わせ）

E_m　D　B♭　C₇

1　ア　イ　ウ　ア
2　ア　ウ　イ　イ
3　イ　ア　イ　ウ
4　ウ　イ　ア　ア
5　ウ　ウ　ア　イ

（H25問3）

問題のポイント

高さの異なる音が同時に響き合う状態を**和音（コード）**といい、GやC₇などの個々の和音を表す記号を**コードネーム**という。令和3年前期以降の試験では、**長三和音**から構成される**メジャーコード**や、**短三和音**から構成される**マイナーコード**、さらには**セブンスコード**を楽譜の中から選び出す問題が毎年出題されている。**楽譜を見て判断**できるよう、和音の基礎をしっかり理解していこう。「**和音（コード）の転回**」（→P.228）にも注意しよう。

解　説

転回前（基本形）→転回後（転回形）の鍵盤の位置は、それぞれ次の通り。E_m：⑩⑬⑰→⑤⑩⑬、D：⑧⑫⑮→⑫⑮⑳、B♭：④⑧⑪→⑧⑪⑯、C₇：⑥⑩（⑬省略）⑯→⑩⑯⑱。　　　　　　　　　　　　　　**【正解】**1

■和音（コード）の基礎

和音は、3個の音を**3度ずつ**積み重ねた**三和音**（**トライアド**）が基礎となる。

例）ド・ミ・ソの和音

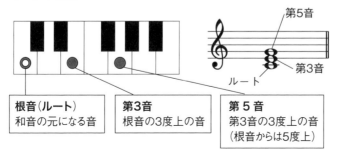

根音（**ルート**） 和音の元になる音	**第3音** 根音の3度上の音	**第5音** 第3音の3度上の音 （根音からは5度上）

・**コードネーム**は、根音（ルート）で決まる。

　ド・ミ・ソは根音がド（C）なので、コードネームは「C」である。

■長三和音（メジャートライアド）

根音と第3音の間が**長3度**、第3音と第5音の間が**短3度**になっている三和音を
長三和音（**メジャートライアド**）という。明るく楽しい響きが特徴。根音がD
ならば「D」、B♭ならば「B♭」というコードネームで表す。

1）**D**（Dメジャー）

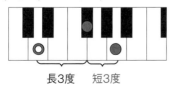

長3度　　短3度

2）**B♭**（Bフラットメジャー）

長3度　　短3度

■短三和音（マイナートライアド）

根音と第3音の間が**短3度**、第3音と第5音の間が**長3度**になっている三和音を
短三和音（**マイナートライアド**）という。暗くて悲しい響きが特徴。根音がE
ならば「E$_m$」、F♯ならば「F$^\sharp$$_m$」というコードネームで表す。

1）**E$_m$**（Eマイナー）

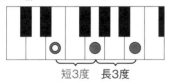

短3度　　長3度

2）**F$^\sharp$$_m$**（Fシャープマイナー）

短3度　　長3度

■セブンスコード

三和音（トライアド）の上にさらに3度上の音を積み重ねると**四和音**になる。根音からは7度上の音（第7音）が加わることになるため、**セブンスコード**という。セブンスコードのうち、次の2種類が重要である。

①ドミナント・セブンスコード

長三和音（メジャートライアド）に短3度上の第7音を加えたもの

1) **C₇**（Cセブン）

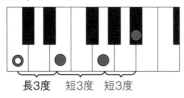

長3度　短3度　短3度

2) **E₇**（Eセブン）

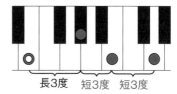

長3度　短3度　短3度

②マイナー・セブンスコード

短三和音（マイナートライアド）に短3度上の第7音を加えたもの

1) **Dₘ₇**（Dマイナーセブン）

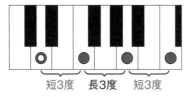

短3度　長3度　短3度

2) **Eₘ₇**（Eマイナーセブン）

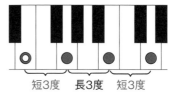

短3度　長3度　短3度

なお、セブンスコードの**第5音**は、**省略される**ことが多い。

例）C₇（Cセブン）の場合
第5音が省略されている

■和音（コード）の転回

例えば「ド・ミ・ソ」を「ミ・ソ・ド」とするように、和音は音を並べかえることができる。これを「**和音（コード）の転回**」という。この場合、元の和音を「**基本形**」、転回した和音を「**転回形**」という。コードネームは基本形の根音で決まるため、転回しても変わらない。「ド・ミ・ソ」「ミ・ソ・ド」「ソ・ド・ミ」はすべて「C（Cメジャー）」と呼ぶ。

基本形
(ド・ミ・ソ)

転回形①
(ミ・ソ・ド)

転回形②
(ソ・ド・ミ)

左のように、第5音のソが1オクターブ下にくる「ソ・ド・ミ」も「C（Cメジャー）」の転回形である

ここで、P.226の過去問のH25問3をもう一度検討してみよう。

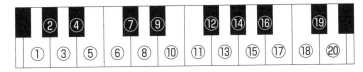

「Eₘ」：基本形⑩⑬⑰ → 転回形⑤⑩⑬

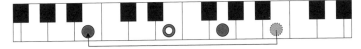

「D」：基本形⑧⑫⑮ → 転回形⑫⑮⑳

「B♭」：基本形④⑧⑪ → 転回形⑧⑪⑯

「C₇」：基本形⑥⑩（⑬省略）⑯ → 転回形⑩⑯⑱

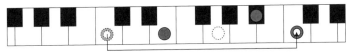

チャレンジ○✕問題

解答・解説はP.252

Q1 上の①～⑳の鍵盤で、「Aₘ」の鍵盤の位置は、⑥⑩⑮でもよい。

Q2 上の①～⑳の鍵盤で、「F」の鍵盤の位置は、③⑥⑪でもよい。

9-3 音楽（3）

✎ 音楽の基礎知識

R3前問6 R4後問6 R5前問6

> 問 次の文のうち、適切な記述を○、不適切な記述を×とした場合の正しい組み合わせを一つ選びなさい。
>
> A 「めだかの学校」の作曲者は、團伊玖磨である。
> B リトミックは、フレーベル（Fröbel, F.W.）が考案した教育法である。
> C 唱歌（しょうか）は、音楽教科名であるとともに、そこで用いられる歌曲をも示していた。
> D ハンドベルは、管楽器である。
> E 変ホ長調の階名ソの音は、音名変イである。
>
> （組み合わせ）
>
> | | A | B | C | D | E |
> |---|---|---|---|---|---|
> | 1 | ○ | ○ | × | × | ○ |
> | 2 | ○ | × | ○ | ○ | × |
> | 3 | ○ | × | ○ | × | ○ |
> | 4 | × | ○ | × | ○ | × |
> | 5 | × | × | ○ | × | × |
>
> （H24問6）

問題のポイント

階名と**音名**、**声楽曲**（唱歌、童謡など）、代表的な作品の**作曲者**または**作詞者**の名前、**舞曲**（ワルツ、サンバなど）、**楽器の分類**などが出題されている。

解説

［A］「めだかの学校」は中田喜直（なか だ よしなお）の作曲。［B］リトミックは**ダルクローズ**が考案した音楽教育法。なお、**フレーベル**は遊びの歌を含む『母の愛と愛撫（あい ぶ）の歌』という育児書を著している（→P.48）。［C］適切。［D］ハンドベルは、打楽器である。［E］変イではなく、変ロである。　　　　　　　【正解】5

🌸 ここだけ 丸暗記！ ・・・・・・・・・・・・・・・・・・・・・・・・・・・・

■**階名と音名**

例えばハ長調では「ハ（C）」の音が階名「ド」になり、ヘ長調では「ヘ（F）」の音が「ド」になるというように、調によって階名「ドレミ…」は移動する。一方、音名「ハ（C）ニ（D）ホ（F）…」は音の**絶対的な高さ**を表すため、

移動しない（五線譜のハ長調の「ド」の位置にある音が常に「ハ」）。

例）**変ホ長調**

♭のかかる音は、音名に「**変**」が付くことに注意

階名	ド	レ	ミ	ファ	**ソ**	ラ	シ	ド
音名	変ホ	ヘ	ト	変イ	**変ロ**	ハ	ニ	変ホ

■声楽曲について

①歌曲 （芸術歌曲）	芸術的な詩と音楽が調和した声楽曲。ドイツ語で「リート」という。**シューベルト**は「歌曲の王」と呼ばれている
②わらべうた （伝承童謡）	子どもたちのあいだで長い間**歌い継がれてきた歌**。いつだれがどこでつくったものかわからない。④の童謡（創作童謡）とは全く別のものである。**2音**または**3音**からできており、**2音**でできているものは**上の音**で終わることが多い。なお、**マザーグース**はイギリスの伝承童謡集
③唱歌	西洋音楽を基本として教育用につくられた歌（戦前の日本の学校教育では教科名でもあった）。「**幼稚園唱歌集**」（明治20年刊行）が公に出版された最初の幼児用音楽教科書である
④童謡 （創作童謡）	大正7年に雑誌『**赤い鳥**』が鈴木三重吉、北原白秋らによって創刊されてからつくられるようになった。子どものために大人（成田為三などの作曲家）が創作した歌であり、教訓的な唱歌を批判し、芸術性を求めてつくられた点が特徴

■主な作曲家とその作品 〈 〉内は作詞者

成田為三 （1893～1945）	・「かなりあ」〈西条八十〉 ・「赤い鳥小鳥」〈北原白秋〉
河村光陽 （1897～1946）	・「うれしいひなまつり」〈サトウハチロー〉 ・「かもめの水兵さん」〈武内俊子〉
中田喜直 （1923～2000）	・「めだかの学校」〈茶木滋〉 ・「小さい秋みつけた」〈サトウハチロー〉
團伊玖磨 （1924～2001）	・「おつかいありさん」〈関根栄一〉 ・「ぞうさん」〈まどみちお〉 ・「やぎさんゆうびん」〈まどみちお〉
大中恩 （1924～）	・「犬のおまわりさん」〈さとうよしみ〉 ・「ドロップスのうた」〈まどみちお〉 ・「サッちゃん」〈阪田寛夫〉

■代表的な舞曲

ワルツ	優雅な感じが漂う**4分の3拍子**の舞曲。ヨハン=シュトラウスの合奏曲やショパンのピアノ独奏曲などが有名
メヌエット	あまり速くない、**やさしい感じの4分の3拍子**の舞曲（8分の3拍子のものもある）。小きざみな足どりで、美しく踊る
マーチ	**「行進曲」**のこと。歩くのに合うように、主に**4分の2拍子**で作曲されている
ポルカ	軽快で活気のある**4分の2拍子**の舞曲（4分の3拍子のものもある）。チェコのボヘミア地方で生まれた
サンバ	**ブラジル**の代表的な踊りの音楽。多数の打楽器を使ってテンポの速いリズムを刻む

■一般的な楽器の分類

弦楽器	ギター、マンドリン、ヴァイオリン、チェロ、ハープなど
木管楽器	クラリネット、ピッコロ、フルート、サクソフォーンなど
金管楽器	トランペット、トロンボーン、ホルンなど
打楽器	大だいこ、小だいこ、タンバリン、カスタネット、シンバル、トライアングル、ハンドベル、クラベス、木琴、鉄琴など
鍵盤楽器	ピアノ、オルガン、アコーディオンなど

■特徴的な音楽教育方法

リトミック	スイスの作曲家**ダルクローズ**が考案した教育方法。音楽に合わせて身体を動かすことで音楽をより深く感じ、表現できるようにすることを基本としている
コダーイシステム	ハンガリーの作曲家**コダーイ**が考案した教育方法。自国の母国語で歌う**わらべうた**を音楽教育の基本に置き、遊びながら歌の音程やリズムを整え、音楽を理解し表現する力を育てる
オルフシステム	ドイツの作曲家**オルフ**が考案した教育方法。子どもの遊び歌の短いフレーズをくり返し、それをいろいろな楽器で積み重ねながら美しいハーモニーをつくり出していく

チャレンジ○✕問題

Q1 ト長調の階名「ソ」は音名「ハ」である。

Q2 成田為三は、大正期の「赤い鳥」童謡運動に参加した作曲家である。

Q3 ワルツは、2拍子の踊りの音楽である。

Q4 サクソフォーンは、木管楽器である。

9-4 音楽（4）

📝 音楽用語

R3前問2　R3後問2　R4前問2　R5前問2　R5後問2

> 🐰問
>
> 次のA〜Dの音楽用語の意味を【語群】から選んだ場合の正しい組み合わせを一つ選びなさい。
>
> A decresc.　　B sf　　C 8va alta　　D accelerando
>
> 【語群】
>
> | ア | だんだん弱く | イ | だんだんゆっくり | ウ | 静かに | エ | 自由に |
> |---|---|---|---|---|---|---|---|
> | オ | 8度低く | カ | 今までより速く | キ | 特に強く | ク | 8度高く |
> | ケ | だんだん速く | コ | とても強く | | | | |
>
> （組み合わせ）
>
> 　　A B C D
> 1　ア ウ ク オ
> 2　ア キ ク ケ
> 3　イ キ エ カ
> 4　イ コ カ エ
> 5　ウ コ オ ケ　　　　　（R4後問2）

📝 問題のポイント

演奏の速さを表す**速度標語**のほか、**速さの変化**を示す用語、**音の強弱**を表す記号、**曲の発想**を示す用語など、それぞれの意味を問う問題が毎年必ず出題されている。カード化するなどして覚えておけば、確実に得点できる。

📝 解　説

［A］**decresc.**（デクレッシェンド）は音の強弱を表す記号で「だんだん弱く」という意味。［B］**sf**（スフォルツァンド）も音の強弱を表す記号で「特に強く」という意味。［C］**8va alta**（オッターヴァ・アルタ）はオクターブ記号の1つで、「**8va**」は1オクターブ（8度離れた音）を表し、「**alta**」は「高い」という意味なので、「8度高く」（＝1オクターブ高い音を出す）という意味になる。［D］**accelerando**（アッチェレランド）は速さの変化（速くする場合）を示す用語で「だんだん速く」という意味。　　　　　　【正解】2

❀ ここだけ 丸暗記！ ·····················

■速度標語

遅い	grave	グラーベ	荘重に、ゆっくりと
	largo	ラルゴ	幅広く、ゆっくりと
	lento	レント	ゆるやかに
	adagio	アダージョ	ゆるやかに
やや遅い	andante	アンダンテ	ゆっくりと歩く速さで
中ぐらい	moderato	モデラート	中ぐらいの速さで
やや速い	allegretto	アレグレット	やや速く
速い	allegro	アレグロ	快速に
きわめて速い	vivace	ビバーチェ	活発に
	presto	プレスト	急速に

■速さの変化を示す用語
①遅くするもの

meno mosso	メノモッソ	今までより遅く
rallentando（＝rall.）	ラレンタンド	だんだんゆるやかに
ritardando（＝rit.）	リタルダンド	だんだん遅く
allargando	アラルガンド	強くしながらだんだん遅く
smorzando	スモルツァンド	弱くしながらだんだん遅く

②速くするもの

| accelerando（＝accel.） | アッチェレランド | だんだん速く |
| più mosso | ピウ・モッソ | 今までより速く |

③元の速さに戻すもの

| a tempo | ア・テンポ | 元の速さで |
| tempo primo | テンポ・プリモ | 最初の速さで |

●演奏上の自由を許すもの

| ad libitum（＝ad lib.） | アド・リビトゥム | 速度を自由に |
| tempo rubato | テンポ・ルバート | 自由な速さで |

■音の強弱を表す記号

ff	フォルテシモ	とても強く	pp	ピアニシモ	とても弱く
f	フォルテ	強く	p	ピアノ	弱く
mf	メッゾフォルテ	少し強く	mp	メッゾピアノ	少し弱く

fz	フォルツァンド	特に強く
sf（=*sfz*）	スフォルツァンド	特に強く
cresc.（=◁）	クレッシェンド	だんだん強く
decresc.（=▷）	デクレッシェンド	だんだん弱く
dim.	ディミヌエンド	だんだん弱く

■曲の発想を示す用語

agitato	アジタート	激しく
alla marcia	アッラマルチャ	行進曲ふうに
amabile	アマビーレ	愛らしく
appassionato	アパッショナート	熱情的に
brillante	ブリランテ	はなやかに
cantabile	カンタービレ	歌うように
comodo	コモド	気楽に
espressivo	エスプレッシーボ	表情豊かに
leggero（=*leggiero*）	レジェーロ	軽く
maestoso	マエストーソ	荘厳に
scherzando	スケルツァンド	おどけて
tranquillo	トランクィッロ	静かに

■演奏方法その他の用語

staccato	スタッカート	音を短く切って
tenuto	テヌート	音の長さを保って
fermata（=⌒）	フェルマータ	十分に長く伸ばす
portamento	ポルタメント	音をなめらかに移る
glissando	グリサンド	二音間を滑るように
a capella	ア・カペラ	教会ふうに無伴奏で
da capo（= *D.C.*）	ダ・カーポ	はじめ（曲の先頭）に戻る
Fine	フィーネ	曲の終わり

チャレンジ○×問題

解答・解説はP.252

Q1 「*allegro*（アレグロ）」は、「快速に」という意味の速度標語である。

Q2 「*rit.*（リタルダンド）」は、「だんだん速く」という意味である。

Q3 「*cantabile*（カンタービレ）」は、「はなやかに」という意味である。

Q4 「*D.C.*（ダ・カーポ）」は、「はじめに戻る」という意味である。

✏️ 色彩の基本

R3後問9　R4前問8　R4後問10　R5前問10　R5後問9

 次の【事例】を読んで、【設問】に答えなさい。

【事例】

主任のW保育士と新任のY保育士は、下の図版を見ながら色について話をしています。

Y保育士：かわいいパンダとゾウの絵ですね。パンダは白と黒で、ゾウは灰色のイメージが強いですね。

W保育士：白や灰色、黒といった色味のない色のことを（　A　）と言います。特徴として色相と（　B　）がなく、（　C　）のみがあります。

Y保育士：そうなのですね。それではこのような色を作るには白や黒が必要ですね。

W保育士：（　D　）同士を混ぜ合わせることによって白以外の（　A　）に近い色を作り出すこともできますよ。

Y保育士：そうですか。ぜひ今度試してみたいと思います。

【設問】

（　A　）〜（　D　）にあてはまる語句の正しい組み合わせを一つ選びなさい。

（組み合わせ）

	A	B	C	D
1	無彩色	彩度	明度	補色
2	無色	彩度	明度	補色
3	透明色	明度	彩度	類似色
4	無彩色	明度	彩度	類似色
5	透明色	彩度	明度	補色

（R3前問9）

解　説

[A]「無彩色」、[B]「彩度」、[C]「明度」、[D]「補色」、と入る。

【正解】1

ここだけ丸暗記！⋯⋯⋯⋯⋯⋯⋯⋯⋯⋯⋯⋯⋯⋯⋯

■色の三要素（色相・明度・彩度）

①**色相**（赤や青といった**色み**の違い）

②**明度**（色の**明るさ**の度合い）

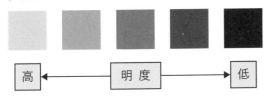

| 高 | ← | 明　度 | → | 低 |

> 白、灰色、黒など色みがない色を**無彩色**という。無彩色には色相や彩度がなく、明度の違いだけがある

③**彩度**（色みの**鮮やかさ**の度合い）

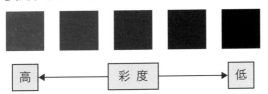

| 高 | ← | 彩　度 | → | 低 |

> 色みのある**有彩色**には、色の三要素のすべてが関係する

・その色相で最も彩度が高い色を**純色**という
・純色に同じ明度の**灰色**を加えると、明度は変わらないが、彩度は下がる
・純色に**白**を加えると、明度は上がるが、彩度は下がる
・純色に**黒**を加えると、明度も彩度も下がる

■色相環

色相を順に円環（リング）状に配列したもの。12色に分割したものは**12色相環**という。

■補色の関係

「赤」と「青緑」など、色相環で真向かいに位置しているものを**補色**という。補色は**色相差が最も大きい**ため、お互いの色を目立たせる効果がある。絵の具の補色同士を混ぜると、黒や灰色などに近い色になる。

保育実習理論

9

■視認性

視認性（色や形の見えやすさ）は、**配色**（色の取り合わせ）と関係しており、特に文字の色と背景の色（地色）との**明度差**が大きい配色ほど、境目が明瞭ではっきりと見える。下の図では、図①のほうが図②よりも文字と地色との明度差が大きい。視認性は、文字と地色との**明度差＞彩度差＞色相差**の順に影響する。

図①（地色：黒、文字：白）

図②（地色：灰色、文字：白）

■光（色光）の三原色

スポットライトなどのように色のついた光を**色光**という。色光の三原色は**赤・青・緑**の3色。色光は、色を混ぜるほど元の色より**明るく**なることから、**加法混色**という。3色すべて混色すると**白**くなる。

■絵の具（色料）の三原色

絵の具などの着色材料を**色料**という。色料の三原色は**赤**（マゼンダ）・**青**（シアン）・**黄**（イエロー）の3色。色料は混ぜ合わせるほど明るさが減って**黒に近づく**ことから、**減法混色**という。3色すべて混色すると**黒**くなる。

チャレンジ○×問題

解答・解説はP.252

Q1 「赤」「青」などの色みを色相といい、有彩色の性質の1つである。

Q2 12色相環において、「赤」と「黄緑」は補色の関係にある。

Q3 「青」は、「緑」と「黄」の混色でできる色である。

Q4 「黄」は色光の三原色の1つであり、色料の三原色の1つではない。

Q5 絵の具の三原色を混ぜ合わせると、黒く濁った色なる。

いろいろな表現技法

 次のA～Dは、それぞれ技法（モダンテクニック）を用いて作成された図版である。その表現技法の名称として正しい組み合わせを一つ選びなさい。

A

B

C

D

（組み合わせ）

	A	B	C	D
1	デカルコマニー	スクラッチ	フロッタージュ	バチック
2	デカルコマニー	バチック	フロッタージュ	スクラッチ
3	フロッタージュ	スクラッチ	デカルコマニー	バチック
4	フロッタージュ	バチック	デカルコマニー	スクラッチ
5	フロッタージュ	スクラッチ	バチック	デカルコマニー

（H24問9）

保育実習理論

9

問題のポイント

技法（モダンテクニック）のほか、**絵の具**、**紙**や**粘土**の種類ごとの性質などについても出題されている。また、**版画の分類**にも注意しておこう。

解　説

[A] この図版だけ左右対称なので「デカルコマニー」であることがわかる。
[B] ひっかき絵なので「スクラッチ」、[D] はじき絵なので「バチック」である。

【正解】1

ここだけ丸暗記！

■版画の分類

いろいろな材料を使って**版**をつくり、それに絵の具を付けて紙に転写する技法を**版画**という。版の形式によって凸版、凹版、平版、孔版の4種類に分かれる。

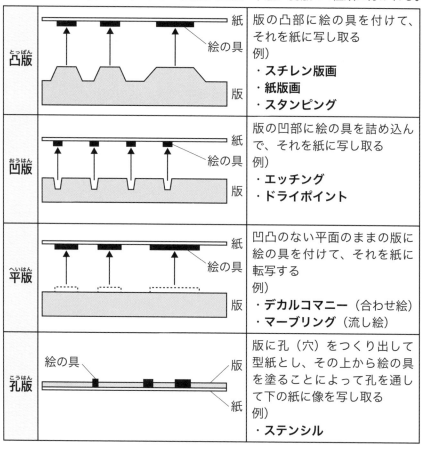

凸版（とっぱん）		版の凸部に絵の具を付けて、それを紙に写し取る 例) ・**スチレン版画** ・**紙版画** ・**スタンピング**
凹版（おうはん）		版の凹部に絵の具を詰め込んで、それを紙に写し取る 例) ・**エッチング** ・**ドライポイント**
平版（へいはん）		凹凸のない平面のままの版に絵の具を付けて、それを紙に転写する 例) ・**デカルコマニー**（合わせ絵） ・**マーブリング**（流し絵）
孔版（こうはん）		版に孔（穴）をつくり出して型紙とし、その上から絵の具を塗ることによって孔を通して下の紙に像を写し取る 例) ・**ステンシル**

①**スチレン版画**〔凸版〕

スチレンボード（発泡スチロールの薄い板）を版にする。型押しに使える素材やペンなどで版をへこませて模様を描いた後、版全体に絵の具やインクを塗り、別の紙に写し取る。

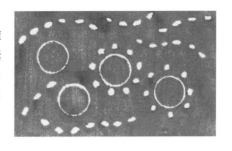

②**紙版画**〔凸版〕

画用紙などの厚手の紙を切ったりちぎったりして台紙に貼り重ねて版をつくり、これにインクや油性絵の具を塗り、バレンで別の紙に写し取る。

③**スタンピング**（**型押し**）〔凸版〕

花や動物、人などの形にカットした野菜の切り口や型押しに使える素材に絵の具を付けて、はんこのように紙に押し付ける。

④**エッチング、ドライポイント**〔凹版〕

エッチングは、防蝕剤を塗った金属板の表面をニードル（鉄筆）で削り取るように描画し、露出した金属面を酸によって腐蝕させることで凹部をつくる。ドライポイントは、腐蝕ではなく、ニードルで刻み込んだ部分がそのまま凹部となる。凹部にインクが残る。

⑤**デカルコマニー**（**合わせ絵**）〔平版〕

二つ折りにした紙の片側の面に絵の具をのせ、紙を折り合わせることでもう片側の面に対称形の模様を転写する。ほぼ左右対称の像ができる。

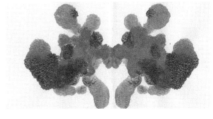

⑥**マーブリング**（**流し絵**）〔平版〕

水に専用の絵の具をたらし、静かにかき混ぜて、水面にできた模様を紙や布などに転写する。

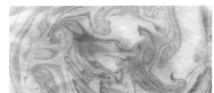

⑦**ステンシル**〔孔版〕

型紙による版画の一種。切り抜いた孔（穴）から絵の具やインクなどを下の紙に刷り込む。凸版、凹版、平版とは異なり、図像の左右が反転しない。

■版画以外の表現技法

①フロッタージュ（こすり出し）

板の木目、葉っぱなど凹凸のある材質の上に紙を置いてクレヨンやコンテなどでこすり、地肌の模様を写し取る技法。

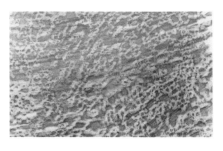

②スクラッチ（ひっかき絵）

クレヨンなどで下地に明るい色を塗っておき、その上から黒などの暗い色を塗り重ね、その表面を先のとがった竹串などでひっかいて描く技法。表面の暗い色がはがれて、下地の明るい色が現れる。

③バチック技法（はじき絵）

クレヨンやロウなどを使って画用紙に色を塗り、その上から水彩絵の具で絵を描く。クレヨンやロウなどが水をはじく効果を利用する技法。

■絵の具と筆

①水彩絵の具

透明水彩絵の具	画用紙の白地が透けて見えるため、タッチ（筆あと）を活かし、すっきりとした感じを出すことができる
不透明水彩絵の具	乾きが早く、一度塗った色が乾いてから別の色を塗ると、ほとんど前の色が見えなくなる。ポスターカラーやガッシュなどがある。ポスターカラーは下地を塗りつぶすことができ、大きな面でもむらなく塗ることができる。ガッシュは、光沢はないが色彩が鮮明で重ね塗りもできる（アクリルガッシュは、一度乾くと耐水性になり、水に溶けなくなる）

②水性アクリル絵の具

水彩絵の具と同様に**水溶性**で、水の量を調整することにより、透明・不透明絵の具の表現ができる。乾燥した後は水に溶けなくなる性質（耐水性）がある。付着性が強いため、紙のほかに木、布、ガラス、プラスチック、金属などにも塗れる。また柔軟性があるため、作品を巻いても割れにくい。透明調のアクリル絵の具と不透明調のアクリルガッシュに分けられる。

③描画表現に用いる筆（平筆、丸筆など）

筆の番号が**大きい**ほど**太い**。筆先は**動物の毛**または**樹脂の繊維**など。

①造形活動に用いられる紙

画用紙	絵の具、クレヨン等による描画や工作など造形活動全般に用いられる。絵の具の吸い込みがよく、発色がよい
新聞紙	紙の目があり、直線的に破りやすい方向がある。破いたり丸めたりして気軽に使える。水分の吸い込みがよい
黄ボール紙	藁パルプを使ったボール紙のこと。強度があり、主に立体作品の製作や台紙として用いられる。また、絵の具で描画すると、画用紙とは異なった風合いが得られる
和紙	染め紙や版画などに用いられる。一般に、紙の目がなく、水に濡れても破れにくい

②造形活動に用いられる粘土

紙粘土	パルプを主原料とし、水やのりを混ぜたものが一般的であるが、新聞紙やトイレットペーパーからでもつくれる。乾燥すると硬化し、絵の具を塗ることができる
油粘土	油を混ぜて練った粘土。時間が経過しても硬化しないため、作品のつくり直しができる。絵の具を塗ることはできない
小麦粉粘土	小麦粉と食塩に水を混ぜながらこねてつくる。油を加えると滑らかになる。食紅で着色することもできる
土粘土	何度でもつくり直すことができる。また、土に触れる機会が少ない子どもたちに、土や泥、水の感触を味わう機会を提供できる。土粘土の作品は焼いて保存することができ、約800℃で焼成した素焼きのものを「テラコッタ」と呼ぶ

保育実習理論

9

🌸ここもCHECK! ・・・・・・・・・・・・・・・・・・・・・・・・・・・・・・・・・・・

- はさみには、右手用・左手用の区別があるが、どちらも厚紙を切るときは、刃先ではなく**刃元のほう**で切るようにする。また、円形を切り抜くときには、はさみではなく、持っている**紙のほう**を動かすと切りやすい。はさみを人に手渡すときは、安全のため、**柄のほう**を相手に向けて渡すようにする。

チャレンジ〇×問題

解答・解説はP.252

Q1 紙などを台紙にのりで貼り付ける技法を「スタンピング」という。

Q2 新聞紙には紙の目がなく、どこから引っ張ってもジグザグに破れる。

Q3 紙粘土は紙の主な原料であるパルプに、のり等を混ぜてつくられる。

子どもの描画表現

新任保育士（以下Ｎ）と主任保育士（以下Ｓ）が何枚かの幼児期の絵を見ながら話し合っている。（Ａ）～（Ｄ）にあてはまる語句の適切な組み合わせを一つ選びなさい。

Ｎ「この絵は顔から直接手足が出ていますね。顔の絵なのでしょうか？」

Ｓ「これは（Ａ）といって、3歳頃に現れる初期の人物表現です。」

Ｎ「この絵は外から見たお家の絵ですが、見えないはずの部屋の中の様子まで描いてありますね。」

Ｓ「（Ｂ）ですね。実際に見えない部分も描くという幼児期の特徴的な絵です。子どもは自分が知っていることを描きたいのですね。」

Ｎ「この絵には画用紙の上の方に水色の線が描いてあり、下の方に茶色の線が描かれていますね。これらの線はなんですか？」

Ｓ「水色の線は空を表しているのでしょう。下の茶色の線は地面を象徴している（Ｃ）といわれる表現です。無秩序にかきたいものを描く頃から、それらが位置する場所を示したいと感じるようになったといえますね。」

Ｎ「この絵の太陽やチューリップには顔が描いてあります。動物ではないのに顔を描くのは不思議です。」

Ｓ「このように描くのは、この子が対象に、お友達のように心を通わせているからでしょう。この表現は（Ｄ）表現といわれています。このような表現に対し、保育者は共感的に受け止めることが大切ですね。」

（組み合わせ）

	Ａ	Ｂ	Ｃ	Ｄ
1	頭足人	レントゲン画	基底線	マンダラ
2	頭足人	多視点図	平行線	アニミズム
3	胴体人	レントゲン画	平行線	マンダラ
4	胴体人	多視点図	基底線	アニミズム
5	頭足人	レントゲン画	基底線	アニミズム

（H24問8改）

解　説

[A]「頭足人」。[B]「レントゲン画」。[C]「基底線」。[D]「アニミズム」。

【正解】5

ここだけ丸暗記！

■子どもの描画の発達過程

錯画期 1〜2歳半頃	なぐり描き（スクリブル）を始める時期。自分の意思で線をコントロールできるようになると、渦巻きを描くようになる	
象徴期 2〜3歳半頃	終結した円が描けるようになる。命名期、**意味づけ期**ともいい、描いたものに「ママ」「わんわん」などと意味づけしたり、名前をつけたりする	「ママとぼく」
前図式期 3〜5歳頃	カタログ期ともいい、思いついた形を関連もなく羅列的に描くため、商品カタログのような絵になる。丸い頭から手や足のような線の出た頭足人を描くようになる	
図式期 4〜9歳頃	上下関係が認識できるようになり、画面下部に基底線を引き、その下を地面、上を空に見たてる様式が現れる。人物、家、動植物、太陽、雲などをその子ども特有の描き方で表現するようになる	〈図式期の特徴的表現〉 ・**アニミズム表現** ・**レントゲン表現** ・**多視点表現**（視点移動表現） ・**展開表現**（転倒式描法）

ここもCHECK！

- ローエンフェルド（Lowenfeld, V.）は子どもの描画について、自己表現の最初の段階（なぐり描き〔スクリブル〕）、様式化前の段階（再現の最初の試み）、様式化の段階（形態概念の成立）、写実的傾向の芽生え（ギャング・エイジ）どの**発達段階**があるとした。
- ケロッグ（Kellogg, R.）は、子どもの描く初期の**スクリブル**を分類した。

保育実習理論

9

■図式期の特徴

①基底線

基底線を天地の分かれ目として、画面の上に空の象徴である太陽を描き入れる。地面となる基底線上には、人物、花、木、家などを左右に並べて描く（**並列的表現**）。また、ものの物理的大きさと関係なく、興味や関心の強いものを拡大して描くという特徴がある（**拡大表現**）。

②アニミズム表現

花や太陽に目や口を描くなど、人間以外のものを擬人化する表現（「アニミズム」とは、生物・無生物を問わず、あらゆるものに魂が宿っているとする考え方）。

③レントゲン表現

外からは実際に見ることのできない家や乗り物の中の様子を、まるでレントゲンで透視したように描く表現。知っているものをすべて描きたいという願望の表れともいわれる。

④多視点表現（**視点移動表現**）

人物や花、乗り物などのモチーフを、実際の向きとは関係なく、それぞれ自分の描きやすい方向から描いて組み合わせる表現。この表現の一種として、例えば道路をはさんだ両側の建物や街路樹を倒れたように描く展開表現（転倒式描法）などがある。

チャレンジ〇✕問題

解答・解説はP.252

Q1 一般的に、「スクリブル」→「基底線」→「頭足人」の順に出現する。

Q2 家の中をレントゲンのように描くのは「図式期」の特徴である。

Q3 子どもの描画の発達段階の区分は、チゼック（Cizek, F.）の研究に基づくものである。

9-8 保育指針第2章「言葉」「表現」など

保育のねらい及び内容

R3後問7・13　R4後問7・13・14　R5前問7・13・17　R5後問7

次の文は、「保育所保育指針」第2章「保育の内容」の3「3歳以上児の保育に関するねらい及び内容」オ「表現」の一部である。（　A　）〜（　D　）にあてはまる語句の正しい組み合わせを一つ選びなさい。

・生活の中で様々な音、（　A　）、色、手触り、動きなどに気付いたり、感じたりするなどして楽しむ。
・生活の中で（　B　）や心を動かす出来事に触れ、イメージを豊かにする。
・いろいろな素材に親しみ、（　C　）遊ぶ。
・かいたり、つくったりすることを楽しみ、遊びに使ったり、（　D　）などする。

（組み合わせ）

	A	B	C	D
1	形	美しいもの	工夫して	飾ったり
2	リズム	面白いもの	工夫して	思い出にしたり
3	響き	楽しいこと	効果的に	プレゼントにしたり
4	リズム	うれしいこと	効果的に	飾ったり
5	形	ふしぎなこと	協力的に	思い出にしたり

（R3前問7）

保育実習理論

9

問題のポイント

「保育実習理論」では、保育指針第2章「保育の内容」の中から保育に関わる「ねらい及び内容」が出題される。特に言葉、表現に関する記述（乳児保育については「ウ 身近なものと関わり感性が育つ」）が要注意である。最近の試験では、**1歳以上3歳未満児**と**3歳以上児**に関する出題が多い。

解　説

本問は**3歳以上児**のオ「**表現**」のうち「(イ)内容」①②⑤⑦からの出題である。[A]「形」、[B]「美しいもの」、[C]「工夫して」、[D]「飾ったり」と入る。

【正解】1

■保育指針第2章「1 乳児保育に関わるねらい及び内容」(2) のウ

> **ウ 身近なものと関わり感性が育つ**
>
> 身近な環境に興味や好奇心をもって関わり、感じたことや考えたことを表現する力の基盤を培う
>
> **(ア) ねらい**
>
> ①身の回りのものに親しみ、様々なものに興味や関心をもつ
>
> ②見る、触れる、探索するなど、身近な環境に自分から関わろうとする
>
> ③身体の諸感覚による認識が豊かになり、表情や手足、体の動き等で表現する
>
> **(イ) 内容**
>
> ①身近な生活用具、玩具や絵本などが用意された中で、身の回りのものに対する興味や好奇心をもつ
>
> ②生活や遊びの中で様々なものに触れ、音、形、色、手触りなどに気付き、感覚の働きを豊かにする
>
> ③保育士等と一緒に様々な色彩や形のものや絵本などを見る
>
> ④玩具や身の回りのものを、つまむ、つかむ、たたく、引っ張るなど、手や指を使って遊ぶ
>
> ⑤保育士等のあやし遊びに機嫌よく応じたり、歌やリズムに合わせて手足や体を動かして楽しんだりする
>
> **(ウ) 内容の取扱い**
>
> 上記の取扱いに当たっては、次の事項に留意する必要がある
>
> ①玩具などは、音質、形、色、大きさなど子どもの発達状態に応じて適切なものを選び、その時々の子どもの興味や関心を踏まえるなど、遊びを通して感覚の発達が促されるものとなるように工夫すること。なお、安全な環境の下で、子どもが探索意欲を満たして自由に遊べるよう、身の回りのものについては、常に十分な点検を行うこと
>
> ②乳児期においては、表情、発声、体の動きなどで、感情を表現することが多いことから、これらの表現しようとする意欲を積極的に受け止めて、子どもが様々な活動を楽しむことを通して表現が豊かになるようにすること

■保育指針第2章「2 1歳以上3歳未満児の保育に関わるねらい及び内容」
(2) のオ「表現」

> **オ 表現**
>
> 感じたことや考えたことを自分なりに表現することを通して、豊かな感性や表現する力を養い、創造性を豊かにする
>
> **(ア) ねらい**
>
> ①身体の諸感覚の経験を豊かにし、様々な感覚を味わう
>
> ②感じたことや考えたことなどを自分なりに表現しようとする
>
> ③生活や遊びの様々な体験を通して、イメージや感性が豊かになる

（イ）内容

①**水、砂、土、紙、粘土**など様々な素材に触れて楽しむ

②音楽、リズムやそれに合わせた**体の動き**を楽しむ

③生活の中で様々な**音、形、色、手触り、動き、味、香り**などに気付いたり、感じたりして楽しむ

④歌を歌ったり、簡単な**手遊び**や**全身を使う遊び**を楽しんだりする

⑤保育士等からの話や、生活や遊びの中での**出来事**を通して、**イメージを豊**かにする

⑥生活や遊びの中で、興味のあることや経験したことなどを**自分なりに表現**する

（ウ）内容の取扱い

①子どもの表現は、**遊び**や**生活**の様々な場面で**表出**されているものであることから、それらを積極的に受け止め、様々な**表現**の仕方や**感性**を豊かにする経験となるようにすること

②子どもが**試行錯誤**しながら様々な**表現**を楽しむことや、自分の力でやり遂げる**充実感**などに気付くよう、温かく見守るとともに、適切に援助を行うようにすること

③様々な感情の表現等を通じて、子どもが自分の感情や気持ちに気付くようになる時期であることに鑑み、**受容的**な関わりの中で自信をもって表現をすることや、諦めずに続けた後の**達成感**等を感じられるような経験が蓄積されるようにすること

④身近な自然や身の回りの**事物**に関わる中で、発見や**心が動く**経験が得られるよう、**諸感覚**を働かせることを楽しむ**遊び**や**素材**を用意するなど保育の**環境**を整えること

■**保育指針第2章「3 3歳以上児の保育に関するねらい及び内容」**

（1）基本的事項のア

この時期においては、**運動機能**の発達により、**基本的な動作**が一通りできるようになるとともに、基本的な生活習慣もほぼ**自立**できるようになる。理解する**語彙数**が急激に増加し、**知的興味**や関心も高まってくる。仲間と遊び、仲間の中の一人という自覚が生じ、**集団的**な**遊び**や**協同的**な**活動**も見られるようになる。これらの発達の特徴を踏まえて、この時期の保育においては、**個の成長**と**集団**としての活動の充実が図られるようにしなければならない

（2）のエ「言葉」

エ 言葉

経験したことや考えたことなどを**自分なり**の**言葉**で表現し、相手の話す言葉を**聞こう**とする意欲や態度を育て、言葉に対する**感覚**や言葉で**表現する力**を養う

（ア）ねらい

①自分の**気持ち**を**言葉**で表現する楽しさを味わう

②人の**言葉**や**話**などをよく聞き、自分の経験したことや考えたことを話し、**伝え合う喜び**を味わう

③日常生活に必要な言葉が分かるようになるとともに、**絵本**や**物語**などに親しみ、言葉に対する感覚を豊かにし、保育士等や友達と心を通わせる

（イ）内容

①**保育士等**や**友達**の言葉や話に興味や関心をもち、親しみをもって聞いたり、話したりする

②したり、見たり、聞いたり、感じたり、考えたりなどしたことを自分なりに**言葉**で表現する

③したいこと、してほしいことを言葉で表現したり、分からないことを尋ねたりする

④人の話を注意して聞き、相手に分かるように話す

⑤生活の中で必要な言葉が分かり、**使う**

⑥親しみをもって日常の**挨拶**をする

⑦生活の中で言葉の**楽しさ**や**美しさ**に気付く

⑧いろいろな体験を通じて**イメージ**や**言葉**を豊かにする

⑨**絵本**や**物語**などに親しみ、興味をもって聞き、**想像をする楽しさ**を味わう

⑩日常生活の中で、**文字**などで**伝える**楽しさを味わう

（ウ）内容の取扱い

①言葉は、身近な人に親しみをもって接し、自分の**感情**や意志などを伝え、それに相手が応答し、その言葉を**聞くこと**を通して次第に獲得されていくものであることを考慮して、子どもが保育士等や他の子どもと関わることにより**心を動かされる**ような体験をし、言葉を交わす喜びを味わえるようにすること

②子どもが**自分の思い**を言葉で伝えるとともに、保育士等や他の子どもなどの話を興味をもって注意して聞くことを通して次第に話を理解するようになっていき、**言葉による伝え合い**ができるようにすること

③**絵本**や**物語**などで、その内容と自分の経験とを結び付けたり、想像を巡らせたりするなど、楽しみを十分に味わうことによって、次第に豊かなイメージをもち、言葉に対する感覚が養われるようにすること

④子どもが生活の中で、言葉の**響き**や**リズム**、新しい言葉や表現などに触れ、これらを使う楽しさを味わえるようにすること。その際、絵本や物語に親しんだり、**言葉遊び**などをしたりすることを通して、言葉が豊かになるようにすること

⑤子どもが日常生活の中で、**文字**などを使いながら思ったことや考えたことを伝える喜びや楽しさを味わい、**文字**に対する興味や関心をもつようにすること

(2) のオ「表現」

> **オ 表現**
> **(ア) ねらい**
> ①いろいろな**ものの美しさ**などに対する豊かな感性をもつ
> ②感じたことや考えたことを**自分なりに表現**して楽しむ
> ③**生活の中で**イメージを豊かにし、様々な表現を楽しむ
> **(イ) 内容**
> ①生活の中で様々な**音**、**形**、**色**、**手触り**、**動き**などに気付いたり、感じたりするなどして楽しむ
> ②生活の中で**美しいもの**や**心を動かす出来事**に触れ、イメージを豊かにする
> ③様々な出来事の中で、**感動したこと**を伝え合う楽しさを味わう
> ④感じたこと、考えたことなどを**音**や**動き**などで表現したり、自由にかいたり、つくったりなどする
> ⑤いろいろな**素材**に親しみ、**工夫して遊ぶ**
> ⑥音楽に親しみ、歌を歌ったり、簡単な**リズム楽器**を使ったりなどする楽しさを味わう
> ⑦かいたり、つくったりすることを楽しみ、**遊び**に使ったり、飾ったりなどする
> ⑧自分のイメージを**動き**や**言葉**などで表現したり、演じて遊んだりするなどの楽しさを味わう
> **(ウ) 内容の取扱い**
> ①**豊かな感性**は、身近な環境と十分に関わる中で美しいもの、優れたもの、心を動かす出来事などに出会い、そこから得た**感動**を他の子どもや保育士等と共有し、様々に表現することなどを通して養われるようにすること。その際、**風の音**や**雨の音**、身近にある**草や花の形や色**など自然の中にある音、形、色などに気付くようにすること
> ②子どもの自己表現は**素朴な形**で行われることが多いので、保育士等はそのような表現を**受容**し、子ども自身の表現しようとする意欲を受け止めて、子どもが生活の中で子どもらしい様々な表現を**楽しむ**ことができるようにすること
> ③生活経験や発達に応じ、自ら様々な表現を楽しみ、**表現する意欲**を十分に発揮させることができるように、**遊具**や**用具**などを整えたり、様々な素材や表現の仕方に親しんだり、他の子どもの表現に触れられるよう配慮したりし、**表現する過程**を大切にして自己表現を楽しめるように工夫すること

チャレンジ○×問題 解答・解説

🐻 音階と移調（P.225）

Q1 ○／**Q2** ×ト長調を長2度下に移調すると、ヘ長調になる／**Q3** ×AとBは正しいが、Cは⑫→⑩である。楽譜にある♯の記号は1オクターブ下のCにもかかるので、移調前のCの音は⑪より半音高い⑫であることに注意する

🐻 コードネーム（P.229）

Q1 ○「A_m」の基本形は③⑥⑩であるが、これを1回転回すると⑥⑩⑮になる／**Q2** ○「F」の基本形⑪⑮⑱を1回転回すると⑥⑪⑮、これをさらに転回すると③⑥⑪になる

🐻 音楽の基礎知識（P.232）

Q1 ×音名は「ハ」ではなく「ニ」（なお、ト長調の階名「ソ」の音には「♯」はつかない→P.224の1）の楽譜。受験生は、P.224の楽譜1）〜6）は必ず覚えておかなければならない／**Q2** ○／**Q3** ×ワルツは4分の3拍子の舞曲／**Q4** ○サクソフォーンやフルートは、木製でないのに木管楽器に分類される。なぜなら、木管楽器は材質が木というわけではなく、発音原理が唇を振動させるリップリード（金管楽器）でないものを指すからである

🐻 音楽用語（P.235）

Q1 ○／**Q2** ×「*rit.*（リタルダンド）」は「だんだん遅く」という意味／**Q3** ×「*cantabile*（カンタービレ）」は「歌うように」という意味／**Q4** ○

🐻 色彩の基本（P.238）

Q1 ○有彩色には色相・明度・彩度のすべてが関係する／**Q2** ×「赤」の補色は「青緑」である／**Q3** ×「青」は原色である。「青」と「黄」の混色で「緑」ができる／**Q4** ×光（色光）の三原色は「**赤・青・緑**」。一方、絵の具（色料）の三原色は「**赤・青・黄**」である／**Q5** ○

🐻 いろいろな表現技法（P.243）

Q1 ×これは「**紙版画**」の説明である。「**スタンピング**」は型押しに使える素材に絵の具を付けて紙に押し付ける技法／**Q2** ×新聞紙には**紙の目**があるので、直線的に破りやすい／**Q3** ○

🐻 子どもの描画表現（P.246）

Q1 ×一般には「**スクリブル**」→「**頭足人**」→「**基底線**」の順である／**Q2** ○／**Q3** ×発達段階の分類は**ローエンフェルド**の研究に基づく。一方、**チゼック**は児童のための美術教室を設立するなど、『美術教育の父』として知られる。

索 引

■著者紹介

保育士資格取得支援研究会 （ほいくししかくしゅとくしえんけんきゅうかい）

保育士試験合格に向けた過去問分析を継続的に行い、それらのデータを元に、「合格するための、よりわかりやすく、より的確な解説」を日々研究している。資格取得を目指す多くの人々の指導や指導書執筆の経験を生かして、本書の執筆を手がけた。

●カバーデザイン　　デザインスタジオ・クロップ
　　　　　　　　　　神原宏一
●カバーイラスト　　榎本はいほ
●本文デザイン　　　本橋恵美子
● DTP 制作　　　　株式会社明昌堂
●編集　　　　　　　株式会社東京コア

ご質問について

本書の内容に関するご質問は、下記の宛先まで FAX または書面にてお送りください。弊社ホームページからメールでお問い合わせいただくこともできます。電話によるご質問、および本書に記載されている内容以外のご質問には、一切お答えできません。あらかじめご了承ください。

宛先
住所：〒 162-0846
　　　東京都新宿区市谷左内町 21-13
　　　株式会社技術評論社　書籍編集部
　　　「保育士 過去問
　　　ここだけ丸暗記 改訂第 4 版」 係

FAX：03-3513-6183
URL：https://gihyo.jp/book

らくらく突破
保育士 過去問ここだけ丸暗記
改訂第4版

2014 年 4 月 25 日　初　　版　第 1 刷発行
2024 年 2 月 20 日　改訂第 4 版　第 1 刷発行

著　者　保育士資格取得支援研究会
発行者　片岡　巌
発行所　株式会社技術評論社
　　　　東京都新宿区市谷左内町 21-13
　　　　電話　03-3513-6150　販売促進部
　　　　　　　03-3513-6166　書籍編集部
印刷／製本　昭和情報プロセス株式会社

定価はカバーに表示してあります。

ISBN978-4-297-13957-5 C3037

Printed in Japan